HEYNE <

Der Autor

Udo Vetter, geboren 1964, ist Strafverteidiger mit Leib und Seele und führt eine Kanzlei in Düsseldorf. Sein »lawblog« zählt zu den meistgelesenen deutschen Blogs und wurde 2011 mit dem Grimme Online Award ausgezeichnet. Außerdem verfasst er Kolumnen für das *ZDF* und den *Berliner Tagesspiegel*.

UDO VETTER

ALLES, WAS UNRECHT IST

Das Beste von lawblog.de

WILHELM HEYNE VERLAG
MÜNCHEN

FSC
www.fsc.org
MIX
Papier aus verantwortungsvollen Quellen
FSC® C014496

Verlagsgruppe Random House FSC® N001967
Das für dieses Buch verwendete
FSC®-zertifizierte Papier *Holmen Book Cream*
liefert Holmen Paper, Hallstavik, Schweden.

Originalausgabe 02/2014

www.heyne.de
Auswahl und Lektorat:
MENDLEWITSCH//TEXT/BUCH/KONZEPT
Printed in Germany 2014
Umschlaggestaltung: Eisele Grafik-Design, München
Satz: C. Schaber Datentechnik, Wels
Druck und Bindung: GGP Media GmbH, Pößneck

ISBN 978-3-453-60280-9

Inhalt

Ein kleines Plädoyer vorweg

»Die Tugend in die Mitte«, sagte der Teufel und setzte sich zwischen zwei Juristen.

Ist es wirklich so schlimm, wie unsere dänischen Nachbarn meinen? Von denen stammt nämlich diese Redewendung. Ja, ich würde sagen, dass diese Beschreibung auch bei uns der Sache ziemlich nahe kommt. Insofern ein passendes Motto für das Vorwort zu diesem Buch.

Hier erfahren Sie nämlich, was wirklich abgeht in der Justiz. Warum sich Juristen hinter einer eigenen Sprache verstecken. Warum Anwälte – sogar Ihr eigener – mit Vorsicht zu genießen sind. Wieso man auf keinen Fall mit Polizisten reden soll. Warum Staatsanwälte gern mal tricksen und Richter sich mitunter ganz schön was einbilden. Und wieso Gerichtsverfahren bei uns so lange dauern. Dieses Hintergrundwissen hilft, wenn Sie Ihren Nachbarn verklagen möchten oder für den Fall gewappnet sein wollen, dass Sie sich unfreiwillig vor Gericht wiederfinden.

Also ein wirklich nützliches Buch, gerade weil es keine wissenschaftliche Studie ist. Es gibt keine Statistiken oder Fußnoten. Selbst das für Juristen unvermeidliche Fachchinesisch hat die Lektorin brutal gestrichen, weshalb das Werk am Ende auch so schön handlich geworden ist.

Ohne diesen Ballast lesen Sie hier Geschichten, die ich als Anwalt mit meinen Mandanten in den letzten rund 20 Jahren erlebt und – oft genug – auch erlitten habe. Es sind nur selten spektakuläre, schlagzeilenverdächtige Fälle. Der Blick auf die kleinen Prozesse, die das Räderwerk der Justiz am Laufen halten, bietet schon genug Verrücktheiten und Absurditäten.

Sie erfahren so eine Menge über den alltäglichen und oft auch teuren Ärger, den der Kontakt mit der Justiz mit sich bringen kann. Wobei wir nicht erst beim Aufruf zur Sache im Gerichtssaal einsteigen. Viele Geschichten beginnen weit vorher, in meinem Anwaltsbüro, bei einem tapsigen Einsatz der Polizei oder in den Gemächern eines Don.

Die Texte sind eine Auswahl aus meinem Blog. Seit zehn Jahren veröffentliche ich täglich auf lawblog.de meine Erfahrungen als Strafverteidiger. Die guten wie die schlechten. Auch kleine Fundstücke stammen aus diesen Begegnungen mit dem wahren Leben: Perlen deutscher Justizprosa zum Beispiel oder schaurig-schöne Absurditäten, die nicht dem Vergessen anheimfallen sollten.

Wenn Sie nach dieser Lektüre Ihrer ersten (oder nächsten) Begegnung mit der Justiz etwas gelassener entgegensehen, habe ich mein zweitwichtigstes Ziel erreicht.

Wenn Sie beim Lesen öfter auch ordentlich lachen können, mein wichtigstes.

KAPITEL 1

Mein Leben als Anwalt

Notfall

Nächtlicher Anruf. Eine raue Stimme fragt:

»Können Sie helfen?«

»Jetzt, sofort?«

»Gibt es da ein Problem?«

»Es ist 2.37 Uhr. Ehrlich gesagt, ich müsste aus dem Bett krabbeln.«

»Es ist aber eilig.«

»Ja, dann, was soll ich für Sie tun?«

»Bitte kommen Sie in die X-Straße. Alles Weitere dort.«

Ich mache in solchen Situationen normalerweise deutlich, dass ich bei meiner Ankunft ungern Sätze höre wie: »Ich bin über das Sozialamt rechtsschutzversichert.« Diese Stimme klingt aber so, dass mir allein der Hinweis deplatziert erscheint.

Ich komme in der X-Straße an, drücke auf einen goldenen Klingelknopf und treffe auf eine illustre Runde gesetzter Herren, die Zigarren im Mund haben, Karten in der Hand und Gläser auf dem Tisch. In der Ecke des großen Raumes steht ein Billardtisch.

»Unser Anwalt ist im Urlaub«, eröffnet mein Empfangskomitee. »Deshalb haben wir uns an Sie gewandt.« Er nickt in Richtung eines unscheinbaren älteren Herrn, der angestrengt auf sein Blatt starrt. Ich mahne mich

Schwachstellen

Meine Mutter: »Frau E. hat mich angesprochen, weil sie dich im Fernsehen gesehen hat. Jedenfalls dachte sie, du bist im Fernsehen. Aber dann, sagt sie, hat der Mann, der dir so ähnlich sieht, angefangen zu lächeln. Und jetzt glaubt sie, du warst es eher nicht.«

innerlich zur Vorsicht. Im Strafrecht ist der Grat zwischen Beratung und Beihilfe mitunter nur Bewertungssache.

Ich würde mich drücken bei Fragen wie: Welches südamerikanische Land liefert nicht nach Deutschland aus? Haben Sie die Möglichkeit, einen größeren Lotteriegewinn für uns zu verwalten?

»Unser Papa«, erklärt das Empfangskomitee weiter, »hat heute eine Ladung zum Gericht erhalten.« Mir ist klar, dass dies in gewissen Kreisen für eine mittlere Panik taugt. »Sie müssen das abwenden.« Höre ich da sogar eine größere Panik? Liegt die Betonung auf *müssen*, und was bedeutet dies im Falle eines Misserfolgs?

Ich sehe mir die Ladung an und verspreche, alles zu unternehmen, damit mein neuer Mandant nicht vor Gericht erscheinen muss. Die Runde ist sichtlich beeindruckt, als ich erkläre, der Fall sei lösbar, ohne dass Papa unfreiwillig einen Fuß vor die Tür, geschweige denn vor einen Richter setzen muss.

Ich gebe also mein Bestes, um den Ermittlungsrichter davon zu überzeugen, dass er meinen Mandanten nicht dazu vernehmen muss, wer rund sechs Wochen zuvor mit einem auf ihn zugelassenen Alfa Romeo außerorts die höchstzulässige Geschwindigkeit um 23 Stundenkilometer überschritten hat.

Schon am nächsten Vormittag kann ich dem Kunden Vollzug melden: Sache erledigt, Verfahren eingestellt. Außer dem ansehnlichen Pauschalhonorar beflügelt mich die leise Hoffnung, dass in einer stattlichen Zahl Smartphones jetzt meine Mobilfunknummer gespeichert sein könnte. Falls einer aus der Familie mal falsch parkt.

✔ **MERKE:** Wo die Not groß ist, wächst das Rettende auch. Manchmal sogar ohne große Mühe.

Zeugen

Manche Menschen beginnen ein Telefonat wenig konstruktiv:

»Tag, hier spricht P. Ich schalte den Apparat jetzt auf laut.«

»Wer hört denn mit, Herr P.?«

»Mein Kollege N., damit ich einen Zeugen habe.«

»Tut mir leid, Herr P. Ich werde zur Sache nichts sagen. Sie haben doch einen Anwalt, da ist es mir aus standesrechtlichen Gründen untersagt, direkt mit Ihnen zu reden.«

»Den Anwalt habe ich gerade gefeuert. Wer seinen Job nicht macht, der hat kein Mandat verdient.«

Adjektive

Ich bin arrogant. Und hochnäsig. Jedenfalls nach Auffassung eines Staatsanwalts, der das in einer Verhandlung über mich gesagt hat. Ich empfinde das durchaus als Kompliment. Jedenfalls würde ich mir mehr Sorgen machen, wenn er meinen Beweisantrag gelobt hätte.

»Dann soll mir der Kollege dies bestätigen, dann könnte es sein, dass ich mit Ihnen rede. Aber machen Sie sich auch für diesen Fall keine zu großen Hoffnungen.«

»Was soll das denn heißen?«

»Wenn Sie schon Zeugen brauchen, um mit mir zu reden, werde ich auf so ein Gespräch keine große Lust haben. Das kann doch nur Missverständnisse geben, Sie verstehen schon. Wäre also ohnehin besser, wenn Sie mir eine E-Mail schreiben.«

»Sagen Sie mal, macht Ihnen Ihre Arbeit eigentlich Spaß?«

»Meinen Sie dieses Mandat? Oder generell?«

Tuuut …

Wühlarbeit

Zum Glück ist das wahre Leben wie Windows. Nichts ist wirklich sofort weg. Jedenfalls haben wir das vermisste Dokument noch aus dem großen Papierkorb im Sekretariat gefischt.

Mandanten und der Postbote, die in der Zwischenzeit reinkamen, guckten ob des Chaos zwar etwas verwirrt. Aber da konnten wir nun wirklich keine Rücksicht drauf nehmen. Denn, um ehrlich zu sein, es war ein verdammt wichtiges Schriftstück.

Morgen, nachdem die Putzfrau da gewesen ist, hätten wir schon in der Mülltonne wühlen müssen.

Kenntnisse – oder Erfahrungen?

7000 Bewerbungen. Und noch immer kein Job. Das habe ich in einem Zeitungsartikel gelesen. Über einen 36-jährigen Anwalt, der nur Absagen erhalten hatte.

Da stellt sich die Frage, ob es heutzutage noch reicht, »die im Studium erworbenen Kenntnisse« an den Arbeitgeber bringen zu wollen. Für mich sind diese Kenntnisse kein hartes Kriterium für eine Einstellung. Die wichtigste Frage ist sogar ganz von Noten unabhängig. Sie lautet: Hat der Bewerber das Zeug zur praktischen Arbeit?

Ich bevorzuge Juristen, die schon im Studium, spätestens aber als Referendare, in Anwaltskanzleien gearbeitet haben. Ich rede nicht von den üblichen Praktika und Pflichtstationen. Sondern von Leuten, die im Nebenjob beim Anwalt tätig waren – während ihre Referendarskollegen Kaffee tranken und darüber stöhnten, dass sie ja so viele Akten für ihre Ausbilder bearbeiten müssen.

Letztlich zeigt nämlich das Engagement spätestens im Referendariat, mit wem man es zu tun hat. Mit jemandem, dessen Berufsziel Anwalt ist. Oder mit einem letztlich durch Einstellungshürden verhinderten Staatsdiener oder Wirtschaftskapitän, also einem Verlegenheitsadvokaten.

Wirrer Text

Notiz aus dem Sekretariat: *Bitte den Diktatentwurf genau durchsehen. Nach der Einleitung kommt eigentlich nur noch wirrer Text.* Das bezieht sich auf die Passagen, die ich aus der Stellungnahme eines Mandanten unbesehen habe einrücken lassen. Hoffe ich mal.

In Großkanzleien mag es anders aussehen. Aber in kleineren Einheiten kommt es auch wegen der Kosten darauf an, dass der Einsteiger möglichst schnell Betriebstemperatur erreicht. Diese Aussicht besteht nun mal eher bei Leuten, die mit den Abläufen und den Anforderungen in einem Anwaltsbüro schon vertraut sind.

✔ **MERKE:** Die formale Ausbildung ist höchstens die halbe Miete. Gilt auch für Nichtjuristen.

Die andere Seite

Es tut immer mal wieder gut, eine Nebenklage zu vertreten. Plötzlich sitzt du neben dem Staatsanwalt. Dein Interesse ist, dass die Angeklagten bestraft werden und dein Mandant, das Opfer, zu einem vernünftigen Schmerzensgeld kommt. Eigentlich sind die Prozesse in deinem Hirn, verkürzt gesagt, auf das gegenteilige Ergebnis programmiert.

Normalerweise sitzt du dort drüben, auf der anderen Seite des Raums. Dort versuchen jetzt die Angeklagten mithilfe der Verteidiger, ihre Haut zu retten. Einer der Anwälte bemüht sich, deinen Mandanten zu verunsichern. Die Wiederholung von Fragen (in der Hoffnung, dass die Antworten mit der Zeit aufweichen) weckt in dir den Beschützerinstinkt. Unerhört, so eine Fragetechnik. Die Richterin sieht es genauso, glücklicherweise.

Dann der Versuch der Diskreditierung. »Sind Sie wegen Körperverletzung vorbestraft?« Aus deiner Warte eigentlich Anlass, HB-Männchen zu spielen. Glücklicherweise kann der Mandant die Frage aber guten Gewissens mit

Neue Adresse

Der Betreff des handschriftlichen Faxes lautet »Meine neue Adresse«. Dann folgen Straße, Hausnummer, Postleitzahl, Ort. Der Mandant würde uns sehr helfen, wenn er auch seinen Namen schriebe.

»Nein« beantworten. Richterin und Staatsanwalt machen entschlossen Notizen. Ein schönes Eigentor.

Abschweifen, der Notanker. Was hat sich lange nach der Tat auf einem Schulhof abgespielt? Gab es später noch Gespräche zwischen den Beteiligten? Allerdings ist die Luft schon lange raus, als du dir die Frage erlaubst, ob man tatsächlich beabsichtigt, 25 Lebensjahre des Opfers in Echtzeit durchzugehen.

Dann ist der Spuk zu Ende. Die Resignation kommt überraschend. Schon keine Fragen mehr? War's das schon? Ehrlich? Na ja, so viel Pseudo-Bissigkeit macht den Job für die Anklageseite eigentlich recht komfortabel.

Ich drücke dem Staatsanwalt die Hand und hoffe inständig, dass er über mich nicht häufiger das denkt, was ich über die Performance meiner Kollegen denke. Der Händedruck ist eigentlich offen und freundlich. Fragt sich nur, wie man das jetzt interpretieren darf.

Situationen

Schuldner, die einem unverblümt mit Selbstmord drohen, wenn man die Forderung weiter eintreibt.

Mandanten, die – aus nachvollziehbaren Gründen – jetzt wirklich keine Kompromisse mehr machen wollen.

Das sind wohl die Situationen, in denen man dem Klischee des unbarmherzigen Juristen gerecht zu werden hat.

Keine Bank

Nach einigen Diskussionen hatte das Gericht ein Einsehen. Das Verfahren wurde eingestellt. Frau S. sollte lediglich eine Auflage erfüllen: 500 Euro für einen guten Zweck. Zahlbar in vier Monatsraten.

Ich schickte also den Einstellungsbeschluss mit der Bankverbindung des Gerichts. Mein Glaube an das Gute im Menschen war nach einigen Monaten wiederhergestellt, denn Frau S. hatte sogar meine Rechnung weitgehend bezahlt, wenn auch in Raten von 100 Euro.

Dann wies allerdings das Gericht darauf hin, die Auflage sei noch offen. Frau S. konnte das nicht verstehen. »Ich habe das Geld doch überwiesen.« Und wohin? »Na, auf Ihr Konto.« Dann war das Geld also gar nicht meins, jedenfalls wenn es nach Frau S. ging.

Mein Glaube an das Gute im Menschen reichte nun aber auch nicht so weit, dass ich den Betrag wieder ausbuchen ließ, ihn ans Gericht leitete und dann wieder auf meine Gebühren wartete. Im Betreff der Überweisungen stand nämlich gar nichts drin. Da war ich ja wohl berechtigt, den Geldeingang als Gebührenzahlung anzusehen, zumal ich mich ehrlich gesagt auch nicht für eine Gerichtszahlstelle hielt. Und ebenso wenig für ein Kreditinstitut.

✔ **MERKE:** Der gute Zweck hat viele Seiten.

Anwaltvermeidungsstrategie

Feststellen, dass das, was der Mandant aus dem Vertrag herausliest, nicht drinsteht. Weiter feststellen, dass der Gegner den Vertrag ebenso falsch versteht wie der Mandant. Den Mandanten überzeugen, das Vergleichsangebot des Gegners (zwei Drittel der geforderten Summe) sofort anzunehmen – bevor der auch einen Anwalt fragt.

Parken streng verboten

Folgendes Szenario: Mein Auto steht vor einem grünen Zaun. Hinter dem grünen Zaun ist keine Einfahrt. Sondern eine Fußgängertreppe. Zwischen Auto und Zaun ist ein Gehweg. Das Auto steht nicht auf der Fahrbahn, sondern auf einer Fläche zwischen Fahrbahn und Gehweg.

Trotzdem mault mich eine Dame an: »Parken ist hier streng verboten.« Die Gute arbeitet wahrscheinlich in dem Altenheim, zu dem die Einfahrt links vom Wagen führt, und ist blockwarttechnisch nicht ausgelastet. »Sehen Sie denn nicht das Schild? Der Pfeil zeigt nach rechts.« Deshalb dürfe ich auch nur rechts vom Pfeil parken.

Ich versuche, ihr ihren Irrtum zu erklären. Dass für einen bestimmten Bereich Parken ausdrücklich erlaubt

Jagdfieber?

Der N. wurde gegen 22.30 Uhr von den Beamten H. und J. kontrolliert. Er führte ein Bubble Heroin in einem Überraschungsei mit sich (Bruttogewicht 0,2 Gramm).

Wenn Sie …

Telefonnotiz: *Hr. N. bittet nicht um Rückruf, wenn Sie seine Mail gelesen, verstanden und umgesetzt haben.*

ist, heißt nicht, dass Parken außerhalb dieses Bereichs verboten ist. Parken ist vielmehr erlaubt, wenn es sich, zusammengefasst, nicht um einen Gehweg handelt, kein Mittelstreifen in der Nähe ist, niemand behindert wird und, natürlich, kein Parkverbotsschild aufgestellt ist.

»Für die Fläche links vom Pfeil müsste schon ein Schild aufgestellt werden, dann würde ich da nicht mehr parken.« Wie nicht anders zu erwarten, sind Argumente der Frau egal. Ich kann dann auch nur noch mit den Schultern zucken und darauf hinweisen, dass ich mein Auto sehr oft da parke. Trotzdem habe ich noch keinen Strafzettel bekommen. Obwohl die betreffende Straße zum Lieblingsrevier der Verkehrsüberwachung gehört.

»Da haben Sie ausnahmsweise mal recht«, ereifert sich die Frau. »Der Hipo hat nämlich auch keine Ahnung.«

FAZIT: Da muss ich dann doch lachen. Wie gut, dass wenigstens einer Bescheid weiß.

Vom Sehen bekannt

Ich wunderte mich ein wenig, als mir der Beamte an der Gefängnispforte wortlos meinen Führerschein zurückreichte. Normalerweise muss ich dort meinen Anwaltsausweis vorlegen.

Sein Lächeln signalisierte mir aber: Vom Sehen bekannt. Und wahrscheinlich ab sofort als schusselig eingestuft.

Noch mal Bewährung

Da hatte sich die Staatsanwältin zu früh auf der sicheren Seite gewähnt. Sie war meinem betagten Mandanten ins Wort gefallen, als er vor Gericht erzählte, welch gutes Verhältnis er zu seinen Kindern habe. Insbesondere zu seiner Tochter.

»Hoffen wir, dass Ihre Tochter Sie demnächst auch besucht, wenn Sie drinnen sind.«

Nach Knast sah es auch geraume Zeit aus. Denn mein Mandant war nun schon das siebte Mal erwischt worden, wie er ohne Führerschein Auto fuhr. Die jüngste Fahrt hatte er ausgerechnet noch während laufender Bewährung gemacht. Auch wenn er mit der Justiz bisher nur wegen seines Hangs zum Autofahren Ärger gehabt hatte, war die Geduld der Strafrichterin dadurch natürlich schon extrem strapaziert.

Wir brachten wirklich alles vor, was die Tat in milderem Licht erscheinen ließ. Der Anklagevertreterin erschien die Beweisaufnahme sichtlich zu lang. Und insbesondere mein Plädoyer. Sie rollte mehrfach mit den Augen, als ich wirklich auch noch das pieseligste Argument brachte, welches für meinen Mandanten sprach.

Aber: Das Gesamtbild, so formulierte es die Richterin später, reiche, um ihr Herz zu erweichen. Es gab zwar die unausweichliche Freiheitsstrafe. Aber halt auch noch mal Bewährung.

✔ **MERKE:** Manchmal ist es halt doch kein Fehler, etwas weiter auszuholen.

Der Duft des Geldes

Ich erinnere mich zwar nicht mehr an den Namen des Professors. Aber was er Ende der Achtzigerjahre in einer Vorlesung sagte, ist mir im Gedächtnis geblieben:

»Wenn Sie den Anwaltsberuf anstreben, müssen Sie sich entscheiden. Großkanzlei, da lockt der Duft des Geldes – und der großen, weiten Welt. Oder Sie bleiben bodenständig in einer kleinen Kanzlei, melden Verkehrsunfälle an und machen Scheidungen an ihrem lokalen Amtsgericht.«

Beides pries er als heile Welt, in der man sich durchaus wohlfühlen kann. Jedenfalls im Vergleich zum Klima in der freien Wirtschaft, insbesondere in internationalen Konzernen. Ob das heutzutage noch zutrifft, jedenfalls für die »Großbuden«, bezweifle ich. Beinahe täglich gibt es Meldungen, dass sich Megabüros überwerfen. Man muss sich nur mal ausmalen, welche Diskussionen, Streitigkeiten und sicherlich auch Intrigen damit einhergehen. Das muss ja alles neben der Arbeit bewältigt und (psychologisch) verdaut werden.

Eine erhebliche Grundunzufriedenheit ist jedenfalls unübersehbar. Ich habe einige Studien- und Referendariatskollegen, die heute in Großkanzleien arbeiten. So-

Person

Bevor man wegen kleinerer Beleidigungen zum Gericht laufen darf, muss man in Nordrhein-Westfalen ein Schiedsverfahren absolvieren. Der Inhaber des Schiedsamtes hat auf den offiziellen Vordrucken die Wahl, wie er seine Schreiben unterzeichnet: *Schiedsfrau – Schiedsmann – Schiedsperson.* Das ist also metrosexuell in Behördendeutsch.

weit sie ein offenes Wort mit mir sprechen, höre ich daraus allenfalls eine eingeschränkte Begeisterung (aber immerhin).

Auf der einen Seite stimmt wohl nach wie vor das Geld. Aber die Unsicherheit, insbesondere die Zukunftsangst, ist gewachsen. Vor allem, weil selbst die angestammten Mandanten nicht mehr treu sind. Konzerne, die vierzig Jahre lang alles an eine Kanzlei gegeben haben, holen plötzlich Kostenvoranschläge ein oder erwarten gar »unverbindliche« Lösungskonzepte für die betreffende Fragestellung. Das sind »non-billable hours« – so was darf also gern am Wochenende oder im Urlaub erledigt werden.

Ein Studienkollege von mir arbeitet zum Beispiel an einem einzigen Telekommunikationsmandat. »Wenn das nicht verlängert wird«, lacht er, »kann ich mich bei dir bewerben.« Wo ich einen so schmalspurig qualifizierten Anwalt einsetzen sollte, verrät er allerdings nicht.

FAZIT: Na ja, vielleicht könnte ich dann ja wieder Scheidungsmandate annehmen ...

Verschlafen

Der Mandant mit Termin klingt gehetzt, ist aber trotzdem redselig. Er hat verschlafen, zieht sich gerade an, will aber auf keinen Fall zu spät kommen. Meinen Vorschlag, das Telefonat zügig zu beenden, damit er schneller hier ist, findet er überzeugend.

Schön, dann muss ich ihm auch nicht länger beim Anziehen zuhören.

Kein Vertrauen

Ein Satz, den ich nicht gern lese:

Zu Rechtsanwalt Vetter hat der Angeklagte kein Vertrauen mehr.

Der Angeklagte lässt über seinen neuen Anwalt aber kein zusätzliches Wort darüber verlauten, wieso er mir nicht (mehr) vertraut. So ein bis vier Sätze als Begründung wären schon nicht schlecht.

Die Schweigsamkeit des neuen Anwalts kann natürlich auch daran liegen, dass ich mit dem Betroffenen ausnehmend wenig Kontakt hatte. Er war mit einem Anhörungsbogen der Polizei bei mir, wir haben die Einzelheiten besprochen, er hat mich mit seiner Verteidigung beauftragt.

Seitdem hat sich die Kommunikation einseitig gestaltet. Ich erhielt Akteneinsicht, schickte ihm eine Kopie der Akte, bat um Rücksprache. Er reagierte nicht. Auch nicht auf zwei Erinnerungen. Dann kam die Anklage. Weil der vereinbarte Kostenvorschuss ebenfalls auf sich warten ließ, beantragte ich meine Beiordnung als Pflichtverteidiger. Auch dem widersprach der Mandant nicht. So wurde ich also Pflichtverteidiger. In der

Leicht von gestern

Ein Fotograf hat Bilder für eine Wirtschaftszeitung gemacht. Leider hatte ich am Morgen nur im Kopf gehabt, dass keine Gerichtstermine anstehen und auch nachmittags nur ein Mandant kommt, mit dem ich mich duze. Hätte ich etwas intensiver an den Fototermin gedacht, wäre ich nicht unbedingt im drittältesten Hemd erschienen …

Akte habe ich elf Briefe, auf die der Angeklagte nicht reagiert hat.

Der beklagte Vertrauensverlust kann seine Ursache also eigentlich nur darin haben, dass dem Betroffenen unser Briefpapier nicht gefällt. Oder womöglich die wiederholte Bitte, nun doch mal den Kostenvorschuss zu zahlen, auf den wir uns beim ersten und einzigen Gespräch verständigt haben.

Wie auch immer, der neue Anwalt scheint auch noch kein Geld erhalten zu haben. Er beantragt nämlich – Monate nach meiner Beiordnung – nicht nur meine Entlassung als Pflichtverteidiger, sondern möchte dann auch sofort selbst beigeordnet werden. Damit habe ich keine Probleme. Reisende soll man ziehen lassen. Allerdings bin ich nicht bereit, darauf zu verzichten, die Vergütung für meine Tätigkeit mit der Staatskasse abzurechnen.

Je nach Entscheidung des Gerichts muss der Steuerzahler in einem solchen Fall doppelt zahlen. Es sei denn, der neue Anwalt erklärt sich damit einverstanden, nur Gebühren anzumelden, die der erste Anwalt noch nicht abgerechnet hat. (Wenn er bei dieser dann extrem mickrigen Vergütung noch das Vertrauen seines Mandanten in vollem Umfang rechtfertigt, verdient er wirklich Hochachtung.)

Prall

Zehn prallvolle Ordner Hauptakte, dazu noch fünf weitere mit Dokumenten. Kann man das in zehn Werktagen vor dem Gerichtstermin durchackern? Eine vernünftige Verteidigungsstrategie ausarbeiten? Eigene Ermittlungen anstellen?

Geht. Vielleicht. Aber nur, wenn man ansonsten nichts zu tun hat. Das ist aber nicht der Fall. Deshalb beantrage ich, das Verfahren zunächst auszusetzen. Falls das Gericht dem nicht stattgibt, geht es zumindest ein erhebliches Risiko ein. Denn zu wenig Vorbereitungszeit kann als unzulässige Beschränkung der Verteidigung gewertet werden; ein absoluter Revisionsgrund. (§ 338 Ziff. 8 Strafprozessordnung)

Bis ans Limit

Ich glaube, um ein Haar wäre ich verhaftet worden. Und zwar im Kassenraum der Sparkasse eines kleinen Städtchens am Niederrhein. Ich hatte dort den Geldautomaten in Beschlag genommen und zog Geld, was die Karten in meinem Geldbeutel hergaben. Bei der dritten Abhebung des Maximalbetrags schauten die Mitarbeiter an den Schaltern, nur durch eine Milchglasscheibe von mir getrennt, schon neugierig herüber. Zumal sich die Warteschlange immer weiter verlängerte. Allerdings harrten die Einheimischen, wie es ihre Art ist, wortlos und stoisch hinter mir aus.

Nach diversen Bankkarten waren dann meine Kreditkarten dran. Da ich mit denen praktisch nie Bargeld abhebe, musste ich erst mal die PINs aus meinem Smartphone lesen, wo die Geheimzahlen in einer App gespeichert sind. Das wirkte natürlich supervertrauenerweckend. Wahrscheinlich ebenso der Umstand, dass ich mir notierte, welchen Betrag ich auf welche Karte erhalten habe.

Als zwei Angestellte die Köpfe zusammensteckten und offensichtlich in meine Richtung tuschelten, hatte ich endlich den erforderlichen Betrag zusammen. Zum

Was zahlen

Jemand ruft an und möchte wissen, ob er auch »was zahlen« kann, statt seine rechtskräftige Freiheitsstrafe abzusitzen. Keine Ahnung, wie er darauf kommt, dass *ich* ihm dabei helfen kann.

Auto bin ich etwas zügiger gegangen. Wenige Minuten später konnte ich das Geld dann als Kaution am nahe gelegenen Amtsgericht direkt wieder einzahlen. Das hatte den Vorteil, dass meine Mandantin nach dem Haftprüfungstermin sofort aus der Untersuchungshaft entlassen wurde.

FAZIT: Irgendwie lässt mich der Gedanke nicht los, die Bilder aus dem Kassenraum könnten immer noch ein schönes Schulungsvideo für Sparkassenmitarbeiter abgeben.

Vorurteil, liebevoll gepflegt

Es gibt ja die merkwürdigsten Dinge. Hierzu gehört das Wuppertaler Landrecht. Eine feststehende Weisheit unter nordrhein-westfälischen Strafverteidigern. Diese besagt, dass es in Wuppertal für Angeklagte nur eins gibt – übermäßig harte Strafen. In Wuppertal arbeiten in der Tat einige Richter, die das Klischee bedienen.

Ebenso gut kann man aber Juristen mit Augenmaß begegnen, die eine solide Verhandlungsführung pflegen und es nicht als Ehrensache ansehen, jeden Angeklagten einzunorden. Aus beiden Kategorien gibt es natürlich Richter an *jedem* Gericht. Ich für meinen Teil meine

Smart?

Wenn zwei Kleinwagen auf einem markierten Parkplatz abgestellt werden, müssen die Fahrer dennoch für beide Autos Parkscheingebühr zahlen. Anders als bei Parkuhren, wo nur einmal bezahlt werden kann, sind Gebühren am Parkscheinautomaten grundsätzlich je Auto zu entrichten.

So das Oberlandesgericht Koblenz (9.7.2003, Az. 1 Ss 117/03)

deshalb, dass das Wuppertaler Landrecht vielleicht mal existiert hat. Heute ist es aber wohl nur noch eine Legende.

Allerdings will ich nicht behaupten, völlig frei von Vorbehalten zu sein. Bayerische Staatsanwälte habe ich zum Beispiel oft als eher unzugänglich erlebt. Und sicher bin ich nicht der einzige Verteidiger, der bei Gastauftritten in Bayern schon per se mit einer härteren Strafe rechnet als, sagen wir mal, in Düsseldorf und dem Ruhrgebiet. Aber nicht mal die Bayern darf man über einen Kamm scheren. Das kann ich aus eigener Erfahrung sagen, denn ich hatte einmal folgendes Erlebnis in einem bayerischen Gerichtssaal:

Die Hauptverhandlung verlief ohnehin in überraschend freundlicher Atmosphäre, aber der noch junge Staatsanwalt haute mich wirklich um. »Ich nehme an«, sagte er unter anderem in seinem Plädoyer, »dass ich jetzt in Teilbereichen die Strategie der Verteidigung übernehme.« Das war noch untertrieben, denn der Staatsanwalt forderte für meinen Mandanten, der ein Geständnis abgelegt hatte, eine außerordentlich milde Strafe.

Ich hatte mir selbst überlegt, genau diesen Vorschlag zu machen, hatte jedoch Zweifel, ob das im Gerichtssaal nicht letztlich nur für Erheiterung sorgen würde. Es war aber keineswegs so, dass ich dem Staatsanwalt vor der Verhandlung einen Umschlag zugesteckt hätte. Nein, der Mann hatte wirklich hörenswerte juristische Argumente. Darüber hinaus, und das fand ich eigentlich am wichtigsten, zeigte jeder Satz seines Plädoyers, dass er die Menschen im Auge hatte. Das Opfer der Tat, aber auch den Angeklagten.

Ich war in der seltenen Verlegenheit, dem Gericht wahrscheinlich eine härtere Strafe vorgeschlagen zu haben, als sie der Vertreter der Anklage forderte. Zum Glück plädiert immer erst der Staatsanwalt, sodass ich das nicht direkt zugeben musste. Das Gericht machte dann zwar von seiner Möglichkeit Gebrauch, doch eine etwas härtere Strafe auszusprechen. Allerdings fiel diese immer noch deutlich niedriger aus, als es vorher im Raume gestanden hatte.

FAZIT: Mein bis dato liebevoll gepflegtes Vorurteil gegenüber bayerischen Staatsanwälten habe ich gern verworfen …

Warum ich jetzt doch eine BahnCard habe

Bei der Onlinebuchung fragt bahn.de immer brav, ob man nicht unglaublich viel Geld sparen möchte. Mit der BahnCard. Grundsätzlich eine gute Idee. Aber es ist schwierig, die BahnCard beruflich einzusetzen, ohne selbst draufzuzahlen. Es gibt nämlich keine brauchbare Methode, die Kosten der BahnCard auf diejenigen umzulegen, welche die Reisekosten erstatten. Bei einem Anwalt sind das in erster Linie die Mandanten. Aber auch Gerichte, zum Beispiel nach einem Freispruch.

Parkschein-Quiz

Ich frage mich, warum es den wenigsten Kommunen gelingt, auf ihre Parkscheine nicht nur den Standort des Automaten in der Gemeinde zu schreiben. Sondern auch den Namen der Stadt. Eine »Wilhelmstraße« gibt es doch nicht nur in Aachen. Da könnte ein penibler Steuerprüfer sicher was draus machen ...

Oder eben Prozessgegner, welche die Kosten erstatten müssen.

Man könnte natürlich den Preis der BahnCard anteilig in den jeweiligen Abrechnungen berücksichtigen. Problem: Anfang des Jahres steht bei den wenigsten Anwälten schon fest, wie oft sie die BahnCard einsetzen werden. Schlägt der Anwalt also zum Beispiel im Februar in der Reisekostenabrechnung 10 Euro für eine BahnCard 50, 2. Klasse (Gesamtpreis 2013: 249 Euro), auf, darf er am Jahresende auf höchstens 24 Bahnfahrten kommen, für die er je 10 Euro aufschlägt. Für die 25. Fahrt könnte er nur noch 9 Euro aufschlagen. Ab der 26. Reise hätte er den Mandanten aus dem Februar übervorteilt, weil er dann ja schon 9 bzw. 10 Euro mehr hätte, als er überhaupt für die BahnCard ausgegeben hat. Ab dem 26. Ticket nichts mehr zu berechnen würde auch nicht gegen Ärger wappnen. Dann könnte der Mandant aus dem Februar einwenden, die Kosten seien eben nicht fair umgelegt worden, weil den Mandanten ab Oktober nichts berechnet würde.

Außerdem richtet sich die Höhe der Ersparnis ja nach dem Ticketpreis. Streng genommen müsste der Anwalt also sogar ermitteln, wie sich die Ersparnis des Auftraggebers zur Gesamtersparnis für alle Tickets im Jahr darstellt. Die Kosten der BahnCard müssten dann nach dieser Quote errechnet werden. Auch das wäre wieder erst nach Ablauf des Gültigkeitsjahres der BahnCard festzustellen, was natürlich praktisch gar nicht geht. Schließlich finden es auch Mandanten nicht gut, wenn sie auf ihre Rechnung bis zu einem Jahr warten müssen. Und den Aufschlag für die BahnCard nachträglich zu berechnen ist vom Aufwand her wirtschaftlich gar nicht zu machen. Abgesehen von den (verständlichen, aber zeitraubenden) Diskussionen, die Mandanten beginnen, wenn sie nach etlichen Monaten noch mal 5, 8 oder 12 Euro »nachlösen« sollen.

Natürlich könnte man argumentieren, dass der Aufschlag dem Mandanten doch zumutbar ist, solange er nicht insgesamt mehr als den Ticketpreis ohne BahnCard zahlen muss. Soweit ich weiß, findet dieser logische Ansatz allerdings keine Anhänger. Das Kostenrecht stellt nämlich nur darauf ab, was der Anwalt für den konkreten Fall an Reisekosten aufwenden muss. Setzt er eine BahnCard ein, die er ja schon bezahlt hat, entstehen für den Auftrag halt nur die ermäßigten Ticketkosten.

So sehen es auch die Gerichte. Sie lehnen regelmäßig einen Anteil an der BahnCard ab, weil sie mit diesen Kosten nichts zu tun hätten. Allerdings erstatten sie anstandslos den normalen Ticketpreis. Allerdings nur,

Mit wem soll ich verbinden?

Der Anrufer im Sekretariat versuchte es charmant: »Kann ich Deutschlands besten Anwalt sprechen?« Die überlieferte Antwort gibt mir etwas zu denken: »Mit wem soll ich verbinden?«

wenn es dafür auch eine Rechnung der Bahn gibt. Für das Argument, dass sie ja jedenfalls keinen Verlust machen, solange der ermäßigte Ticketpreis plus BahnCard-Anteil unter dem Tarif für eine normale Bahnfahrt liegt, sind die Justizbehörden taub.

Ich habe mir das mit der BahnCard lange durch den Kopf gehen lassen und mit Bekannten darüber gesprochen. Einer finanziell neutralen Lösung bin ich zwar nicht näher gekommen. Aber mir ist klar geworden, dass man in solchen Fragen auch mal anders überlegen kann als mit roten und schwarzen Zahlen.

FAZIT: Ich folge jetzt dem Rat eines Bekannten und betrachte den BahnCard-Anteil einfach als Werbegeschenk und schreibe beispielsweise auf die Rechnung »Anteilige BahnCard-Kosten: 0 Euro. (Die Kosten übernehmen wir.)«

Ein Anwalt ist (k)eine Bank

Alte Weisheit: Ein Anwalt ist ein Anwalt, keine Bank. Deshalb sollte es der Anwalt nach Möglichkeit lassen, für Mandanten mit Geld in Vorlage zu treten. Gute Regel. Ich habe sie gebrochen. Gegen meinen Auftraggeber war ein Strafbefehl ergangen. Von dem Strafbefehl, das glaube ich mal, wusste er nichts. Die Unkenntnis beruhte wahrscheinlich auf grober Fahrlässigkeit, aber sei's drum.

Die Geldstrafe im Strafbefehl war mit 30 Tagessätzen zu je 15 Euro festgesetzt. Da mein Mandant nicht rechtzeitig gezahlt hatte, wurde ihm eine allgemeine Personenkontrolle zum Verhängnis. Er wurde festgenommen, weil er zur Fahndung ausgeschrieben war.

Belege des Grauens

Aus einer Handwerkerrechnung: *Soweit Sie unsere Leistungen als Nichtunternehmer oder Unternehmer für Ihren nicht unternehmerischen Bereich bezogen haben, sind Sie gemäß § 14b Abs. 1 Satz 5 UStG verpflichtet, die Rechnung 2 Jahre aufzubewahren.* Siehst du, Karlheinz, hätten wir das Laminat schwarz verlegen lassen, würden wir jetzt garantiert nicht ins Gefängnis kommen.

Nun ist es nicht so, dass man wegen einer Geldstrafe in den Knast muss. Man kann die Summe auch auf den Tisch legen und kommt sofort frei. Das wären in diesem Fall 450 Euro gewesen. Mein Mandant hatte immerhin 330 Euro in bar dabei, die er in der Justizvollzugsanstalt »anzahlen« konnte. Blieben noch 120 Euro offen – das sind umgerechnet acht Tage Haft. Der Mandant war nicht gerade auf Rosen gebettet. Er hatte keine Bankkarten. Seine sozialen Kontakte hielten sich meines Wissens in Grenzen. Es gab einen guten Freund, der ihm vielleicht hätte aushelfen können. Doch der Betreffende besaß aus Prinzip weder Telefon noch Internet, und einfach mal bei ihm vorbeifahren wollte die Polizei nicht. Ich konnte beim besten Willen auch nicht jemanden schicken, die Sache spielte sich 400 Kilometer entfernt ab.

Mein erster Impuls war, mich an die goldene Regel zu halten. Sollte sich der Mandant doch selbst drum kümmern, wie er die Kohle zusammenbekäme. Nicht mein Problem … Bei unserem Telefonat drängelte im Hintergrund deutlich hörbar ein Gefängnismitarbeiter, mein Mandant solle hinne machen, es warteten noch andere Gefangene. Es stand professionelle Hartherzigkeit kontra acht Tage Haft für einen Menschen, den ich als sehr freundlich kennengelernt hatte. Ist es da verantwortbar, ihn die »Reststrafe« absitzen zu lassen? Acht Tage Knast für einen Gegenwert von 120 Euro. Das macht einen Umrechnungskurs von 63 Cent pro Gefängnisstunde.

FAZIT: Ich zahlte das Geld ein. Und zwar in Absprache mit dem Knast so, dass mein Mandant in der folgenden Stunde rauskommen sollte. Ich konnte zwar nicht ausschließen, dass ich die 120 Euro würde abschreiben müssen. Aber der später nicht mehr zu verscheuchende Gedanke, kleinkariert gewesen zu sein, wäre mit Sicherheit unangenehmer gewesen.

Dezentes Blau

Wie es aussieht, schlägt womöglich der weißen Krawatte im Gerichtssaal das letzte Stündchen. Viele Anwälte verweigern sich ja schon geraume Zeit dieser Tradition. Die schwarze Robe ist in Strafsachen weiß Gott Verkleidung genug. An heißen Tagen auch Qual. Außerdem ist man dann für den Rest des Tages ziemlich albern verkleidet.

Ich habe auch schon einmal einen Staatsanwalt erlebt, der mit einer Krawatte in dezentem Blau zum Sitzungsdienst erschien. Auch er schien keine Lust auf alte Zöpfe zu haben. Der Qualität seiner Arbeit tat dies übrigens keinen Abbruch. Was ich persönlich nicht überraschend fand. Jetzt warte ich nur darauf, dass der Mann Anhänger findet und demnächst vielleicht sogar Richter mal Farbe bekennen. Im Anschluss gehen wir dann die Sache mit der Robe an.

Wie kann man nur?

Ein Radiosender fragte mich, wieso sich Rechtsanwälte finden, die einen Menschen wie Anders Breivik verteidigen. Oder den Mörder eines Kindes. Ich tat ein bisschen so, als würde ich die Frage nicht verstehen. »Ein Chirurg im Notdienst«, erwiderte ich, »darf doch auch nicht die Operation eines Schwerverletzten ablehnen, bloß weil der vielleicht ein Verbrecher ist.«

Und so ist es tatsächlich. Der Verteidiger füllt eine ihm zugedachte Rolle im Justiztheater aus. Er ist derjenige, der auf der Seite des Beschuldigten steht. Diese Person hat der Beschuldigte auch nötig. Polizei, Staatsanwaltschaft und Gericht suchen pflichtgemäß nach der Wahrheit. Sie unterstützen den Beschuldigten aber nicht, sondern stehen ihm – im besten Fall – neutral gegenüber. Sehr häufig ist dieser Idealzustand, in Form gelebten Respekts vor der Unschuldsvermutung, natürlich weit entfernt. Dann spielen vorgefasste Meinungen und Ressentiments mit. Der Druck auf einen Beschuldigten ist aber schon groß genug, selbst wenn Strafverfolger und Gericht Fair Play betreiben.

Viele Menschen werden durch eine Festnahme in einen Schockzustand versetzt. Sie spüren die Angst vor dem Verlust der Existenz, die Furcht vor Untersuchungshaft und Strafe. Es zeichnet den Rechtsstaat aus, dass er den Beschuldigten in so einer elenden Situation nicht alleinlässt. Er darf sich einen Verteidiger aussuchen. Oder

Mitarbeiter aus heilem Haus

Aus einer Telefonnotiz: *Herr N. bittet um Rückruf. Betr.: Es geht um exhibitionistische (?) Behandlungen.*

kriegt ihn gestellt. Damit hat er wenigstens eine Person an seiner Seite, die nur eine Pflicht hat – mit allen legalen Mitteln dafür zu sorgen, dass die Interessen und Rechte des Beschuldigten gewahrt werden.

So kann man vielleicht auch verstehen, weshalb Strafverteidiger ohne großes Zögern Aufträge auch von Mördern, Vergewaltigern und Kindesmissbrauchern annehmen oder sich vom Gericht als Pflichtverteidiger benennen lassen. Sie sind sozusagen notwendige Lobbyisten, wenn der Rechtsstaat funktionieren soll.

Das alles bedeutet natürlich nicht, dass ein Verteidiger keine private Meinung zu seinen aktuellen Fällen und besonders zu seinen Mandanten haben darf. Allerdings ist es seine Pflicht und Schuldigkeit, sein professionelles Handeln nicht durch diese Meinung trüben zu lassen. Was natürlich auch einschließt, dass ein Verteidiger schlichtweg nichts nach außen kommunizieren darf, was seinem Mandanten schaden kann. Jedenfalls so lange nicht, wie es der Mandant nicht selbst verlangt. Vielleicht liegt es daran, dass seriös arbeitende Anwälte schnell den Eindruck machen, sie stünden trotz anderweitiger Beweislage aus persönlicher Überzeugung hinter dem Auftraggeber. Dass sie wie herzlose Gesellen gegenüber den Opfern oder wie Idioten wirken, müssen sie dabei in Kauf nehmen.

FAZIT: Wenn mir manchmal innerlich vor gewissen Dingen graut, denke ich an den Chirurgen im Notfalldienst. Der kann seine Patienten auch nicht im Regen stehen lassen. Dann geht es schon.

»Er war es nicht«

Solche Telefonnotizen lese ich gern:

Herr Staatsanwalt M. bittet um eine kurze Stellungnahme zur Sache, damit er das Verfahren einstellen kann.

Aus unserer Akte erfuhr ich schnell den Grund, weshalb der Staatsanwalt noch auf eine Stellungnahme wartete. Ich hatte sie noch nicht abgegeben. Das wiederum hatte eine einfache Ursache. Auf meine Bitte, mir doch mal Akteneinsicht zu gewähren, hatte ich noch nichts gehört. Ohne die Akte zu kennen, ist es in den weitaus meisten Fällen Harakiri, auch nur Pieps zu sagen. Allerdings ging es bei dieser Sache ohnehin nur um eine Bagatelle. Vielleicht war da ja was auf dem kurzen Dienstweg zu erreichen.

Ich rief also den Staatsanwalt zurück. Der war in der Zwischenzeit schon selbst darauf gekommen, weshalb ich noch nichts von mir hatte hören lassen. »Ich frage mich allerdings«, sagte der Staatsanwalt, »ob Sie die Akte überhaupt benötigen. Außer der sehr vagen Vermutung einer Zeugin – die noch nicht mal was gesehen hat –, dass Ihr Mandant der Täter sein könnte, gibt es keinen einzigen Beweis.« Das klang vielversprechend. »Wissen Sie was«, erklärte der Staatsanwalt, »wenn Sie mir jetzt am Telefon sagen, dass Ihr Mandant es nicht gewesen ist, mache ich den Vorgang zu.« Angesichts dieser Perspektive sah ich vom ehernen Grundsatz ab, mich nicht ohne Akteneinsicht zu äußern.

Es stellt sich grundsätzlich natürlich die Frage, welches besondere Gewicht nun das schlichte Leugnen des Beschuldigten für die abschließende Entscheidung eines Staatsanwalts hat. Normalerweise wird nicht allzu viel darauf gegeben, was ein Beschuldigter zu sagen hat. Zumal er ja sogar lügen darf. Wie auch immer, in diesem Fall war der Staatsanwalt zufrieden. Bereits am nächsten Tag kam die Mitteilung, das Verfahren sei mangels Tatverdachts eingestellt.

KAPITEL 2

Die lieben Mandanten

Flotter Dreier

Mein Mandant ist blind, aber lebenslustig. Zu seinem Geburtstag will er sich einen Traum erfüllen: Sex mit zwei Frauen. Also begibt er sich mit seinem Blindenhund Peterle in die Hand von Fachkräften, und zwar ins größte Bordell der Stadt. Die dortigen Damen sind nett zu ihm. Allerdings reicht sein Bargeld nicht für den vereinbarten Preis von 2500 Euro für eine halbe Nacht zu dritt. Mein Mandant händigt daher seine diversen EC-Karten aus und verrät die Geheimzahlen.

Eine der Damen macht sich auf den Weg. Am hausinternen Cashpoint kriegt sie schon mal um die 3000 Euro. Bei der Sparkasse nebenan spuckt der Automat noch mal zwei Tausender aus. Dann geht sie erst mal zurück, muss aber kurz nach Mitternacht noch mal dringend weg. Klar, um 24 Uhr wird an den Geldautomaten das neue Tageslimit freigeschaltet. Insgesamt gehen in den nächsten Tagen 9500 Euro von den Konten meines Mandanten runter.

Auf außergerichtliche Schreiben reagieren die Damen nicht. Zum Gerichtstermin kommen sie aber. Und bestreiten, dass ein Pauschalpreis von 2500 Euro vereinbart war. Der Richter ist überraschend sachkundig. Fast 10 000 Euro seien doch ganz schön happig. Und die

Unendliche Geschichte

Es klingt etwas sachfremd, wenn ein Polizeivermerk mit folgenden Worten beginnt: *In der unendlichen Geschichte zwischen den hier Beschuldigten S., K. und B wurden bereits etliche Ermittlungsverfahren geführt …*

regelrechte Plünderung der Scheckkarten werfe auch kein gutes Licht auf die Damen. Die räumen schließlich ein, es seien einige »Extras« berechnet worden. »Wissen Sie eigentlich«, faucht mich die eine über den Kopf ihres Anwalts an, »was Ihr Mandant für ein Perversling ist?«

Gutes Stichwort für den Richter. Der bringt die Sache auf die juristische Schiene. »Es handelt sich um einen Werkvertrag«, erklärt er den Damen. »Geld kriegen Sie nur, wenn Sie alle Dienste erbracht haben, die vereinbart waren. Und dann dürfen dem Kläger auch keine Mängelrügen zustehen. Könnte ja sein, dass er mit einer Leistung nicht zufrieden war …«

Die Folge: Der Richter möchte von den Damen im Detail hören, was auf dem Programm stand. »Wenn ein Installateur sein Geld haben will, muss er mir ja auch beweisen, dass er seine Rohre richtig verlegt hat.« Dieser Satz ist ein Zugeständnis an die Vertreter der Lokalpresse, die sich inzwischen eingefunden haben.

Obwohl sie doch von Berufs wegen eigentlich nicht prüde sein sollten, weigern sich die Beklagten, Details zu nennen. Auch ihr Anwalt ist entsetzt. »Soll das hier alles ausgebreitet werden? Unter dem Bild des Bundespräsidenten?« Der Richter bleibt stur. »Für mich ist das ein Fall wie jeder andere. Vielleicht muss ich später sogar einen Sachverständigen einschalten, der das Preis-Leistungs-Verhältnis überprüft.« Die Lokalpresse gluckst vor Behagen.

Mein Mandant erklärt, dass er nicht knauserig sein will. Er würde gern 500 Euro drauflegen. »Schön war es eigentlich schon«, sagt er, »aber halt viel zu teuer.« Auch die Beklagten zeigen sich einsichtig. Wir einigen uns auf 3250 Euro. Der Rest wird innerhalb von zwei Wochen zurückgezahlt.

✔ **MERKE:** Es lohnt sich immer, erbrachte Dienstleistungen ganz sachlich zu besprechen.

Aufschubmysterium

Es gibt Akten, die liegen Wochen oder Monate im Regal. Manche Arbeiten machen einfach weniger Spaß als andere. Das Problem: Eigentlich sind doch alle Sachen gleich. Warum fasst man dann die eine nur im letzten Augenblick und mit spitzen Fingern an, während die andere ruckzuck vom Tisch ist?

Es liegt natürlich an den Mandanten. Wenn ich jemanden nicht leiden kann, muss er eben warten. Seltsam ist allerdings: Es gibt auch nette Leute, bei denen ich mich erst auf den letzten Drücker zur Arbeit zwingen kann. Ich habe schon versucht, die Sachen konsequent der Reihe nach abzuarbeiten. Keine Chance …

Einfach mal nichts sagen

Aus dem Schreiben eines Staatsanwalts:

Sehr geehrte Frau P.,
ich habe das Ermittlungsverfahren eingestellt, da dem Beschuldigten eine strafbare Handlung nicht nachzuweisen ist. Der Beschuldigte hat von seinem ihm gesetzlich zustehenden Aussageverweigerungsrecht Gebrauch gemacht. Weitere Beweismittel, insbesondere Zeugen, die die Tat gesehen haben, sind nicht vorhanden. Allein Ihre Vermutungen sind nicht geeignet, einen zur Anklageerhebung hinreichenden Tatverdacht zu begründen.

Der Mandant wollte ja erst so recht nicht glauben, dass Schweigen mitunter die beste Verteidigungsstrategie ist. Er wollte unbedingt zur Polizei, »alles« richtigstellen und überhaupt – wie sieht das denn aus, wenn man einer Vorladung nicht Folge leistet?

✔ **MERKE:** Es kann durchaus sinnvoll sein, einfach mal nichts zu sagen. (Ich hoffe, auch mein Mandant hat seine Meinung dazu geändert.)

Ansprüche

»Mein Anwalt macht euch fertig!«

Soll mein Mandant gerufen haben, nachdem ihn Polizeibeamte in den Kreuzfesselgriff genommen, ihn gegen den Kofferraum seines Autos gedrückt und ihm dann die »Stahlacht« angelegt hatten.

Ich bezweifle, dass ich diesen Ansprüchen genügen kann …

War das *die*?

Auch Göttinnen haben Sorgen. Zum Beispiel mit ihrem neuen Cabrio. Fast 70 000 Euro hat sie für ihren Flitzer gezahlt. Und ein Auto bekommen, das klappert. Sie will Schadenersatz. Für den Ärger. Für den Stress. Und einen Abschlag auf den Kaufpreis. Juristisch gesehen ist das mehr als heikel. Vor allem bei der Summe, auf die sie sich eingeschossen hat.

Vor dem Gerichtstermin ist mir, und das ist kein Wunder, etwas flau. Normalerweise sollte man eine Anspruchsgrundlage haben, wie Juristen das nennen. Die drei Richter blinzeln mir müde entgegen. Der dritte Fall des Tages. Der Vorsitzende will mir gerade eröffnen, dass wir keine Chance haben. Der Gegenanwalt stützt gelangweilt das Kinn auf seine Hand.

Da schwebt sie in den Raum. Schwarzes Netz, an den wichtigen Stellen ein bisschen Leder. Und ein Lächeln, bei dem man(n) sogar freiwillig den Blick von ihren Kurven löst. Sie schildert den Ärger mit dem Autohaus. Flötet von der Inkompetenz der Werkstatt.

Der junge Richter rechts, direkt vor uns, ist hypnotisiert. Sein Blick wandert von ihren grünen Augen bis zu der Stelle, wo das Klägerpult alles Weitere verbirgt. Es

Mir ist immer noch schlecht

Wenn ein Mandant mit dir übers Handy telefoniert und es so seltsam rumpelt und rauscht, dann kriegst du heutzutage vielleicht Folgendes zu hören: »Reden Sie ruhig weiter, ich musste Sie nur mal mit aufs Klöchen nehmen.«

Post

Ein (älterer) Mandant wühlt bei der Besprechung plötzlich in seiner Jackentasche: »'tschuldigung, ich habe gerade einen Brief bekommen.« Er holt sein Handy raus und liest die SMS.

ist ein sehr niedriges Pult. Der Vorsitzende kriegt langsam rote Wangen. Er ist plötzlich interessiert. Der Richter links verflucht den Moment, als er sich am Morgen für den Stuhl auf der Beklagtenseite entschieden hat. »Ich kenne sie«, sagt der Richter. »Sie sind ja bekannt in der Medienwelt.« Die Göttin schenkt ihm ein zauberhaftes Lächeln.

Plötzlich stellt sich die Sach- und Rechtslage anders dar. Der Vorsitzende spannt die schlaffen Beamtenschultern und nimmt den Gegenanwalt in die Mangel. »Ein gewisses Prozessrisiko besteht für Ihre Seite ja schon. Wenn das alles stimmt, was die Klägerin uns hier erzählt.« Und so eine Frau sagt die Wahrheit, nichts als die Wahrheit – das schwingt in seiner Stimme deutlich mit. Fünf Minuten später ist der Gegenanwalt zu einem Vergleich geprügelt. Er hat sich noch nicht einmal gewehrt.

Die Göttin ist hochzufrieden. »Es ist schon unglaublich, wie wichtig ein guter Anwalt ist. Ohne Ihren Einsatz hätte ich den Prozess garantiert verloren.« Ich wage nicht zu widersprechen. Zum Abschied – sie muss um halb eins den Flieger kriegen – fragt sie nach meiner Handynummer. »Für alle Fälle, falls mal was Wichtiges ist.«

FAZIT: Manchmal liebe ich diesen Job.

Kräftig rumgedreht

Strafanzeige wegen Körperverletzung. Angeblich hat mein Mandant K., ein Taxifahrer, auf seinen Kollegen eingeprügelt. Da freut es einen doch, wenn die einzige Augenzeugin Folgendes angibt:

»Herr T. und Herr K. haben sich unterhalten. Dann hat T. dem K. plötzlich den Zeigefinger ins Auge gesteckt und den Finger kräftig rumgedreht.«

Da ist es ja wohl zumindest keine Frage mehr, wer »angefangen« hat.

Armer Schnösel

Mir gegenüber sitzt ein schneidiger Herr Anfang 40. Erst mal beschwert er sich über meine Sekretärin. Die habe beim Türöffnen »unkonzentriert« gewirkt. Und »hektisch«. »Wir haben halt viel zu tun«, sage ich, bitte höflich um Nachsicht und hoffe auf einen Themenwechsel.

Die Frage, was ich für ihn tun könne, quittiert er mit einer Gegenfrage: Ob ich mich mit Strafrecht auskenne? Ich weise höflich darauf hin, der Titel »Fachanwalt für Strafrecht« falle nicht vom Himmel. »Kennen Sie sich mit Wirtschaftsstrafrecht aus?« Ich erwidere höflich, dies sei der Fall. »Na ja«, sagt er abschätzig. »Könnte ja sein, dass Sie einer von diesen Anwälten sind, die nur Dealer vertreten.« Ich stecke das freundlich weg. Er möchte wissen, ob ich genug Kapazitäten für seinen Fall habe. Fangfrage: Habe ich Kapazitäten, bin ich in seinen Augen unterbeschäftigt. Und ein unterbeschäftigter Anwalt taugt nichts, oder?

Ich beende das Vorgeplänkel mit der glasklaren Ansage, dass er mir jetzt sagen soll, um was es geht. Er erzählt also sein Schicksal: Geschäftsführer einer GmbH, bei den Gesellschaftern in Ungnade gefallen, Ermittlungsverfahren wegen Untreue und Insolvenzverschleppung. Dann der entscheidende Satz: »Ich möchte nur klarstellen, dass Sie Ihre Gebühren von der Staatskasse bekommen. Als Pflichtverteidiger ...« Er ist also nicht nur arrogant, sondern auch abgebrannt.

Eine Minute später stehen wir schon an der Ausgangstür. Er kriegt den Mund vor Staunen nicht zu darüber, dass ich in Fällen wie dem seinen (gemeint ist: bei überheblichen Schnöseln wie ihm) nicht für Staatsknete arbeite, sondern ausschließlich zum festgelegten Stundensatz. Den er sich definitiv nicht leisten kann. Vom Vorschuss ganz zu schweigen. Kurzer Händedruck; er hat es plötzlich eilig.

FAZIT: Der arme Mann muss sich also unter den zweitausend Anwälten in unserer Stadt einen anderen suchen, der vor ihm zu Kreuze kriecht. Ich hätte ihm vielleicht zwei, drei Adressen mit auf den Weg geben sollen ...

Kandidat

Manche Jugendliche sind echt ein Arbeitsbeschaffungsprogramm. Auf Karsten L. kann ich mich verlassen. Im Schnitt hat er alle zwei Monate Ärger mit der Polizei. Spritztour mit Papas Auto. Ladendiebstähle ohne Ende. Etwas Vandalismus. Einbrüche in Schulen und Getränkemärkte. Das gab zuletzt anderthalb Jahre auf Bewährung. Jetzt wird es aber knapp für ihn.

Zusammen mit ein paar Buddys hat er ein Pizzataxi angerufen und in eine dunkle Ecke bestellt. Den Pizza-

Gleichwertig

Der schönste Schreibfehler unserer Sekretariatsvertretung: *Mit freundlichen Füßen.* Das steht in ernst zu nehmender Konkurrenz zu meinem eigentlichen Favoriten: *Tüff-Zulassung.*

boten haben sie mit Knüppeln niedergeschlagen und 150 Euro geklaut. Sehr schlau, denn der Pizzabote war ein Bekannter der Clique. Nachdem er aufgewacht war, lieferte er der Polizei Namen, Adressen und Handynummern.

Der Haftrichter hat sich geziert. Aber weil die Tat so dämlich war, hat er Karsten L. noch mal gegen Auflagen rausgelassen. »Das wär nicht passiert«, schimpft Karsten L. auf dem Weg aus dem Gericht, »wenn die mich bei ›Big Brother‹ genommen hätten.«

FAZIT: Die Auswahlkriterien für »Big Brother« sind mir ein Rätsel. Von der Intelligenz her hätte Karsten L. doch gut ins Haus gepasst …

Überhaupt kein Aufwand

Zusammenfassung der E-Mail eines ehemaligen und möglicherweise zukünftigen Mandanten:

Lieber Herr Vetter,
ich habe mich vor einigen Monaten bei der neuen Sache doch für einen anderen Anwalt entschieden. Der ist jetzt im Urlaub. Außerdem antwortet er mir auch sonst nicht. Nehmen Sie bitte Akteneinsicht. Kopieren Sie einmal die komplette Akte, damit ich auf dem neuesten Stand

bin. Ich möchte aber darauf hinweisen, dass ich hierfür und auch sonst auf absehbare Zeit nichts bezahlen kann. Ich habe gerade viel Geld für meinen Umzug ausgegeben. Aber der Aufwand ist für Sie ja ohnehin gering. Ich gehe davon aus, dass ich die Akte Anfang nächster Woche bei Ihnen abholen kann.

Möglichkeiten

Aus einem psychologischen Gutachten für eine vorzeitige Haftentlassung auf Bewährung:

Bei bestreitenden Tätern gibt es grundsätzlich ja nur zwei Möglichkeiten (psychische Gesundheit vorausgesetzt): Entweder der bestreitende Täter spricht die Wahrheit, oder er kann die Tat vor sich selbst (oder vor seiner Familie etc.) nicht eingestehen.

Mir fällt spontan noch eine dritte Möglichkeit ein: Der Täter lügt ganz einfach. Zum Beispiel aus taktischen Gründen. Aber das ist natürlich nur *eine* Möglichkeit … (Das Gutachten fiel für meinen Mandanten positiv aus.)

Bruchpilot

Als Skript für ein Drehbuch wäre das jedem Produzenten zu platt. Selbst bei »Gute Zeiten, schlechte Zeiten«. Doch im wirklichen Leben werden oft auch die plattesten Klischees grausame Wirklichkeit. Auszug aus meinem Schriftsatz in einem Prozess vor dem Landgericht:

Die Parteien waren … im Urlaub. Zum damaligen Zeitpunkt ging die Beklagte davon aus, dass mit ihrer Ehe

Kommt noch

Manche Mandanten machen dem Anwalt ökonomisches Arbeiten wirklich leicht. Nehmen wir diese Telefonnotiz: *Herr M. bittet um sofortigen Rückruf zu seinem Fax (kommt noch).* Ich habe anderthalb Tage darauf gewartet.

alles in Ordnung ist. Ausgerechnet im Urlaub ... offenbarte der Kläger ihr, dass er eine um 20 Jahre jüngere Freundin hat. Es handelt sich hierbei um eine Stewardess bei der Fluglinie, für die der Kläger als Pilot arbeitet.

Der Kläger informierte die Beklagte aber nicht nur über seine außereheliche Affäre. Er rechtfertigte die Affäre vielmehr sogar noch damit, dass es sich bei der Stewardess um die erste Frau handele, die er wirklich liebe. Deshalb müsse er die Beklagte nach zwölfjähriger Ehe verlassen, weil er jetzt überhaupt erst wisse, was Liebe ist.

Doch noch nicht einmal hierbei beließ es der Kläger. Er begründete seinen Wunsch, von heute auf morgen mit der Stewardess eine Familie zu gründen, auch mit dem Hinweis, er habe schon immer Kinder gewollt. Die Beklagte könne jedoch keine Kinder bekommen. Sie sei zu alt und wegen einer früheren Erkrankung wahrscheinlich sowieso unfruchtbar.

Der Kläger reiste noch am selben Tag aus dem Urlaub ab. Als die Beklagte nach Hause kam, war die Ehewohnung schon leer geräumt. Exakt neun Monate nach Rückkehr der Beklagten kam bereits das erste Kind des Klägers zur Welt.

Kein Geschäft

Ein harmloser Auffahrunfall. Herr P. geht davon aus, dass die gegnerische Versicherung seinen Schaden schnell ersetzt. Damit liegt er nicht mal falsch. Nach vier Tagen erhält er Geld. Die Versicherung zahlt wie folgt:

Nettoschaden laut Gutachten: 1734,86 Euro

Gutachterkosten: 246,35 Euro

Aber Herr P. ist nicht doof. Er weiß: Ihm als Geschädigtem steht auch eine Pauschale zu. Für Porto, Telefon und Fahrtkosten. Der Sachbearbeiter bei der Versicherung hält Herrn P. aber für doof. »Da müssen Sie mir schon Belege einreichen. Ohne konkreten Nachweis dürfen wir nichts auszahlen.«

Herr P. hat was dagegen, für dumm verkauft zu werden. Also beauftragt er seinen Anwalt damit, die Auslagenpauschale geltend zu machen. Der schickt ein kurzes Fax.

FAZIT: Zwei Tage später sind die 25 Euro die Herrn P. als Unfallopfer zustehen, auf dem Konto. Und auch die Anwaltskosten zahlt die Versicherung anstandslos. Die sind mit 50,03 Euro doppelt so hoch wie die Pauschale selbst.

Entrückt

Der neue Mandant, ein älterer Herr, gibt mir seine Visitenkarte.

»Oh, die Telefonnummer ist nicht mehr aktuell.« Er streicht die alte Nummer, schreibt die neue daneben.

»Moment noch, ich habe jetzt auch ein Fax.« Er kritzelt eine Faxnummer auf die Visitenkarte.

»Ach, da fällt mir auf, die Postleitzahl ist jetzt ja auch fünfstellig. Moment mal, die lautet ... ich komme gleich drauf ...« Schließlich notiert er auch noch seine neue Privatanschrift, denn er ist ja 1998 umgezogen.

Hoffentlich stimmt wenigstens der Name noch ...

Einige Dinge besprechen

Ich telefonierte hinter einer Polizistin her, die sich für den nächsten Tag bei meinem Mandanten angesagt hatte. Worum es ging, wollte sie ihm am Telefon nicht mitteilen. Sie müsste halt einige Dinge mit ihm besprechen.

Nun ja. In der Sache lag nicht nur die Anklageschrift vor – ich war auch von Anfang an als Verteidiger tätig, sodass mein Name durchaus in der Ermittlungsakte auftauchte. Es hätte also nahegelegen, nicht nur meinen Mandanten anzurufen, sondern auch mich. Auch Polizisten dürfte klar sein, dass ein Anwalt erst mal mit der roten Kelle winkt, wenn Vernehmungen an ihm vorbei organisiert werden.

Da ich die Frau nicht erreichen konnte und auch nicht wusste, worum es bei dem Besuch gehen sollte, konnte ich dem Mandanten nur raten, erst mal nichts zu sagen.

FAZIT: Das war für die Polizistin leider eine vergebliche Dienstfahrt ...

Abgeheftet

Alte Männer mit mechanischen Schreibmaschinen. Eine verhängnisvolle Kombination. Ich zitiere aus einigen Schreiben eines Prozessgegners:

Hiermit bestätige ich mit allem Nachdruck und an Eides statt, dass ich mich trotz meines Alters einer ausgezeichneten Gesundheit erfreue, mit Ausnahme altersbedingter kleiner Wehwehchen.

Sie, Herr Rechtsanwalt, sind ein kleines Rädchen in diesem Justizskandal. Sie sind Befürworter des Unrechtsurteils, das bewusst und vorsätzlich eine Rechtsbeugung zugunsten Ihres Mandanten ist. Wo so dunkle Mächte bei der Rechtsprechung walten, kann es kein gerechtes Urteil geben. Wenn diese dunklen Kräfte in der Lage sind, sogar die Staatsanwaltschaft zu einem manipulierten Bescheid zu beeinflussen, wie leicht würde es Ihnen gelingen, meinen Rechtsanwalt gegen mich einzustellen. Deshalb nehme ich mir erst gar keinen Rechtsanwalt, weil ich die dunklen Kräfte nicht auch noch mit meiner Rente finanzieren will.

Sie hatten es sehr eilig, in den unrechtmäßigen Besitz meines Geldes zu kommen, denn schon einen Tag nach

Unschuldig

Ich kann Leute nicht leiden, die an ihren Faxgeräten die Uhr nicht auf Sommerzeit umstellen. Oder deren Apparate sogar einen ganzen Tag nachgehen. Am Ende muss ich wieder einen Mandanten davon überzeugen, dass ich das wichtige Schreiben nicht 25 Stunden im Büro habe herumliegen lassen …

der Gerichtsverhandlung beantragten Sie beim Gericht einen Kostenbeitrag. Und dieses Gericht, dass dieses bewusst und vorsätzlich falsche Urteil gefällt hat, hat Ihnen, den Befürworter dieses Unrechtsurteils, den geforderten Betrag von 266,80 Euro bewilligt. Fürwahr, eine recht gute Zusammenarbeit zwischen Gericht und Rechtsanwalt in diesem skandalösen Justizskandal. Dass Sie sich in Ihrem Schreiben derart verwirrender und z.T. sogar falscher Tatsachen bedienen, ist für einen Rechtsanwalt fürwahr unwürdig.

Das Zivilgericht hat eine einwandfrei bewiesene Fehlentscheidung gefällt. Das ist die Tatsache! Mit dieser Rechtsverwirrung betreibt Rechtsanwalt Vetter weiterhin einen rücksichtslosen Psychoterror gegen mich. Außerdem hat er sich den Geldbetrag aus dem Urteil unrechtmäßig angeeignet. Erschwerend wirkt sich hier aus, dass er sich bei dieser rechtswidrigen Handlung sogar eines Gerichtsvollziehers bediente.

Es gehört schon eine Portion Kaltblütigkeit von einem Rechtsanwalt dazu, der schon im Vorfeld festgestellt hat, dass das Zivilgericht hier einen bewusst und vorsätzlich falschen Gerichtsbeschluss vorbereitet und dann auch noch einen solchen erlässt, von mir noch Geld zu verlangen! Es sieht so aus, als ob Sie sich an dem Skandal bereichern wollten!

Die Tippfehler bitte ich nicht zu beachten, da ich kein Maschinenschreiber von Beruf bin.

Keine Sorge, Herr P. Wir beachten gar nichts, auch wenn Sie uns mehrmals in der Woche schreiben. Wir heften nur ab.

Bar im Saal

Erst handle ich den Richter runter, weil der Mandant in nicht ganz einfachen wirtschaftlichen Verhältnissen lebt. Okay, die Auflage zur Verfahrenseinstellung reduziert sich um ein Drittel. Als der Richter den Beschluss über die vorläufige Einstellung (mit Ratenzahlung) diktiert, flüstert mir mein Mandant zu, dass er das Geld dem Geschädigten am liebsten hier und jetzt übergeben möchte. Er zählt unter dem Tisch die Geldscheine ab, ich übergebe sie seinem Kontrahenten. Der Richter stellt das Verfahren endgültig ein. Eine Nachfrage wegen der wirtschaftlichen Verhältnisse erspart er uns mit mildem Lächeln …

Gelbe Briefumschläge

Man kann ja so nachlässig sein, wie man will. Aber Post in gelben Briefumschlägen sollte man immer lesen. Das beherzigt mittlerweile hoffentlich auch der Mandant, den ich darüber aufklären musste, dass ein per Strafbefehl angeordnetes Fahrverbot mit der Rechtskraft der Entscheidung beginnt. Und nicht erst dann, wenn man den Führerschein irgendwann mal beim Gericht abgibt.

Erschöpfend

Das Kammergericht Berlin im Urteil Az. 7 U 781/02: *Nach gefestigter Rechtsprechung des Bundesgerichtshofs ist der Rechtsanwalt zu einer umfassenden und möglichst erschöpfenden Belehrung seines Auftraggebers verpflichtet.* Echt? Ich sollte mir mehr Mühe geben. Oder weniger?

Der Mandant dachte, er könne sich den Termin für das Fahrverbot aussuchen. Die Viermonatsfrist für den Antritt des Fahrverbots gibt es aber nur bei Bußgeldbescheiden (§ 25 Absatz 2a Straßenverkehrsgesetz). Und auch nur dann, wenn die Bußgeldstelle die Frist ausdrücklich gewährt. In Verkehrsstrafsachen gibt es diese Schonfrist nicht.

Mein Mandant wurde im Karneval kontrolliert und zeigte seinen Führerschein vor. Da das Fahrverbot bereits im Computer stand, beschlagnahmte die Polizei den Führerschein.

✔ **MERKE:** Bei gelben Umschlägen hört die Herrschaft über den Kalender auf.

Deutschland

So ist das in unserem Land. Man kann so fit sein wie ein Turnschuh. Aber wenn die Kündigung droht, reicht es, beim Versorgungsamt einen Antrag auf Anerkennung als Schwerbehinderter zu stellen. Ab diesem Tag hat man erst einmal Kündigungsschutz. Bis über den Antrag entschieden ist. Oder bis das Integrationsamt – nach mündlicher Verhandlung etc. – die Kündigung für zulässig erklärt.

Von dem Antrag braucht man seinem Arbeitgeber noch nicht einmal etwas zu erzählen. Wie in einem meiner Fälle. Da erfuhren wir erst nach mehr als vier Wochen aus der Klage vor dem Arbeitsgericht, dass der Mitarbeiter drei Tage vor der Kündigung seine Anerkennung als Schwerbehinderter beantragt hatte.

Übrigens einer, der jeden Abend ins Fitnessstudio rennt …

Nicht jeder Abschied schmerzt

Eine Mandantin hat sich aus meinem Kundenkreis verabschiedet. Ich hatte mich geweigert, bei ihrer Rechtsschutzversicherung falsche Angaben zu machen.

Es ging um die Frage, seit wann ein Mietrückstand besteht. Die erste offene Miete fiel noch in die Wartezeit des Versicherungsvertrages. Die Folge war: Die Mandantin konnte keinen Rechtsschutz bekommen. Weder für eine Räumungs- noch für eine Zahlungsklage.

Mieter vs. Vermieter

Mein Mandant minderte bereits seit zwölf Jahren seine Wohnungsmiete um 20 Prozent. Mit gutem Grund. Aber das wollte der Vermieter nicht einsehen. Zumindest anfangs. Da hagelte es Mahnungen und »Kontoauszüge«, in die ein dickes Minus eingetragen war.

Nach fünf Jahren hatte mein Mandant bereits einen Mahnbescheid über die Mietrückstände erhalten. Das waren zum damaligen Zeitpunkt schon 14 000 Euro. Im Verfahren stellte sich schnell heraus, das Gericht hielt die Mängel für nachvollziehbar. Aber nicht nur das. Der Vermieter habe seine Ansprüche auch verwirkt, weil er mit dem Prozess jahrelang gewartet hatte.

Sieben Jahre lang war Ruhe. Bis es eine Mieterhöhung gab. Gegen die Erhöhung war als solche nichts zu sagen. Allerdings hob die Erhöhung – natürlich – nicht die Minderung auf. Das hätten allenfalls Handwerker schaffen können … Mein Mandant zog also konsequent weiter 20 Prozent ab, nun aber von der erhöhten Miete.

Postlaufzeit
Hu, manche Leute sollten wirklich eine E-Mail-Adresse haben. Anders formuliert: Wie lange dauert ein Brief nach Griechenland?

Also kamen sie wieder, die Mahnungen und Kontoauszüge. Aber wie sollte der Vermieter einem Gericht nach insgesamt zwölf Jahren erklären, die Minderung sei nicht gerechtfertigt? Wenn er schon nach fünf Jahren aus formalen Gründen Schiffbruch erlitt?

FAZIT: Es wäre eindeutig ein Fehler, diesen Vermieter für vernunftbegabt zu halten. (Es handelt sich übrigens um den Staat.)

Nein sagen

Eine Klage wegen unberechtigter Abschleppkosten? Na ja, erzählen Sie mal.

»Wir leben in einer dicht bewohnten Straße. Innenstadt. Dem Nachbarn wurde ein Behindertenparkplatz genehmigt. Der Mann geht zwar an Krücken. Die Frau hat Zucker. Aber behindert? Der hat höchstens seine Brieftasche aufgemacht auf dem Amt. Weil das Schild nicht zutrifft, habe ich mich natürlich draufgestellt, auf den Parkplatz. Und wissen Sie was? Diese dreisten Säcke schleppen doch tatsächlich meinen Wagen ab …«

Muss man als Anwalt wirklich alles machen? Man muss nicht. »Für so was brauchen Sie einen Fachanwalt für Verwaltungsrecht. Ich kenne da einen sehr kompetenten Kollegen.« (Und tschüss.)

Wegnahme

Strafbefehlsantrag der Staatsanwaltschaft:
Sie entwendeten aus dem XY-Buchhaus 2 Bücher zum Preis von jeweils 19,50 Euro.

Aus meiner Verteidigungsschrift:
Herr P. ist das Opfer eines übereifrigen Detektivs. Dies begründe ich wie folgt:

Herr P. hatte das Buch »Die Schule der Mönche« in der ersten Januarwoche beim XY-Buchhaus bestellt, da es nicht vorrätig war. Am … holte mein Mandant das Buch in der Abteilung ab. Auf dem Rückweg schlenderte er an den Buchregalen vorbei und sah sich verschiedene Bücher an.

Darunter war auch das Werk »Sag mir, daß Du mich liebst«. Dieses Buch wollte sich mein Mandant näher ansehen. Zu diesem Zweck klemmte Herr P. »Die Schule der Mönche« zwischen Mantel und Arm. Das war notwendig, weil Herr P. nur mit Lesebrille lesen kann. Diese Brille musste er aus seiner Tasche holen. Nachdem Herr P. die Brille aufgesetzt hatte, blätterte er in dem Buch »Sag mir, daß Du mich liebst«.

Er entschloss sich, auch dieses Werk zu kaufen und legte es kurz auf einen Bücherstapel, um seine Brille wegzustecken. Noch während Herr P. versuchte, die Brille abzunehmen und wieder in die Tasche zu stecken, wurde er von dem Detektiv angesprochen.

Beschluss des Amtsgerichts:
Der Angeschuldigte ist des ihm zur Last gelegten Diebstahls, auch in der Versuchsform, nicht hinreichend verdächtig (§ 408 Abs. 2 S. 1 StPO).

Er wurde vor der Kasse von dem Personal angesprochen, sodass er eine Wegnahme oder eine Zueignungs-

Nicht vergessen

§ 3 Abs. 5 Aktenordnung: *Die von der Vernichtung auszuschließenden Blätter sind schon bei ihrem Entstehen als solche zu bezeichnen.*

absicht nicht gezeigt hat, indem er an der Kasse etwa vorbeigegangen ist, ohne zu bezahlen.

Das Verbringen des Buches unter die Jacke und der Umstand, dass er sich immer wieder umsah, sind allein keine Indizien, die Wegnahme und Zueignungsabsicht hinreichend ergeben. Beides könnte aus anderen Gründen geschehen sein.

Die Kosten trägt die Staatskasse.

Letzte Rettung

Mann schlägt seine Freundin vor Zeugen grün und blau. Freundin zieht aus. Mann lebt weiter in der gemeinsamen Wohnung. Mann weigert sich, die Wohnung zu kündigen. Oder die Freundin aus dem Vertrag zu lassen. Nach anderthalb Jahren verklagt Mann seine Freundin auf die halbe Miete. Richter am Amtsgericht bewilligt Mann Prozesskostenhilfe. Mann bekommt also seinen Anwalt vom Staat bezahlt, selbst wenn er den Prozess verliert.

FAZIT: Ich muss dringend mit einem Journalisten der Boulevardpresse telefonieren. Bei so viel richterlicher Ignoranz hilft nur noch eine Tracht Prügel durch die Medien.

Unbekannter Besuch

Wenn sich Mieter über Nachbarn beschweren, werden sie oft gebeten, »Lärmprotokolle« zu führen. Damit soll dann eine mögliche Kündigung begründet werden. Einst hatte ich so ein Lärmprotokoll auf dem Schreibtisch:

- *Dienstag, 18.45 Uhr: Frau J. wäscht wieder übermäßig Wäsche.*
- *Donnerstag, 20.35 Uhr: Der Sohn von Frau J. spielt mit einem Ball und springt in der Wohnung herum.*
- *Freitag, 0.45 Uhr: Frau J. kommt nach Hause.*
- *Sonntag, 22.50 Uhr: Frau J. und unbekannter Besuch schauen Fernsehen. Lautes Lachen.*
- *Sonntag, 02.00 Uhr: Der Besuch von Frau J. verlässt die Wohnung.*

Vielleicht hätte die Hausverwaltung den empfindlichen Nachbarn auch erklären sollen, was richtige Kündigungsgründe sind. Mit so was dürfte man jedenfalls bei den allermeisten Richtern Schiffbruch erleiden.

Am schönsten finde ich aber die Stelle mit dem »unbekannten Besuch«. Zwei Worte, die so viel sagen. Über die Beschwerdeführer.

Nichts, gar nichts

Ich habe eine Beratung abgerechnet. Freundlicherweise ohne Berücksichtigung des (erheblichen) Streitwerts. Machte 30 Euro, pauschal.

Dazu der Mandant: »Aber wir haben doch nur am Telefon gesprochen. Sie haben doch gar nichts gemacht.«

Doch. Zugehört. Nachgedacht. Erklärt. Eine Empfehlung gegeben.

»Also, genau das sage ich doch. Sie haben nichts gemacht. Gar nichts.«

FAZIT: Ich musste das Gespräch nach wenigen Minuten beenden. Es warteten einige Mandate, in denen ich auch unbedingt noch untätig sein wollte.

Jugendstreiche

Sehr geehrte Frau M.,
wie Sie wissen, vertreten wir die rechtlichen Interessen Ihrer Mitbewohner S. Sie leben in der Wohnung über unseren Mandanten.

Am Sonntag hat Ihr minderjähriger Sohn sich aus einem Fenster Ihrer Wohnung erbrochen. Das Erbrochene verunreinigte nicht nur die Fassade, sondern auch das Kinderzimmerfenster der Wohnung unserer Mandanten.

Dieser ekelige Vorfall war nicht der erste seiner Art. Bereits im Winter des letzten Jahres geschah Ähnliches. Grund ist offenbar, dass Ihr Sohn, wenn er Besuch von Freunden hat, übermäßig dem Alkohol zuspricht und es

Sie kennen die Regeln

Ein Beamter vom Staatsschutz möchte mit meinem Mandanten sprechen. Ich sage zu und kündige an, dass ich an dem Termin teilnehmen werde. »Kein Problem«, sagt der Beamte. »Sie kennen ja die Regeln für Anwälte. Zuhören und nicht stören.«

dann für »witzig« hält, sich aus dem Fenster zu erbrechen. Da Ihre Wohnung über Bad und Toilette verfügt, gibt es für ein derartiges Verhalten keine Entschuldigung.

Nach dem Vorfall im Winter des letzten Jahres hat sich Ihr Sohn ausdrücklich bei unseren Mandanten entschuldigt. Er hat fest zugesagt, dass so etwas nicht noch einmal passiert. Lediglich aufgrund dieses Umstandes waren unsere Mandanten bereit, die damalige Verunreinigung selbst zu entfernen. Nach dem neuerlichen Vorfall besteht hierzu keine Bereitschaft mehr.

Wir fordern Sie auf, das Fenster und den Fassadenbereich der Wohnung unserer Mandanten wieder zu säubern.

Mit freundlichen Grüßen
Rechtsanwalt

Ein guter Freund

Herr S. war ein Freund. Ein guter Freund. Er hatte nämlich von meinem Mandanten B. einen Auftrag erhalten: »Ich soll mich mit Ihnen in Verbindung setzen.« B., der mit Haftbefehl gesucht wurde, wolle wissen, wie er sich weiter verhalten solle. Sagte Herr S.

»Warum ruft Herr B. mich nicht selbst an?«

»Er hat kein Geld zum Telefonieren.«

»Warum geben Sie ihm nicht einen Euro, damit er mich aus einer Telefonzelle anrufen kann? Oder leihen Sie ihm Ihr Handy?«

»Das kann ich schon machen. Sie können es mir aber auch sagen, dann richte ich es Herrn B. aus. Ich bin doch sein Freund.«

»Ich kenne Sie aber nicht. Theoretisch könnten Sie auch von der Polizei sein. Wäre doch ein guter Trick, um zu klären, ob ich etwas weiß.«

»Nein, Herr B. ist nur ein Bekannter. Ich will doch nur helfen.«

»Tut mir leid, aber ich kann Ihnen nichts sagen. Selbst wenn ich etwas wüsste.«

Klick.

FAZIT: Wie erwartet – Herr B. hat sich nie bei mir gemeldet.

Ich will doch nicht …

Ein Mandant hatte Ärger mit einem Geschäftspartner. Der zahlte plötzlich nicht mehr. Die Geschäftsbeziehung währte schon über 20 Jahre; man war fast befreundet. Die Sache ging ihren Gang. Zahlungserinnerungen, Anwalt, Mahnbescheid. Dann liefen sich die beiden zufällig über den Weg.

»Warum hast du mich nicht mal angerufen?«

»Jeder hat mal eine schlechte Phase. Du weißt ja, Ärger mit der Frau, der Stress …«

»Du musst dich aber doch nicht verleugnen lassen. Ich habe es so oft bei dir versucht.«

»Ging nicht anders. Wenn ich schlechte Laune habe, telefoniere ich nur mit Leuten, die ich nicht leiden kann. Ich will doch meine Freunde nicht anpfeifen …«

Die beiden haben sich an Ort und Stelle auf einen Vergleich geeinigt.

MERKE: Man muss eine eiserne Regel auch mal brechen.

Maschinelle Belästigung

Eine Mandantin will sich dagegen wehren, dass sie mehrmals in der Woche Anrufe von einem Versandhaus erhält. Ein Computer meldet sich und fordert sie auf, eine Rechnung zu bezahlen. Abgesehen davon, dass die Forderung nicht besteht, stört sich die Mandantin daran, von einer Maschine belästigt zu werden.

Dagegen kann man natürlich juristisch was machen. Wir erwirkten eine Unterlassungsverfügung wegen unzumutbarer Belästigung. Das geht übrigens bei Mensch wie Maschine.

Polnisch für Volljuristen

Der Vorwurf lautete auf Erpressung. Angeblich sollte mein Mandant versucht haben, durch Drohung einen Mann um 25 000 Euro zu erleichtern. Schon als ich die Ermittlungsakte las, hielt ich das weitgehend für Interpretation. Das vermeintliche Opfer erklärte der Polizei nämlich, mein Mandant habe gesagt, er werde »unbrav«, wenn er kein Geld kriege.

So ein Begriff ist natürlich auslegungsbedürftig. »Unbrav« könnte, jedenfalls nach meinem Verständnis, auch bedeuten, dass man vor Gericht klagt. Oder was über den Streit im Internet schreibt, damit keiner den vermeintlichen Schuldner mehr lieb hat. Auch das sind Übel, aber eben keine »empfindlichen«, wie sie der Erpressungsparagraf verlangt. Mit dem Wort »unbrav« mussten wir uns aber gar nicht beschäftigen. Der Zeuge, der nur Polnisch spricht, hatte vor Gericht plötzlich eine ganz andere Erinnerung. Mein Mandant habe gar nicht »unbrav« gesagt. Vielmehr habe er ein anderes

Wort gebraucht, das im Polnischen »unwirsch« bedeutet. Oder auch »unhöflich«. Je nach Betonung auch beides zusammen. So jedenfalls erklärte es uns der vereidigte Dolmetscher.

»Unwirsch« und/oder »unhöflich« – sind wir das nicht alle mal? Die Sache mit der Drohung schien dem Staatsanwalt spätestens mit dieser Klarstellung auch nicht mehr eindeutig. Dabei hatten wir noch gar nicht diskutiert, dass mein Mandant ja gar kein Polnisch spricht. Deshalb hatte er einen polnischen Freund dabei, der seine Worte dolmetschte. Wer sagt denn, dass das, was aus dem Mund des Dolmetschers kam, eine korrekte Übersetzung der Worte meines Mandanten war? (Der Freund sagte es jedenfalls nicht, denn auch er war angeklagt und besaß ein Schweigerecht.) Das Verfahren wurde eingestellt.

FAZIT: Wir dürfen alle weiter unhöflich sein, ohne dafür das Gefängnis fürchten zu müssen.

KAPITEL 3

Vor Gericht und auf hoher See …

Die Zweifel des Gerichts

Ein harmloser Zivilprozess. Das Gericht wollte Zeugen hören. Ein Termin wurde anberaumt. Sofort nach Eingang der Ladung wies der Prozessbevollmächtigte des Klägers – unser Gegner – darauf hin, er habe an dem Tag keine Zeit. Er müsse einen Termin am Oberlandesgericht wahrnehmen; seine beiden Kolleginnen seien verhindert.

Eine alltägliche Angelegenheit. Wäre da nicht der Amtsrichter gewesen. Der forderte den Anwalt auf, seine Verhinderung *glaubhaft* zu machen. Was nichts anderes bedeutete, als dass er es für möglich hielt, der Anwalt könnte lügen. Das ließ der Anwalt jedenfalls nicht unkommentiert. Er schrieb unter anderem:

Soweit das Gericht den Angaben des Unterzeichners keinen Glauben schenkt, dass dieser einen seit längerer Zeit beim Oberlandesgericht anberaumten Termin wahrzunehmen hat, nimmt der Unterzeichner diese geäußerten Zweifel persönlich. Gleichwohl fügen wir eine Kopie der Ladungsmitteilung des Oberlandesgerichts bei. Sollte das Gericht diese einfache Kopie nicht ausreichen lassen, ist der Unterzeichner selbstverständlich bereit, eine vom Senatspräsidenten beglaubigte Kopie beizubringen.

FAZIT: So weit wollte der Richter dann doch nicht gehen. Er verlegte den Termin, wegen »Terminkollision bei nicht möglicher Vertretung«. Leider hatte ich an diesem Tag Zeit. Einer der wenigen Fälle, in denen ich wirklich gern verhindert und mir ein Verlegungsantrag eine persönliche Freude gewesen wäre.

Lahm

Auf dem Gerichtsflur nimmt mich ein Richter zur Seite: »Sagen Sie mal, warum stimmen Sie eigentlich der Einstellung nicht zu? Billiger kommt Ihr Mandant in einer Hauptverhandlung garantiert nicht weg.«

Ich bin hocherfreut, muss aber zugeben: »Bei mir ist das Angebot nicht angekommen.«

Am nächsten Tag ruft der Richter an: »Davon können Sie ja noch gar nichts wissen. Der Brief liegt seit vier Monaten in unserer Schreibkanzlei.«

Klappe!

Der Mandant blieb auf die Aufforderung der Richterin, »So jetzt erzählen Sie mal, was an dem Tag gewesen ist«, stumm wie ein Fisch. Natürlich hätte er viel erklären können. Wie er den Jugendlichen X an einer Bushaltestelle kennenlernte. Wie man ins Gespräch kam. Wie er das neue Handy von X bestaunte. Wie das Handy in seine Jackentasche kam. Und wieso X ein blaues Auge und eine verrenkte Schulter hat.

Aber mein Mandant schüttelte nur den Kopf. Er machte von seinem Aussageverweigerungsrecht Gebrauch. Kein Beschuldigter muss sich zur Sache äußern. Weder bei

Die Auserwählten

Werbespruch auf dem Umschlag einer Postwurfsendung: *Exklusive Einladung für alle Haushalte.*

der Polizei noch vor Gericht. Aus dem Schweigen dürfen auch keine nachteiligen Schlüsse gezogen werden.

X konnte zwar flüssig erzählen, wie ihm sein Handy abhandengekommen war. Doch auf die Frage der Richterin, ob er jemanden im Saal wiedererkenne, schüttelte der junge Mann treuherzig den Kopf. »Haben Sie vielleicht schon mal den Herrn hier vorn gesehen?« Die Richterin zeigte auf den Angeklagten. Ein gefährlicher Augenblick. Doch auch diesen meisterte das Opfer mit Bravour. »Könnte schon sein, dass er es war.« Ich erlaubte mir einen Zwischenruf: »Könnte aber auch nicht sein?« – »Könnte auch nicht sein.«

Schließlich griff die Richterin zum Rettungsanker. Der Zeuge solle sagen, zu wie viel Prozent er sicher sei, dass der Angeklagte ihn beraubt hat. »15 Prozent.« Widerwillig grummelte die Richterin einen Freispruch hin.

✔ **MERKE:** Man muss auch mal schweigen können.

Daten

Ein Autofahrer hat nach einem Verkehrsdelikt vier Monate auf seinen Führerschein verzichtet, denn dieser wurde noch an Ort und Stelle beschlagnahmt. Später wurde auch noch die Fahrerlaubnis vorläufig entzogen. Schließlich kommt ein Strafbefehl des Amtsgerichts:

Ihnen wird die Fahrerlaubnis entzogen. Ihr Führerschein wird eingezogen. Die Verwaltungsbehörde wird angewiesen, Ihnen vor Ablauf von sechs Monaten keine neue Fahrerlaubnis zu erteilen.

Ich frage mich immer wieder, warum es einem Gericht nicht möglich ist, für den Normalsterblichen reinzuschreiben, ab wann diese sechs Monate laufen:

a) ab dem Tattag;
b) ab der vorläufigen Entziehung der Fahrerlaubnis;
c) ab dem Strafbefehlsantrag der Staatsanwaltschaft an das Gericht;
d) ab Erlass des Strafbefehls;
e) ab Zustellung des Strafbefehls;
f) ab Rechtskraft des Strafbefehls.

Kurzes Gespräch

Die Anwaltverhinderungsstrategie mancher Richter nimmt immer wieder bizarre Züge an: Ein Richter hatte meinen Mandanten in Untersuchungshaft geschickt. Ich hatte mich daraufhin, schon um die Zweiwochenfrist für den Haftprüfungstermin in Gang zu setzen, sofort gemeldet und Haftprüfung beantragt.

Einige Tage später rief der Richter bei mir an und wollte wissen, wie es mir möglich gewesen sei, so kurzfristig ein Mandat von meinem Auftraggeber aus der Justizvollzugsanstalt zu erhalten. Immerhin habe er doch keine Telefonerlaubnis erteilt.

Ich konnte nur mutmaßen, was der Hintergedanke dieser Anfrage war. Wollte der Richter meinen Haftprüfungsantrag als unzulässig zurückweisen? Mit der Begründung, ich hätte gar keinen Auftrag? Jedenfalls konnte ich keine sonderlich rechtsstaatlichen Motive

Nicht dass es wichtig wäre

Ein Verfahren, drei Verteidiger. Ich bin einer davon. Der mit dem kleinsten Auto, wie ich auf dem Gerichtsparkplatz feststellen durfte.

darin erkennen, dass sich ein Richter dafür interessierte, wie der Beschuldigte an einen Verteidiger gekommen war.

Interessanterweise war der Richter offensichtlich davon ausgegangen, dass mir definitiv kein Mandat erteilt worden war, bevor ihm mein Mandant vorgeführt worden war. Hätte nicht eher die Annahme nahegelegen, dass die Polizei in dem knappen Dreivierteltag, den mein Mandant vor dem Termin beim Richter bei ihr verbringen durfte, dem Beschuldigten die Kontaktaufnahme mit mir erlaubt hatte? So wie es eigentlich selbstverständlich ist?

FAZIT: Das Gespräch war schnell zu Ende. Der Richter legte auf, als er merkte, dass ich seine Anfrage als Zumutung empfand.

Amtstracht

Kleine Diskussion mit dem Richter, mal wieder:

»Nein, die ist in meiner Tasche.«

»Wollen Sie sie nicht anziehen?«

»Nein.«

»Warum nicht, wenn ich fragen darf?«

»Am Amtsgericht in Zivilsachen sind Anwälte nicht verpflichtet, ihre Amtstracht zu tragen. Das ist seit einigen Jahren so geregelt. Ich finde das gut, und deshalb ziehe ich die Robe nicht an.«

»Ach so.«

»Aber wenn Sie Wert darauf legen, ziehe ich sie gern an.«

»Nee, nee, lassen Sie nur.«

Am Anfang

Ich hatte mit einem Richter zu tun, den man nur noch als Nervenbündel bezeichnen konnte. In einer Zeugenanhörung regte es ihn sogar auf, dass ich ab und zu mit meinem Mandanten tuschelte. Sehr leise. »Das ist ja unmöglich, sich zu konzentrieren«, nölte er und verdonnerte uns zum Schweigen.

Ich wies darauf hin, dass ich mich ja notgedrungen mit meinem Mandanten austauschen müsse. Schließlich sei eine Beweisaufnahme ein dynamischer Vorgang, sodass ich auf Informationen angewiesen sei. Sonst könne ich, der ich ja bei dem Unfall nicht dabei war, den Zeugen kaum sachgerecht befragen.

Statt mit mir zu sprechen, ignorierte mich der Richter. Er stellte die nächste Frage. Ich hob meine Hand und bat freundlich darum, die Sitzung für zwei Minuten zu unterbrechen.

»Warum denn das?«

»Ich möchte mit meinem Mandanten sprechen, ohne das Gericht zu stören.«

Die Hand mit dem Diktiergerät sank langsam Richtung Tischplatte.

»Na, da kommen wir ja gar nicht weiter. Wenn Sie also unbedingt reden müssen, dann aber bitte leise.«

FAZIT: … und somit waren wir wieder am Anfang.

Ungetüm

Ich weise in diesem Zusammenhang auf die Möglichkeit einer ggf. verbösernden Entscheidung hin.

»Verböserung« – das sprachliche Ungetüm ist die deutsche Übersetzung der »reformatio in peius«.

Danach kann ein Rechtsmittel auch dazu führen, dass die Entscheidung zum Nachteil des Rechtsmittelführers abgeändert wird.

Im Strafrecht kann das Urteil allerdings nicht zum Nachteil des Angeklagten »verbösert« werden, wenn nur er Berufung oder Revision eingelegt hat. Im Bußgeldverfahren und bei Strafbefehlen sieht die Sache etwas anders aus. Da kann der Richter nach Herzenslust verbösern – eine beliebte Drohung, um die Rücknahme des Rechtsmittels zu erreichen.

Fehlgesteuert

Gegen den obersten Finanzrichter Brandenburgs ermittelte vor einigen Jahren die Staatsanwaltschaft – wegen des Verdachts der Beihilfe zur Steuerhinterziehung. Dem Richter wurde die Unehrlichkeit im Rahmen einer privaten Erbschaft zur Last gelegt.

Wenn sogar Profis möglicherweise nicht wissen, wie man sicher trickst – welch größeren Beweis gibt es für die Notwendigkeit einer Steuerreform?

Auf der formellen Schiene

Es ging um abgekürzte Ladungsfristen, mögliche Zustellungsfehler und die Frage, ob man einen eilig anberaumten Termin nicht aus guten Gründen um ein paar Wochen verschiebt. Also etwas, was man sehr gut telefonisch besprechen kann – und wegen der Kürze der Zeit vielleicht auch muss.

Ich rief bei der Geschäftsstelle des Gerichts an und bat darum, mich mit der Richterin zu verbinden, die ich bis dahin gar nicht kannte. Das war aber nicht möglich, weil, so die Auskunft der Mitarbeiterin, »die Vorsitzende spontan keine Telefonate entgegennimmt«. Möglicherweise rufe sie aber zurück. Die Betonung lag auf möglicherweise.

Ich versuchte also, meine Chancen zu erhöhen, indem ich der Mitarbeiterin der Geschäftsstelle in kurzen Worten sagte, um was es ging. Außerdem bat ich um Rückruf. Am folgenden Tag meldete sich die Geschäftsstelle wieder und ließ Folgendes ausrichten: »Die Richterin möchte vorher genau per Fax wissen, was Sie von ihr wollen, bevor sie zurückruft.«

FAZIT: Dieses Fax diktierte ich gern. In Form eindeutiger Anträge, verbunden mit einer schönen Begründung. Also die formelle Schiene. Damit hatte sich ein

Mit Verwunderung

Sehr geehrter Herr Vetter, mit Verwunderung nehmen wir Ihre Tätigkeit … zur Kenntnis. Solche Formulierungen sind eine Garantie dafür, dass auch im Rest des Briefes nichts Gescheites steht.

Rückruf der Richterin erledigt. Aber vielleicht war das ja das Ziel.

Gebummelt

Wo wären wir eigentlich ohne das Bundesverfassungsgericht? Vor einigen Jahren traten die Richter in Karlsruhe den Instanzgerichten, aber auch dem Generalbundesanwalt und dem Bundesgerichtshof, mal wieder auf die Füße. Sie bemängelten, dass ein Beschuldigter seit über zwei Jahren in Untersuchungshaft saß.

Die Entscheidung in der Sache verzögerte sich, weil auf allen Gerichtsebenen gebummelt wurde. So dauerte die Weiterleitung von Schriftsätzen teilweise Monate, der Generalbundesanwalt brauchte für seine Stellungnahme vier Monate. Mindestens sieben Monate Verfahrensverzögerung, so das Bundesverfassungsgericht, gingen auf das Konto des Staates.

Darüber hinaus setze sich das Oberlandesgericht in der angegriffenen Entscheidung über den Fortbestand des Haftbefehls gar nicht mit den Argumenten des Beschuldigten auseinander. Vielmehr stünden anstelle von sachlichen Erwägungen nur »blankettartige Argumentationsmuster«.

Das ist schon ein ziemlich rauer Ton. Ich kann gut nachvollziehen, dass man auch in Karlsruhe mitunter ungehalten ist über eine gewisse Beharrlichkeit, mit der Verfahrensrechte vielerorts ignoriert und Beschwerden gegen Verfahrensfehler mit Worthülsen abgeschmettert werden.

FAZIT: Es wird sich erst etwas ändern, wenn Verfahrensfehler auch tatsächliche Konsequenzen haben –

zum Beispiel in Form von Beweisverwertungsverboten. Es kommt doch auch keiner auf die Idee, eine Straßenverkehrsordnung ohne Bußgeldkatalog zu verabschieden.

Keine Meinung

Der Richter in der mündlichen Verhandlung: »Ich habe mir noch keine Meinung gebildet. Das ist wahrscheinlich eine Wertungsfrage. Also, wenn ich feststellen sollte, dass noch Fragen offen sind, kriegen Sie selbstverständlich einen Hinweis.«

Die Übersetzung: »Obwohl das Verfahren jetzt schon vier Monate läuft, habe ich die Akte noch nicht gelesen.«

Das Ende der Schweigepflicht

Es wäre gut gewesen, wenn die frühere Anwältin des Angeklagten einige Informationen geliefert hätte. Das Mandat war seit einiger Zeit beendet, es war nur nicht ganz klar, ob die Anwältin oder der Angeklagte den Schlussstrich gezogen hatte. Wie auch immer, die zu-

Noch mehr Laufzeiten

Eine Richterin am Amtsgericht bittet darum, die uns zur Einsicht überlassene Akte direkt auf ihrer Geschäftsstelle abzugeben. »Wenn Sie die Akte mit der Post schicken oder am Eingang abgeben, habe ich die Akte unmöglich bis zum Verhandlungstermin.« (Zeit zwischen zugesagtem Rückgabetermin und Gerichtstermin: zehn Tage.)

Ungerechtigkeit für alle

Aus einer E-Mail: *Hannover habe ich als Treffpunkt gewählt, weil diese Stadt ein Bahnknotenpunkt aus allen vier Himmelsrichtungen ist (also für alle fast gleich ungünstig).*

ständige Amtsrichterin hatte es eilig, an die Informationen zu kommen. Deshalb schrieb sie Folgendes an die bisherige Anwältin:

Durch die Mitteilung des Herrn S., das Mandatsverhältnis sei beendet worden, dürfte bereits konkludent die Entbindung von der Schweigepflicht erfolgt sein.

Meine Güte, wen lässt die Justiz denn da auf das Recht suchende Publikum los? Es ist jedenfalls noch niemand auf den Gedanken gekommen, die Schweigepflicht des Anwalts könne ans Ende des Mandats gekoppelt sein. Ganz im Gegenteil: Die Schweigepflicht währt nach allgemeiner Auffassung sogar über den Tod hinaus. Dass der Anwalt, aus welchen Gründen auch immer, nicht mehr für den Mandanten tätig ist, wird dann wohl kaum ausreichen. Wäre ja auch noch schöner, wenn jeder Anwalt nach Ende seines Auftrags Einzelheiten daraus erzählen könnte. Demgemäß kennt auch das Strafgesetzbuch keine zeitliche Grenze für die Verletzung von Privatgeheimnissen.

Bei der angeschriebenen Anwältin handelte es sich auch noch um eine erfahrene Strafverteidigerin. Es bestand also kaum die Aussicht, dass sie auf einen Bluff hereinfallen würde. Blieb als alternative Erklärung nur, dass die Richterin wirklich glaubte, was sie von sich gab …

FAZIT: Aus meiner Sicht wäre weder die eine noch die andere Erklärung sonderlich angenehm.

Damit müssen Sie rechnen

Ein Einzelrichter am Verwaltungsgericht Düsseldorf lädt mich für 9 Uhr zur mündlichen Verhandlung. In der Ladung steht folgender Hinweis:

Es wird darauf hingewiesen, dass für die Verhandlung zunächst eine Zeit von 45 Minuten angesetzt ist. Sollte eine längere Verhandlung erforderlich sein, müssen Sie damit rechnen, dass die Verhandlung unterbrochen und am Nachmittag fortgesetzt wird.

Zugegeben, die richterliche Bequemlichkeit ist ein hohes Gut. Ich darf trotzdem schon mal ankündigen, dass ich mir den Nachmittag nicht frei halten werde. Die Verwaltungsgerichtsordnung sieht in § 104 eine durchgehende mündliche Verhandlung vor. Unterbrechungen sind nicht vorgesehen. Schon gar keine aus völlig unsachlichen Gründen.

Das gilt auch dann, wenn sich ein Richter sehenden Auges zu wenig Zeit für seine Verhandlungen nimmt, dann aber eine missliebige Vertagung dadurch umgeht, dass er den anderen Prozessbeteiligten stundenlange Wartezeiten zumutet.

Gefängnis aus Versehen

Manche Gerichtszustellungen bergen kleine Sprengsätze. So zum Beispiel der Brief eines Amtsgerichts. Obenauf der Beschluss, das Verfahren werde gegen Zahlung einer Geldauflage eingestellt. So war es auch in der Hauptverhandlung besprochen.

Dahinter ein Strafbefehl. In exakt derselben Sache. Angeblich war mein Mandant zu einer Hauptverhandlung nicht erschienen. Deswegen werde er im schriftlichen Verfahren verurteilt – zu neun Monaten Gefängnis auf Bewährung. Ausgefertigt, gestempelt, unterschrieben.

Die Sache ließ sich mit einem Anruf auf der Geschäftsstelle klären. Eine Panne bei der Eingabe der Aktenzeichen. Gemeint war ein ganz anderer. Ich bat trotzdem um eine schriftliche Mitteilung darüber, dass der Strafbefehl gegenstandslos war, auch wenn man mir hoch und heilig versicherte, das vom Richter unterschriebene Original beziehe sich nicht auf meinen Mandanten.

Das Risiko, dass irgendwann mal eine Staatsanwaltschaft als Vollstreckungsbehörde den (falschen) Strafbefehl eisern vollstreckt, weil sie ihn für formal wirksam hält, wollte ich lieber nicht eingehen. Sorry, aber bevor ich dafür den Kopf hinhielte, sollte sich die Mitarbeiterin des Gerichts lieber einen Einlauf von ihrem Richter holen. Die Einspruchsfrist war natürlich notiert.

Zu dieser Problematik gibt es übrigens ein Urteil: *Der Strafbefehl richtet sich, wie eine Anklageschrift, gegen die darin bezeichnete Person. Behauptet diese, nicht der Täter der im Strafbefehl genannten Straftat zu sein, muss sie gegen diesen Einspruch einlegen.*

(Landgericht Berlin, Urteil vom 26.2.2003, Az. 534 AR 1/03)

Sorgfältig abgewogen

Aus einem Gesamtstrafenbeschluss des Amtsgerichts Düsseldorf:

... wird daher nach Anhörung des Verurteilten und der Staatsanwaltschaft ... unter nochmaliger Berücksichtigung aller für und gegen den Verurteilten sprechender

Umstände eine Gesamtgeldstrafe von 2 Jahren und 6 Monaten.

Da fehlt ein Tunwort. »Der Verurteilte« ist eine Frau. Und eine *Geld*strafe von 2 Jahren und 6 Monaten – das ist ganz was Neues. Da hat jemand wirklich sorgfältig überlegt und abgewogen, bevor er einen Menschen ins Gefängnis schickt.

Keine Belehrung

Normalerweise lassen es sich Richter nicht nehmen, den Angeklagten zu belehren. Über seine Rechtsmittel. Deshalb war ich etwas verdutzt über folgende Frage:

»Verzichten Sie und der Angeklagte auf eine Rechtsmittelbelehrung?«

Wir verzichteten. Natürlich. Im Zweifel kann es ja nur günstig sein, wenn das Gericht seinen Belehrungspflichten nicht nachkommt. Sollte man meinen.

Doch leider hält es der Bundesgerichtshof – ohne nähere Begründung – für zulässig, wenn der Angeklagte auf die Rechtsmittelbelehrung verzichtet (Beschluss vom 3.4.1984, Az. 5 StR 172/84). In den Kommentaren findet man eine Art Umkehrschluss: Wenn man auf das Rechtsmittel verzichten kann, dann erst recht auf die Belehrung.

So einfach sollte man es sich nicht machen. Wenn der Angeklagte auf Rechtsmittel verzichtet, bringt er damit

Strategische Differenzen

»Ich bitte Sie, in der Verhandlung diese Person offen zu attackieren.« Was die Strategie angeht, gibt es anscheinend noch Gesprächsbedarf.

zum Ausdruck, dass er sich mit der Strafe abfindet. Verzichtet der Angeklagte auf eine Rechtsmittelbelehrung, bleibt er möglicherweise unwissend darüber, welche Möglichkeiten er überhaupt hat, um gegen das Urteil vorzugehen. Wenn er annimmt, sowieso nichts erreichen zu können, würde der Verzicht auf die Rechtsmittelbelehrung zu einem kapitalen Irrtum führen.

Posemuckel

Wie in jeder Berufsgruppe gibt es auch unter Staatsanwälten welche, die permanent genervt sind. Oder zumindest so wirken. Wenn man als Verteidiger eine Rechtsfrage anspricht und darauf hinweist, dass das Problem durchaus kontrovers gesehen wird, lautet der Einwand zum Beispiel:

»Welche Urteile meinen Sie denn? Eins vom Amtsgericht Posemuckel?«

Nach der Verhandlung, in der dieser Satz gefallen war, kam ein Mitarbeiter der Jugendgerichtshilfe zu mir und sagte: »Fand ich übrigens gut, dass Sie sich nicht auf dieses Niveau herabbegeben haben.« So schwer war es allerdings auch wieder nicht. Alles eine Frage der Gewöhnung.

Anwalt, spring!

Telefonnotiz, Anruf 16.45 Uhr: *Richter Dr. R. bittet um Rückruf in der Sache N. Er erwartet Ihren Anruf noch heute.*

Telefonnotiz, Anruf 17.47 Uhr: *Richter R. teilt mit, dass er den Termin dann ohne Absprache festlegen wird, da er vergeblich auf Ihren Rückruf gewartet habe.*

Alles korrekt

Aus einem Gerichtsvollzieherprotokoll: *Weitere Informationen wurden ggf. im Computer erfasst! Der Angetroffene erklärt mit seiner Unterschrift, dass die im Computer vor Ort erfassten Informationen richtig sind.* Schon erstaunlich, was die Leute bei einer Amtsperson alles unterschreiben.

Die Nachrichten konnte ich erst nach einer Besprechung zur Kenntnis nehmen. Trotzdem erreichte ich den Richter noch. Auf meinen Hinweis, ich müsse mich ab und zu meinen Mandanten widmen, kriegte ich zu hören: »Na, ich denke schon, dass man in zwei Stunden mal Zeit für einen Rückruf hat.«

Ich gratulierte dem Richter dann zu seinem ausgeprägten Zeitgefühl. So besonders lustig fand er es nicht, dass ich ihm den Zeitpunkt seiner Anrufe auf die Minute benennen konnte.

Ich würde an sich ja nichts sagen. Aber es ging um eine Strafsache, die seit Jahren lief. Und in der sich seit geraumer Zeit nicht das Geringste getan hatte. Elf Monate lang, um genau zu sein.

Lange her

Es ist interessant, wie beharrlich Gerichte an Traditionen festhalten. So heißt es zum Beispiel beim Verwaltungsgericht Düsseldorf in jeder Eingangsbestätigung einer Klage:

Alle Schriftsätze sollen zur Vermeidung der gebührenpflichtigen Anfertigung von Abschriften 2-fach unter

Angabe des oben genannten Aktenzeichens eingereicht werden.

Wann hat sich denn wohl zuletzt jemand hingesetzt und den Text abgeschrieben? Das konnte möglicherweise wirklich teuer werden. Aber die Zeiten ändern sich. Selbst das Gerichtskostengesetz kennt nur noch Ausfertigungen, Ablichtungen, Ausdrucke und elektronisch gespeicherte Dateien.

Punkt. Feierabend.

Wie man als Richter die Zeit und das Geld der Prozessbeteiligten verschwendet, zeigte vor einiger Zeit ein Richter am Amtsgericht Bochum. Es ging um eine Schadenersatzforderung. Aber nicht nur. Denn der Beklagte hatte mal ein Schriftstück verfasst, in dem er sich bereit erklärte, die Forderung zu bezahlen. Für den Beklagten legten wir in mehreren Schriftsätzen dar, warum dieses Schreiben kein Anerkenntnis im rechtlichen Sinne ist. Wäre es ein Anerkenntnis, müsste man nicht weiterstreiten. Die Klägerseite sah das naturgemäß anders.

Für den Verhandlungstermin hatte der Richter sogar einen Zeugen geladen. Den brauchte er aber nur, wenn er unserer Auffassung folgte, dass kein Anerkenntnis vorliegt. Denn der Zeuge war nur für Umstände benannt, die mit der Vorgeschichte zu tun haben. Dass das Gericht die Sache ernsthaft erörtern will, ergab sich auch aus einem weiteren Umstand. Der Vorsitzende hatte das persönliche Erscheinen der Parteien angeordnet.

Ein Kläger, ein Beklagter, zwei Anwälte und ein Zeuge reisten also frohgemut nach Bochum. Um vom Richter im Einleitungssatz zu hören, er gehe von einem Anerkenntnis aus. Punkt. Feierabend.

FAZIT: Hätte er in den Vormonaten nur einen winzigen Hinweis in diese Richtung gegeben, hätten wir uns das auf Beklagtenseite gut überlegt. Und mit einiger Sicherheit die Konsequenz gezogen, die wir so letztlich auch gezogen haben: Wir akzeptierten die Forderung. Das wäre auch schriftlich möglich gewesen, und alle Beteiligten hätten sich den zweiminütigen Showdown erspart. Der Kläger war übrigens eigens aus Berlin angereist.

Kulanter Richter

Wenige Minuten vor der Verhandlung in einer Bußgeldsache erreicht mich der Anruf meines Mandanten. Er sei schwer erkältet. Deshalb könne er nicht kommen.

Der Richter gibt ihm die Möglichkeit, innerhalb von zwei Wochen ein Attest vorzulegen. Wenn das kommt und überzeugend ausfällt, gibt es einen neuen Verhandlungstermin. Wenn nicht, wird der Einspruch gegen den Bußgeldbescheid verworfen.

Das nenne ich kulant. Ich habe bei so kurzfristigen Entschuldigungen auch schon Richter erlebt, die den

Laufende Vernichtung

Nachricht aus der Asservatenkammer eines Polizeipräsidiums: *Aufgrund laufender BtM-Vernichtung kam es zu Rückständen bei der BtM-Asservierung.* Irgendwie sehe ich da eine riesige Wolke aus dem Keller des Gebäudes ziehen …

Einspruch sofort verwerfen. Der Betroffene darf dann den steinigen Weg über ein Wiedereinsetzungsgesuch gehen.

Drei Tage

Drei (Werk-)Tage vor einer Hauptverhandlung nehme ich den Einspruch gegen einen Strafbefehl zurück. Vorab per Fax; damit hat sich der Termin erledigt.

Nun weiß ich, bei manchen Amtsgerichten kann man nicht damit rechnen, dass dem Richter ein Fax nach 72 Stunden vorliegt. Eine Woche müsse man kalkulieren, sagt der Richter, als er sich freundlicherweise aus dem Gerichtssaal erkundigt, wo ich bleibe.

E-Mail hat er zwar, aber da schaut er nur selten rein.

Neues Leben

Der Vorwurf lautete: illegaler Aufenthalt. Ich nahm hierzu Stellung:

Meine Mandantin streitet nicht ab, illegal eingereist zu sein. Jedoch ist sie selbst eher Opfer als Täterin. Meine Mandantin verfügt über praktisch keine Schulbildung. Eine Schlepperorganisation hat ihr in Deutschland das »goldene Leben« versprochen. Meine Mandantin konnte sich nur mithilfe ihres neuen Lebenspartners, der deutscher Staatsbürger ist, vor einem Abgleiten in die Prostitution bewahren. Meine Mandantin hat große Angst, dass man ihr gegenüber ausgesprochene Drohungen wahr macht.

Wegen des gemeinsamen Kindes hat meine Mandantin nun einen vorläufigen Aufenthaltstitel erhalten, wie

Meine AGB

Aus der E-Mail eines Mandanten: *Es gelten meine AGB.* Aber meine Zahlungsbedingungen.

in der Akte vermerkt. Meine Mandantin hat nun möglicherweise die Chance, ein geordnetes Leben zu führen.

Ich rege vor diesem Hintergrund an, das Ermittlungsverfahren nach § 153 StPO einzustellen.

Die Staatsanwaltschaft antwortete:

Das Ermittlungsverfahren habe ich gemäß § 153 Abs. 1 der Strafprozessordnung mit Zustimmung des zuständigen Amtsgerichts eingestellt.

FAZIT: Das nenne ich eine Entscheidung mit Augenmaß. Dem neuen Leben meiner Auftraggeberin stand somit nichts mehr im Wege.

Grußlos

Notiz an junge Familienrichterinnen:

Der Bürger ist irritiert, wenn er einen Gerichtssaal betritt und mit gleichgültiger Miene grußlos empfangen wird. Ein »Guten Tag« oder ein »Guten Morgen« kann die Situation deutlich entkrampfen.

Aber vielleicht ist das ja gar nicht gewünscht.

Was kommt aus dem Geldautomaten?

Eine Richterin wollte meinem Mandanten nicht glauben, dass er den höchst ungewöhnlichen und somit verdächtigen Betrag von 610 Euro nicht durch Drogenverkäufe erwirtschaftet, sondern aus dem Geldautomaten gezogen hatte.

In der Urteilsbegründung fand sich folgendes Argument:

Darüber hinaus ist die Geldstückelung aus dem Geldautomaten nicht nur in Fünfzigern, Zwanzigern und Zehnern, sondern auch in 5-Euro-Scheinen üblich. Diese haben sich aber nicht bei dem Geld befunden.

Das ist falsch. Wenn man 200 Euro, 300 Euro oder sogar einen noch höheren Betrag abhebt, ist normalerweise eher kein Fünfer dabei. Selbst wenn es »üblich« wäre, könnte es ja auch noch ausnahmsweise anders gewesen sein. Von den unzähligen Geldautomaten mal abgesehen, an denen der Kunde mittlerweile angeben kann, welche Geldscheine er haben möchte.

So etwas ist schlicht und ergreifend mies. Denn in der Hauptverhandlung wurde noch nicht mal gefragt, in welcher Stückelung das Geld aus dem Automaten gekommen sein soll. Wenn ein Richter aus dem Hinterhalt mit angeblicher Lebenserfahrung kontert, ist das

Gerundet

Aus einem Beschluss des Amtsgerichts Düsseldorf: *Die Geschäftswertfestsetzung beruht auf … Das Gericht hat hierbei die jährlichen laufenden Gebühren, die … derzeit 790,62 Euro betragen, abgerundet auf 800,00 Euro, berücksichtigt.*

schon ein Armutszeugnis. Und hier ging es nicht um eine Bagatelle, sondern um Freiheitsstrafe.

Drogen per Einschreiben

Eine Staatsanwaltschaft in Nordrhein-Westfalen lässt Drogen mitunter nicht vom Landeskriminalamt untersuchen, sondern vom Chemischen Untersuchungsamt der Kreisstadt.

Hin- und hergeschickt werden die Asservate als simple Einschreiben. In den beiden Fällen, in denen ich tätig war, kamen sie sogar an.

Sie hat gelächelt

Der gegnerische Anwalt schien freundliche Richterinnen nicht zu mögen. Jedenfalls schaffte er es tatsächlich, eine Amtsrichterin wegen Befangenheit abzulehnen, weil sie – lächelte. Ich zitiere aus einem Schriftsatz des Anwalts:

Durch eidesstattliche Versicherung des Rechtsanwalts F. ist glaubhaft gemacht, dass die Richterin in bestimmten Situationen lächelte. Dieses Lächeln rührte nach dem Eindruck des Rechtsanwalts F. nicht daher, dass die Richterin eine entspannte Atmosphäre schaffen wollte … Auf dieses Verhalten, welches eine fehlende Objektivität deutlich zum Ausdruck kommen lässt …

Hierauf das Amtsgericht:

Entscheidend ist, ob ein Prozessbeteiligter bei vernünftiger Würdigung aller Umstände Anlass hat, an der Unvoreingenommenheit eines Richters zu zweifeln. Dies ist vorliegend nicht der Fall. Ein Lächeln allein kann vielfache Ursachen haben. Auch in der Situation der Beweisaufnahme stellen natürliche, nicht überzogene Reaktionen der Beteiligten – auch der Richterin – keinen Ablehnungsgrund dar.

Der gegnerische Anwalt legte Beschwerde ein. Das Landgericht wies die Beschwerde zurück. Die Begründung umfasste einen Satz. Dass die entscheidende Richterin bei der Begründung gelächelt hat, kann nur vermutet werden.

Falsche Vorbilder

Immer wieder gern gesehen: junge Strafrichter, die ihre Verhandlungen im Halbstundentakt terminieren. Und schon am späten Vormittag zweieinhalb Stunden hinter der Zeit sind.

✔ **MERKE:** Man sollte halt nicht alles von den »alten Hasen« abgucken.

Gewisse Kreise

Mit dem Staatsanwalt in einer etwas weiter entfernten Stadt hatte ich noch nicht zu tun gehabt. Er konnte also nur begrenzt etwas gegen mich haben. Deshalb fiel ich fast hintenüber, als ich folgendes Schreiben von ihm erhielt:

Es wird darum gebeten mitzuteilen, auf welchem Wege der Beschuldigte um eine Verteidigung von dort gebeten hat.

Tempora mutantur

Die 5. Deutsche Postkonferenz lehnte 1865 die Einführung der Postkarte ab. Man fürchtete um das Postgeheimnis. Heute – alles Postkarte.

Eigentlich hatte ich mit einer Besuchserlaubnis für meinen künftigen Mandanten Herrn N. gerechnet. Ich rief also den Staatsanwalt an und sagte ihm kurz und knapp, wie es ist. Herr N. hatte mir über einen Angehörigen ausrichten lassen, dass er mit mir darüber sprechen wolle, ob ich seine Verteidigung übernehmen würde. Ich wollte also ein sogenanntes Anbahnungsgespräch über ein Mandat mit ihm führen.

Der Staatsanwalt meinte, er müsse sicherstellen, dass ich keine Mitbeschuldigten vertrete. Was er in Wirklichkeit meinte, war natürlich, dass mir das Mandat N. möglicherweise von »gewissen Kreisen« angetragen worden sein könnte. Ich fragte zurück, ob, wenn man das mal als richtig unterstellt, damit der Verdacht verbunden sei, ich würde mit diesen »Kreisen« irgendwelche krummen Dinger drehen und meine Tätigkeit als Verteidiger nicht auf meine Mandanten ausrichten.

Schließlich bemühte ich – was selten vorkommt – meine Rolle als »Organ der Rechtspflege«. Und nahm für mich in Anspruch, dass ich als Strafverteidiger einen Anspruch darauf habe, zu Anbahnungsgesprächen in Justizvollzugsanstalten vorgelassen zu werden. Ebenso wie Beschuldigte einen Anspruch darauf haben, sich auch im Gefängnis einen Verteidiger auszusuchen.

Es sei denn natürlich, sagte ich, es liegen tatsächliche Anhaltspunkte vor, die auf einen Missbrauch durch mich schließen lassen. Oder Herr N. strapaziert sein Recht,

Durchaus intelligent

Aus einer Anklageschrift: *Der Angeschuldigte kann als durchaus intelligent eingestuft werden.* Das ist doch mal ein schönes Lob, sozusagen von Akademiker zu Akademiker.

einen Verteidiger auszuwählen, über Gebühr – indem er zum Beispiel täglich fünf verschiedene Anwälte antanzen lässt (und dadurch die Abläufe in der JVA behindert).

Solche Anhaltspunkte, das musste der Staatsanwalt einräumen, gab es nicht. (Tonfall: noch nicht!) Ich war nahe dran, nach seinem Vorgesetzten zu fragen. Oder vielleicht mal den zuständigen Ermittlungsrichter anzurufen, damit der wieder die Haftkontrolle übernähme und mir eine Besuchserlaubnis ausstellte. Da ging es dann plötzlich doch. Die Besuchserlaubnis sollte kommen.

Ein Fax wurde bei der betreffenden Justizvollzugsanstalt jedoch nicht akzeptiert und ich benötigte ein Original. Daher wurde es nichts mehr mit dem an sich für den nächsten Tag geplanten Besuch.

FAZIT: Leidtragender eines solchen Geplänkels ist immer der Inhaftierte.

Ich stimme dem Staatsanwalt zu

Abgesehen von einer endlos langen Wartezeit war die Stimmung am Gericht angenehm. Der Richter hatte schon so ziemlich alles im Auge, was für meinen Mandanten sprach. Und dann war da noch ein freundlicher Staatsanwalt, der in ein paar Minuten all das sagte, was ich eigentlich erzählen wollte.

Ich beschränkte mich darauf, mich für das faire Plädoyer zu bedanken und mir seinen Inhalt zu eigen zu machen. Das passiert nun wirklich selten …

Die Staatsanwaltschaft nimmt für sich in Anspruch, die »objektivste Behörde« des Landes zu sein. In diesem Fall wurde sie ihrem Ruf wirklich mal gerecht.

Gezielte Überwachung

Gezielte Überwachung, vermerkten die Polizeibeamten stolz in der Anzeige. Ihre Ausbeute: unter anderem mein Mandant, der am Steuer unerlaubt ein Handy in der Hand gehalten haben soll. Das sollte nach dem Willen des Ordnungsamtes 40 Euro kosten.

Immerhin schaffte es die Stellungnahme meines Mandanten ebenfalls in die Akte. »Ich habe mit meiner Brille gespielt«, verteidigte er sich vor Ort. Klingt jetzt nicht sonderlich originell. Deshalb war mir schon klar, dass es im Gerichtstermin sehr darauf ankommen würde, ob und was die Beamten tatsächlich gesehen hatten.

Oder anders gesagt: Wie gut würde es mir als Verteidiger gelingen, Polizeimeister Adlerblick aufs Glatteis zu führen?

Überraschenderweise kam es dazu aber gar nicht. Der Amtsrichter stellte das Verfahren von sich aus ein und erlegte der Landeskasse die Kosten auf, *weil eine Ahndung nicht geboten erscheint*. Er darf das, weil bei Ordnungswidrigkeiten das Opportunitätsprinzip gilt. Das ermöglicht es den Verantwortlichen, ganz legal auch einfach mal ein Auge zuzudrücken.

Vielleicht ahnte der Richter, worauf es bei der Beweisaufnahme hinauslaufen würde. Womöglich war er aber auch einfach nur genervt davon, dass die Polizei in seinem Ort die »gezielte Überwachung« von Handysündern als eine Art Lebensaufgabe begriff – was man bei möglicherweise drängenderen Kriminalitätsproblemen vielleicht nicht unbedingt sagen konnte …

Mit Publikum

Jugendgericht.
Forderung der Staatsanwältin: Verwarnung, 400 Euro Auflage.
Mein Vorschlag: Verwarnung.
Urteil: Verwarnung, 500 Euro Auflage.
Hinten saß eine Schulklasse.

Haben Sie dem Zeugen zugenickt?

Ich gebe es zu. Die Aussage eines Zeugen hat mir gut gefallen. Weil sie meinen Mandanten entlastete. Noch mehr begeisterte mich aber, wie eloquent und noch dazu überzeugend der Zeuge Fragen des Staatsanwalts abbügelte.

Offenbar ließ ich mir meine Freude auch anmerken, denn der Staatsanwalt feuerte keine weiteren Fragen ab. Stattdessen fuhr er mich an: »Haben Sie dem Zeugen gerade zugenickt?«

In solchen Situationen werde ich extrem wortfaul, vor allem wenn ich den Eindruck habe, die Richterin verdrehe die Augen. Und zwar wegen des Staatsanwalts. Worauf wollte der Gute überhaupt hinaus? Etwa auf ein tränenreiches Geständnis, dass der Zeuge präpariert ist, noch dazu von mir persönlich?

Zugetragen

»Wohin haben Sie den Brief denn gefaxt?«, will der Mitarbeiter einer Abteilung des Amtsgerichts Düsseldorf wissen. »Na, wie es aussieht, an die zentrale Faxnummer.« – »Dann ist es ja kein Wunder, dass ich das Schreiben noch nicht habe. Eine Woche dauert das mindestens, bis es mir zugetragen wird.«

Eigentlich rechnete ich mit der Anschlussfrage, ob ich vor der Verhandlung mit dem Zeugen geredet hätte. (Was ich guten Gewissens hätte verneinen können.) Es kam dann aber doch nichts weiter. Vielleicht weil ich mich deutlich uninteressiert an einem Dialog zu diesem Thema zeigte. Womöglich war aber selbst dem Staatsanwalt aufgefallen, wie erheitert die Richterin seinen »Ermittlungen« folgte und wie nah er dran war, sich lächerlich zu machen.

FAZIT: Jetzt kenne ich einen Kniff mehr, mit dem man ohne große Anstrengung einen Nebenkriegsschauplatz eröffnet: einfach mal dem Zeugen zunicken. So was kann ein Verteidiger im richtigen Augenblick immer gut gebrauchen.

Originalkopie

Der Staatsanwalt hat es höchstpersönlich verfügt, bevor er mir die Ermittlungsakte zuschicken ließ: *Inhalt Bl. 20 zur Handakte nehmen.*

Beim Inhalt von Blatt 20 handelt es sich um eine CD. Auf dieser soll sich die Aufnahme einer Überwachungs-

Wovon Richter träumen

Auf dem Weg zur Justizvollzugsanstalt begegnete ich einem vor Kurzem pensionierten Strafrichter. »Sehr gut«, sagte er, über mein Ziel informiert, »Selbststeller werden gut behandelt und haben auch sonst viele Vorteile.« Wir haben herzlich gelacht.

kamera finden. Das Video soll zeigen, wie mein Mandant eine Sachbeschädigung begeht. Nun existieren außer diesem Video offenbar keinerlei Beweise oder Indizien, die meinen Mandanten belasten. Die Polizei hat ausdrücklich festgehalten, dass es keine Augenzeugen gibt. Es ließen sich auch keine sonstigen Spuren sichern.

Nun frage ich mich, wieso ich zwar Akteneinsicht erhalte, mir aber ausgerechnet die CD mit dem Video vorenthalten wird, indem sie zur Handakte genommen wird, die immer bei der Staatsanwaltschaft verbleibt. Das »Original«video ist es ja ohnehin nicht. Das hat der Anzeigenerstatter noch auf seinem Rechner; er gab der Polizei nur eine Kopie auf CD. Überdies könnte man ja auch eine Sicherungskopie für die Handakte behalten. Oder die »Original«kopie auf CD behalten und mir die Sicherungskopie schicken.

Allerdings nehme ich an, die Kopie der Kopie ist schon deshalb nicht möglich, weil weder Staatsanwälte noch Geschäftsstellen technisch dazu in der Lage sind. Wahrscheinlich hätte die Akte erst zu einer Fachabteilung der Polizei geschickt werden müssen, damit man dort die Kopie kopiert …

Staatsdienst

Telefonat mit einer Staatsanwältin:

»Ich kenne die Akte nicht. Ich habe sie auch nicht hier.«

»Können Sie die Akte vielleicht kommen lassen? Oder sie holen?«

»Also, Herr Verteidiger, die Geschäftsstelle hat jetzt Mittag. Ich weiß gar nicht, ob überhaupt jemand da ist. Jetzt selbst da hinzugehen und eine Akte zu holen, bloß weil ein Anwalt anruft und mit mir über die Sache sprechen will, mit diesem Gedanken kann ich mich grundsätzlich nicht anfreunden …«

Sie wollen nur dein Bestes

Um eine Hausdurchsuchung zu rechtfertigen, ist manchem Gericht kein Argument zu blöd. Das mit Abstand dösigste ist:

Die Durchsuchung beim Beschuldigten wurde auch angeordnet, um möglicherweise entlastende Beweise zu finden.

Seltsamerweise greifen Gerichte immer wieder zu diesem juristischen Taschenspielertrick. Denn um nichts anderes handelt es sich. Das Grundrecht des Beschuldigten verletzen, in seiner Privatsphäre rumtrampeln – und das alles (auch) zu seinem vermeintlichen Wohl.

Das Bundesverfassungsgericht hat klargestellt, dass die Grundrechte eines Betroffenen nicht außer Kraft gesetzt werden dürfen, um ihm vordergründig zu helfen. Ein Landgericht hatte die Hausdurchsuchung bei einem Rechtsanwalt damit verteidigt, man habe ja auch entlastendes Material finden wollen. Die Verfassungsrichter erteilen dem »fürsorglichen Staat« die nötige Absage in einem Satz:

Das Auffinden etwaigen entlastenden Materials kann den Grundrechtseingriff – entgegen der Auffassung des Landgerichts – nicht rechtfertigen, weil es dem Beschwerdeführer ohne Weiteres möglich gewesen wäre, solches Material im Rahmen seiner Verteidigung selbstständig vorzulegen.

(Bundesverfassungsgericht, 5.5.2011, Az. 2 BvR 1011/10)

Freitagnachmittag beim Haftrichter

Vernehmung, Haftbefehl, Gefängnis. Für meinen Mandanten ist das alles nicht neu. Er kennt sich aus. Er kennt auch seine Rechte. Wenn er festgenommen wurde, hat er sich jedes Mal mit mir in Verbindung gesetzt, damit ich als sein Verteidiger tätig werden konnte. Und das war schon einige Male der Fall.

Aus diesen Gründen habe ich auch keine Zweifel, dass seine jüngsten Erfahrungen stimmen. Demzufolge hat ihm die Polizei fünfzehn Stunden lang verweigert, mit mir Kontakt aufzunehmen. Obwohl er mehrfach bat, mich anrufen zu dürfen, und darauf hinwies, dass er nicht nur meine Kanzlei-, sondern auch meine Mobilfunknummer kennt.

Nun gut, ein sorgloser Umgang mit Beschuldigtenrechten ist bei der Polizei sicher nicht die Regel. Aber auch keine Seltenheit. Was mich aber wirklich bestürzt: Selbst der Ermittlungsrichter, der einen Haftbefehl erließ, hat meinem Mandanten keinen Anwalt zugestanden. Dabei hat mein Mandant bei seiner Vorführung den Richter darum gebeten, mich kontaktieren zu dürfen. Er betonte auch, dass ihn die Polizei nicht telefonieren

Wenn es intellektuell aufwärtsgeht

Aus einem Schreiben der Bundesagentur für Arbeit: *... deshalb muss ich Sie heute auch aus der Arbeitsvermittlung abmelden, da Sie dem Arbeitsmarkt nicht zur Verfügung stehen. Erst wenn sich Ihr intellektuelles Leistungsvermögen verändert oder bessert, können Sie sich wieder bei der Arbeitsvermittlung anmelden.*

ließ und sich darüber hinaus weigerte, mich zu benachrichtigen. Für einen Anwalt gebe es jetzt keinen Grund, beschied ihn der Richter.

FAZIT: Doch, es gibt einen Grund. Er steht in der Strafprozessordnung. Dort sind die Beschuldigtenrechte sehr eindeutig festgelegt. Dazu gehört ausdrücklich auch sein Recht, jederzeit einen Verteidiger hinzuziehen zu dürfen. Aber wer weiß, vielleicht gilt die StPO ja am Freitagnachmittag nicht.

... sie mahlen langsam ...

Aus der E-Mail an einen Mandanten:

Der Staatsanwaltschaft liegt unsere Verteidigungsschrift nun seit elf Monaten vor. Bislang hat sich dort niemand mehr um die Angelegenheit gekümmert. Da dies möglicherweise auch dauerhaft so bleibt, möchten wir unsere bisherige Tätigkeit abrechnen. Unsere Kostenberechnung finden Sie in der Anlage.

Dann kam schließlich doch Post von der Staatsanwaltschaft. Die Einstellung mangels Tatverdachts, so wie sie von Anfang an zu erwarten gewesen war. Seit unserem Schreiben an den Mandanten waren weitere 19 Monate vergangen.

Nicht geschmeidig

Wenn für den eigenen Mandanten im Gerichtssaal die Handschellen klicken, gehört das zu den traumatischen Erfahrungen eines Verteidigers. Ich bin sechzehn Berufsjahre lang davon verschont geblieben. Doch dann wurde einer meiner Mandanten von einem bayerischen Amtsgericht mitten im Prozess aus heiterem Himmel in Untersuchungshaft geschickt. Dabei hatte sich seit Monaten nichts an der Sachlage geändert. Bis auf den kleinen Umstand, dass mein Mandant zum Verfahrensauftakt kein Geständnis ablegen wollte.

Jede Information, auf die das Gericht seinen Haftbefehl wegen Wiederholungsgefahr stützte, stand schon lange in der Ermittlungsakte. Informationen aus fragwürdiger Quelle zumal. So verfasste ein Kommissar einen Vermerk, der sich wie ein Ermittlungsbericht liest. Später stellte sich heraus, der Beamte zitierte ungeprüft nur die Angaben eines anderen Kommissars, der wiederum privat etwas bei nicht näher benennbaren Be-

Anzahl berichtigt

Aus dem Bericht einer Kreispolizeibehörde: *Beim Verladen der Kartons auf ein Transportwägelchen wurde im Asservatenraum festgestellt, dass einer der Kartons geöffnet und leer war. Die Anzahl der sichergestellten LCD-Flachbildschirme musste von elf auf zehn Stück berichtigt werden.*

kannten aufgeschnappt haben sollte. Also Lindenstraße statt Fakten.

Sollte der Haftbefehl sachlich begründet sein, müssten sich Staatsanwaltschaft und Gericht vorwerfen lassen, meinen angeblich so gefährlichen Mandanten über Monate auf die Menschheit losgelassen zu haben, obwohl sie über alle Informationen verfügten, um die Wiederholungsgefahr zu bejahen. Es stimmte daher schon nachdenklich, dass der Gesinnungswandel ausgerechnet in dem Augenblick einsetzte, in dem sich der Angeklagte nicht wunschgemäß geschmeidig zeigte und umfassend gestand.

FAZIT: Einen Angeklagten für die Ausübung des elementaren Schweigerechts so offen abzustrafen fördert nicht gerade mein persönliches Restvertrauen in die Justiz. (Selbst wenn es immerhin sechzehn Jahre dauerte, bis es auch mich getroffen hat.)

Astschere und Bügelsäge

Gerichte entscheiden täglich über zahlreiche Rechtsstreitigkeiten mit durchdachten Urteilen und Beschlüssen. Das muss aber nicht immer so sein. Manchmal ist eine praktische und schnelle Lösung mit scharfem Werkzeug die einfachste und beste. Das sagte sich auch ein Amtsrichter aus Delmenhorst, als er den langjährigen Streit zweier Grundstücksnachbarn über den Bewuchs entlang der gemeinsamen Grundstücksgrenze zu entscheiden hatte.

Während der eine Nachbar darauf bestand, dass keine Zweige und Äste auf sein Grundstück hinüberwachsen, war es dem anderen Nachbarn wichtig, dass sich die

Bäume und Sträucher in seinem Garten möglichst natürlich entfalten können. Der Amtsrichter ordnete kurzerhand einen Ortstermin gemeinsam mit den streitenden Parteien und ihren Anwälten an. Dort war schnell klar: Es muss eine unwiderrufliche und praktische Entscheidung her. Der Richter bat die eine Partei um eine scharfe Astschere und die andere Partei um eine ebensolche Bügelsäge.

Statt endloser juristischer Diskussionen schritt er jeden Baum und jeden Strauch Ast für Ast mit den Parteien ab und legte mit Zustimmung der Parteien selbst Hand an. Die Parteien akzeptierten diese praktische Lösung, und der Rechtsstreit konnte beendet werden.

Perfekt

»Ich würde schon sagen«, erklärte der Polizist als Zeuge vor dem Amtsgericht, »dass wir im Bereich der Lasermessung perfekt arbeiten. Zu 100 Prozent, wir machen keine Fehler.«

Ich weiß nicht, ob ich bei solchen Sprüchen als Richter andächtig nicken würde. Es gibt aber solche Richter, wie ich seit jenem Tag weiß.

Früh ins Wochenende

Wer ein Einschreiben an die Justiz sendet, muss sich nicht vorher über Dienstzeiten des Gerichts erkundigen. Der Absender darf sich vielmehr darauf verlassen, dass an Werktagen ein Gerichtsmitarbeiter Dienst hat, der dem Postboten den Eingang des Schreibens quittiert. Das hat das Oberlandesgericht Oldenburg entschieden.

Der Streit drehte sich um ein Einschreiben, mit dem ein Anwalt am Tag vor dem Fristablauf am Freitag für einen Mandanten einen Antrag stellte. Der Anwalt schickte den Brief am Donnerstag ab. Möglicherweise wurde die Sendung am Freitag deshalb nicht zugestellt, weil das Gericht regelmäßig um 12 Uhr schließt und deshalb niemand mehr da war, um dem Postboten eine Unterschrift zu geben. Übergeben wurde das Einschreiben deshalb erst am Montag.

Das ja gar nicht so kleine Amtsgericht Osnabrück, um das es sich handelt, hatte allen Ernstes damit argumentiert, der Absender habe gar nicht damit rechnen können, dass sein am Donnerstag abgesandtes Schreiben am Freitag zugestellt werden könne. Dabei hatte das Amtsgericht ausdrücklich darauf verwiesen, dass man dort freitags spätestens um 12 Uhr das Wochenende einläutet.

FAZIT: Das Oberlandesgericht Oldenburg konnte diese Argumentation nicht nachvollziehen. So einen frühen Dienstschluss einer Behörde müsse niemand einkalkulieren. Überdies gebe es keinen Beleg dafür, dass Einschreiben langsamer transportiert und zugestellt werden als normale Briefe. Der Absender müsse sich auch nicht vorwerfen lassen, dass er nicht zum Einwurf-Einschreiben gegriffen habe. Das Übergabe-Einschreiben sei die sicherere Variante, meinten die Richter am Oberlandesgericht. Es dürfe niemandem zur Last gelegt werden, dass er eine zuverlässigere Zustellungsart wählt. Die Richter behandelten das Schreiben letztlich noch als rechtzeitig, obwohl es tatsächlich erst nach Fristablauf eingegangen war.

(Oberlandesgericht Oldenburg, 13.4.2011, Az. 1 Ws 172/11)

KAPITEL 4

Dein Freund und Helfer

Ungebetene Gäste

Verkehrskontrolle. Fahrzeugschein nicht dabei? Führerschein vergessen? Das kann schon mal passieren. Ist doch nett, wenn die Polizisten Folgendes anbieten: »Wir fahren eben zu Ihnen nach Hause. Ist doch nur um die Ecke. Dann können Sie uns die Papiere zeigen.«

Weniger nett ist es, wenn die Polizisten trotz freundlicher Bitte meines Mandanten nicht draußen warten wollen. Sondern sich unbedingt »mal ein bisschen umschauen« möchten, obwohl der Betroffene längst seine Papiere aus der Flurkommode gekramt hat und die Sache damit erledigt sein müsste. Die Papiere sind nämlich in Ordnung.

Schlecht, wenn einer der Beamten dann im Sideboard des Wohnzimmers einige Tütchen mit szenetypischem Inhalt findet. Die haben halt einen guten Riecher. Könnte man meinen. Kann aber ebenso sein, dass Kommissar Zufall mit im Einsatz ist. Die Sache ist ja praktisch ohne Risiko. Wird nichts gefunden, ist der Wohnungsbesitzer vielleicht stinkig, weil seine Privatsphäre verletzt wurde. Aber andererseits war die Staatsgewalt ja nur »nett« zu ihm. Schließlich hätte man ihn auch ein Stündchen auf der Wache schmoren lassen können, bis der Computer alle Daten ausgespuckt hat. Der Arme wird sich also eine Beschwerde gut überlegen.

Das Verhalten der Polizisten ist allerdings offensichtlich rechtswidrig. Erst mal erschleichen sie sich Zutritt zu der Wohnung unter dem Vorwand, der Betroffene solle nur seine Papiere holen. Dann fangen sie an zu schnüffeln, obwohl überhaupt kein konkreter Tatverdacht vorliegt. Eine richterliche Anordnung gibt es natürlich auch nicht.

Aber vielleicht kommt ja einer der Beamten auf die Idee, die Sache als erlaubten »Zufallsfund« hinzustellen. Motto: »Wir haben gar nichts in der Wohnung gesucht. Ich wollte mir nur dieses schöne Andy-Warhol-Bild näher ansehen. Dabei bin ich auf dem Laminat ausgerutscht und habe im Fallen die Sockenschublade aufgezogen. Dann sind mir die Drogen auf den Bauch gepurzelt.«

FAZIT: Eigentlich sollte ich mir gar nicht so viele Gedanken für die andere Seite machen …

Hinter Gittern

Im Gefängnis kriegt man als Besucher eine Blechmarke mit Nummer. Normalerweise stecke ich die Marke in die Brusttasche meines Hemdes. Bei einem meiner Besuche muss ich sie aber wohl in die Hosentasche zum Kleingeld gelegt haben. Jedenfalls fehlte sie mir am Ausgang. »Kein Problem«, erklärte der Beamte. »Bleiben Sie 24 Stunden hier, bis wir Ihre Identität geklärt haben.« Er meinte das sichtlich ernst! »Kann wegen des Feiertags aber auch bis Dienstag dauern.«

Wiederum ob

§ 401 Absatz 4 Strafprozessordnung: *Wird auf ein nur von dem Nebenkläger eingelegtes Rechtsmittel die angefochtene Entscheidung aufgehoben, so liegt der Betrieb der Sache wiederum der Staatsanwaltschaft ob.*

Ich fragte mich, ob er mich wirklich nicht vom Sehen kannte. Diplomatisch schlug ich vor, er solle mein Foto mit den Personalpapieren in meiner Brieftasche vergleichen, die sich in meiner Aktentasche befand, die wiederum in einem Besucherschließfach lag. »Ohne Marke kann ich Sie nicht rauslassen. Auch nicht zum Schließfach«, bedauerte er. »Da gibt es strenge Vorschriften.«

Die Lage war sichtlich ernst. »Kann ich vielleicht noch mal oben am Getränkeautomaten gucken?« Er hatte nichts dagegen. »Innerhalb der JVA können Sie sich bis zum Einschluss frei bewegen.« Sehr witzig. Ich rannte rauf zum Automaten, kroch auf allen vieren über den Boden – und tatsächlich! Da lag sie, meine Marke, bis unter den Ständer fürs Leergut war sie gerollt.

FAZIT: Ich muss unbedingt mal die Frage klären, ob die wirklich schon mal Leute wegen verschusselter Marke drin behalten haben. Und ob man in diesem Fall für den Aufenthalt zahlen muss …

Kindersitz

Eine Mutter transportiert einen Kindersitz auf dem Vordersitz ihres Wagens – ohne Kind. Die Polizei leitet ein Bußgeldverfahren ein. Es sei doch klar, so die Beamten, dass in dem Sitz auf dem Vordersitz vor Kurzem noch ein Kind gesessen habe.

Den Einwand, der Kindersitz sei vorübergehend auf dem Vordersitz, weil auf dem Rücksitz ein großer Wäschekorb Platz finden musste, lassen die Polizisten nicht gelten. Solche Ausreden seien sie gewohnt. Kernargument: »Warum haben Sie den Kindersitz dann nicht in den Kofferraum gestellt?«

Das verstehe, wer will, aber rumstreiten erweist sich als sinnlos. Die Beamten bestehen darauf, dass meine Mandantin an Ort und Stelle 10 Euro zahlt. Da sie hierzu nicht bereit ist, verlangen sie den Führerschein und die Fahrzeugpapiere, um eine Anzeige schreiben zu können.

Das Verfahren wurde eingestellt. Immerhin war also zumindest dem Sachbearbeiter in der Bußgeldstelle bewusst, dass sich der »Vorwurf« nie und nimmer beweisen lässt. Im Übrigen konnte ich meiner Mandantin auch erklären, dass Kinder sogar vorne in einem Kindersitz mitgenommen werden dürfen. Die Beamten sind anscheinend einer »modernen Legende« auf den Leim gegangen, wonach das verboten sein soll.

Abenteuer Polizei

Polizeibeamte einer etwas ländlich gelegenen Inspektion erleben ein Abenteuer. Sie vollstrecken einen Durchsuchungsbeschluss. Verdacht auf eine Internetstraftat. Bei der Durchsuchung in dem Privathaushalt packen sie die *gesamte* Computeranlage ein. Also auch Maus, Drucker, Monitor, Kabel etc. Besonders schön ist die telefonische Begründung für diese etwas ungewöhnliche Maßnahme:

»Das untersuchen unsere Experten komplett auf verdächtige Daten.«

Ja, die werden sich bedanken.

Vereinfachte Bearbeitung

In einer Ermittlungsakte fand sich – ohne jeden sonstigen Zusammenhang – folgender handschriftliche Satz meines Mandanten:

Ich hab alles gemacht was mich vorgeworfen.

Offensichtlich erschien dies dem Sachbearbeiter bei der Kripo, der die angeblichen Ladendiebstähle auf den Tisch bekam, auch etwas dünn. Jedenfalls hielt er eine Anmerkung für nötig: Das Formular sei dem Tatverdächtigen nach der Tat von den einschreitenden Polizeibeamten vorgelegt worden. Das alles im Rahmen der vereinfachten Anzeigenbearbeitung. Das Geständnis beziehe sich aber auf alle Taten, auch auf die einige Tage zuvor.

FAZIT: Ein Musterbeispiel für Bürokratieabbau. Demnächst: Blanko-Geständnisse vom Abreißblock.

Ist er das?

Wo haben manche Polizisten nur ihre Ausbildung gelassen? Zum Beispiel der Beamte, der diversen Zeugen ein Foto des Beschuldigten vorlegte und fragte: »Ist er das?« Eigentlich müssen Zeugen Fotos von weiteren Personen gezeigt werden, die dem Beschuldigten ähnlich sind. Das Verfahren nennt sich »Wahllichtbildervorlage«.

Immerhin antworteten die Zeugen in diesem Fall übereinstimmend. Die Person auf dem Foto war es auf keinen Fall. Insofern konnte ich dem Polizisten direkt dankbar sein. So eine Aussage kommt natürlich viel besser, wenn es keine Alternativen gab.

Standkosten

Meine Mandantin hatte sich einen Mini gekauft. Das Fahrzeug war gerade ein Jahr alt, hatte echte deutsche Papiere, alles bestens. Nur leider stammte der Wagen ursprünglich aus Italien. Ein Leasingfahrzeug, das unterschlagen worden sein sollte und dann seinen Weg nach Deutschland fand.

Unvermeidlich

Ein Mandant verlässt mich. Ich will ihm, so seine Einschätzung, nicht mit der nötigen Überzeugung auf dem »Weg zu einem unvermeidlichen Freispruch« folgen. Wo mancher einen Weg sieht, erblicken andere halt eine massive Wand. Sofern die Wand ein Fenster hat, dann nur eines mit Gittern ...

Irgendwie geriet das Fahrzeug ins Visier der Polizei und wurde beschlagnahmt. Beim Streit mit einer italienischen Versicherung setzte ich mich durch. Denn meine Mandantin hatte den Wagen »gutgläubig« erworben. Dabei spielte eine Rolle, dass der Kfz-Brief besonderen Glauben rechtfertigt. Und dass ein unterschlagenes Auto nicht »abhandengekommen« im Sinne des Gesetzes ist. Ein gutgläubiger Erwerb ist also möglich.

Der Ermittlungsrichter am Amtsgericht Düsseldorf fasste einen Beschluss, der Wagen sei nach § 111k Strafprozessordnung an meine Mandantin herauszugeben. Super, dachte diese. Bis sie mit dem Chef des Autohofs sprach, wohin das Fahrzeug geschleppt worden war. Der wollte nämlich 1000 Euro Standgebühren.

Polizeibeamter 1, zuständig für die Sicherstellung, sah seine Hände gebunden. Sein Kollege, Polizeibeamter 2, der die Ermittlungen führte, habe auf dem Sicherstellungszettel »Eigentumssicherung« notiert. »Dann muss der Berechtigte die Kosten tragen.« Solange Polizeibeamter 2 das nicht korrigierte, hülfe ihm auch ein Gerichtsbeschluss nicht weiter. Auf meine Frage, ob er sich also der eindeutigen Anordnung des Amtsgerichts widersetze, erwiderte Polizeibeamter 1 sinngemäß: »Was interessiert mich ein Gericht?«

Ich möchte noch sagen …

Aus der Zeugenaussage eines Nachbarn in einem Räumungsprozess: »Ich möchte noch sagen, dass sowohl meine Frau und ich als auch die anderen Mieter von Herrn und Frau N. zur Begrüßung jeweils bespuckt wurden.« Solche Sprüche fördern nicht unbedingt die Glaubwürdigkeit.

Polizeibeamter 2 konnte sich angeblich nicht zur Sache äußern. Denn er hatte die Akte zur Staatsanwaltschaft geschickt. Außerdem meinte er, es käme überhaupt nicht darauf an, was er schriebe. Der Staatsanwalt verstand die Sache nicht. Er hielt den Beschluss des Amtsgerichts für eindeutig. »Da steht doch nichts von Kosten, oder?« Er war aber bereit, mit den Polizeibeamten 1 und 2 zu reden, sofern sich diese bei ihm meldeten. Aber grundsätzlich war er der Meinung, dass das die Polizei mit sich selbst ausmachen sollte.

Ob je einer der Herren zum Telefonhörer gegriffen hat, weiß ich nicht. Eher nicht, denn Polizeibeamter 1 setzte irgendwann eine Frist, das Fahrzeug abzuholen. Sollte dies nicht *bis zum 8. Tag nach Zustellung dieses Schreibens* geschehen, drohe Ungemach:

Ich weise Sie schon jetzt darauf hin, dass das Fahrzeugzubehör (Radio, Warndreieck, Verbandskasten etc.) sowie alle im Fahrzeug befindlichen Gegenstände zusammen mit Ihrem Fahrzeug verschrottet werden.

Ich habe dann der Polizei mal ganz unverblümt mit einer Klage gedroht. Da besann man sich dann doch, das Auto endlich mal rauszurücken. Die Kosten wurden später sang- und klanglos niedergeschlagen.

Freiwillig hinterlassen

Eine Polizeibeamtin schildert in ihrem Ermittlungsbericht, sie habe dem Beschuldigten »aus Höflichkeit« ein Glas Wasser angeboten. Der Beschuldigte habe von diesem Angebot Gebrauch gemacht.

Da fragst du dich natürlich, seit wann wird so etwas protokolliert, freundliche Polizei ist doch selbstverständlich. Aber dann kommt schon die Erklärung:

Beschädigend einwirken

Die Gegenseite möchte eine Unterlassungserklärung, nämlich ... *es zu unterlassen, Gegenstände und Einrichtungen der Familie R., XY-Straße 3 in H., in bzw. an ihrer Substanz zu beschädigen bzw. beschädigend darauf einzuwirken.* Ich möchte auch was: eine Übersetzung.

Der Beschuldigte habe sich mitten in der Vernehmung allen weiteren Maßnahmen widersetzt und nach einem Anwalt verlangt. Deshalb sei seine »freiwillig hinterlassene« DNA in Form eines »deutlich erkennbaren Lippenabdrucks« gesichert worden.

Durchgeknallt

Frau S. kriegt mit, wie ihr 16-jähriger Sohn vor dem Haus verhaftet wird. Der Junge liegt auf der Motorhaube eines Autos; zwei Polizisten stehen neben ihm. Einer der Beamten fragt: »Wer sind Sie? Was wollen Sie?« Frau S. stellt sich als die Mutter vor. Die Beamten sollten vorsichtig sein. Der Junge sei dreimal am Magen operiert. Er habe Asthma. Der Griff sei gefährlich.

Daraufhin lässt der Beamte den Jungen los. Dafür schreit er Frau S. an: »Wissen Sie überhaupt, was für ein Verbrecher Ihr Sohn ist?«

Frau S. bittet den Beamten, sich zusammenzureißen. So etwas dürfe er nicht sagen. Der Beamte: »So einer wie Ihr Sohn gehört an die Wand gestellt und abgeknallt.«

Frau S. denkt zuerst, sie habe sich verhört. Deshalb bittet sie den Beamten, seine Aussage zu wiederholen.

»Damit habe ich überhaupt kein Problem: So einer gehört an die Wand gestellt und abgeknallt!«

Frau S. revanchiert sich: »Das sind Hitlermethoden.«

Wochen später erhält Frau S. einen Strafbefehl: *Zur Tatzeit beschimpften Sie die Polizeibeamten G. und K. mit den Worten: »... Das sind Hitlermethoden!«* 25 Tagessätze soll sie zahlen. Und künftig vorbestraft sein.

Ich lege für Frau S. Einspruch gegen den Strafbefehl ein. Zum Glück können Passanten bezeugen, was wirklich vorgefallen ist. Doch die Zeugen werden schlussendlich gar nicht gebraucht. Der Beamte gibt als Zeuge zu, er habe zweimal erklärt, der Junge gehöre an die Wand gestellt und erschossen. Warum das mit keinem Wort in der Strafanzeige erwähnt sei, fragt die Richterin. »Das wäre doch schon wichtig, die Vorgeschichte zu kennen.« Dazu kann der Beamte nichts sagen. Oder er will nicht. »Keine Ahnung, die Anzeige hat mein Kollege geschrieben.«

FAZIT: Frau S. wird freigesprochen. In der mündlichen Urteilsbegründung sagt die Richterin: »Die Zusammenfassung als Hitlermethoden war keine Beleidigung, sondern die Wahrheit.« Das Urteil ist rechtskräftig.

Fremdvergabe

Die Polizei teilte mir mit, der beschlagnahmte Computer meines Mandanten werde »in Fremdvergabe von einer Drittfirma« ausgewertet. Ein Jahr verging. Ein Auswertungsergebnis lag noch nicht vor.

Wir hatten es nicht eilig. Aber trotzdem sei die Frage gestattet, wieso die (überlastete) Polizei ausgerechnet

Bittet um Rückruf

Telefonnotiz von 16.50 Uhr: *Herr X. bittet um RR. Betr.: Er hatte heute einen Termin um 16 Uhr bei Ihnen … Er möchte wissen, ob er trotzdem noch vorbeikommen kann, da die Sache wohl wichtig ist und sein Flug Verspätung hatte. Er wusste leider seine Rückruf-Nr. nicht.* Ich auch nicht.

Firmen beauftragt, die es zeitlich noch weniger auf die Reihe bekommen.

Ich googelte schließlich mal die Firma, die in dem Schreiben der Polizei genannt war. Irgendwie schien sich das Unternehmen aufgelöst zu haben. Nicht auszudenken, wenn die Hardware meines Mandanten in einer Insolvenzmasse untergegangen wäre …

Wir gucken mal

Der Tatvorwurf lautete »Urkundenfälschung und Betrug«. Die Durchsuchung bei meinem Mandanten blieb ergebnislos. Aber wo sie schon mal da waren, wollten die Beamten offensichtlich nicht mit leeren Händen gehen. Sie beschlagnahmten die Pornosammlung meines Mandanten. Knapp 200 DVDs, ein Dutzend Videokassetten.

Ich wollte von dem zuständigen Beamten wissen, welchen Tatverdacht er habe. »Lassen Sie uns doch mal gucken«, sagte er, »ob da auch Kinderpornos drunter sind.« Er habe da so seine Erfahrungen. »Kein Rauch ohne Feuer.« Wohl ein Unterfall der kriminalistischen Erfahrung.

Im Auswertungsbericht hieß es dann kleinmütig, »illegales Material konnte nicht gefunden werden«. Wie viele Arbeitsstunden die Auswertung gekostet hatte, war übrigens akribisch vermerkt.

FAZIT: 25 Minuten braucht ein deutscher Polizeibeamter, um festzustellen, dass »Teresa Orlowski, Foxy Lady 3, Original-DVD« keine strafrechtlich relevanten Szenen enthält.

Freundliche Lügen der Polizei

Ein Mandant berichtet von einem Telefonat mit der Polizei:

»Am Telefon habe ich mich zur Sache nicht geäußert. Herr P. hat mich zwar mehrfach darauf hingewiesen, dass alles, was ich am Telefon sage, nicht verwertet wird, doch wie schon erwähnt, habe ich keine Aussage zum Vorwurf abgegeben.«

Später hätte sich der Polizist an diese Auskunft garantiert nicht erinnert. Sondern beteuert, dass alles, was er über das Gespräch in einem »Aktenvermerk« festgehalten hat, aus meinem Mandanten rausgesprudelt sei. Und zwar so schnell, dass er ihn noch nicht mal über sein Aussageverweigerungsrecht belehren konnte.

Damit nicht genug: »Interessant ist vielleicht der Hinweis, dass man mir nahelegt, den Vorwurf nicht zu bestreiten, da dies keinen Sinn habe.«

Nichts zu verbergen

Einer meiner Mandanten hatte eine Begegnung mit der Polizei: »Ich stünde nun im Verdacht. Ich solle ihm die Wohnung zeigen, wenn ich nichts zu verbergen hätte, andernfalls käme ich in Untersuchungshaft, bis er einen Durchsuchungsbeschluss habe, damit ich keine Beweise verschwinden lassen könne.«

Der Mandant stimmte einer Durchsuchung nicht zu.

FAZIT: Mein Mandant hat genau richtig reagiert. Wenn Polizeibeamte den Beschuldigten bitten, der Durchsuchung zuzustimmen, heißt das: Wir haben nicht genug in der Hand, um einen Richter zu überzeugen. Außerdem gibt es nichts, was eine Durchsuchung wegen »Gefahr im Verzug« rechtfertigen würde. Kurz darauf durfte der Mandant nach Hause. Seine Wohnung wurde nicht durchsucht.

Bargeld ist gefährlich

Vielleicht sollten wir froh sein, wenn die Banken uns bald kein Bargeld mehr geben. Denn das Zeug ist schlicht und einfach gefährlich, wie etwa aus einer Anklageschrift gegen einen Freizeitkiffer hervorgeht:

Die von den Polizeibeamten vorgefundenen 630,00 Euro stammen mit hoher Wahrscheinlichkeit aus Betäubungsmittelgeschäften, die der Angeschuldigte in der Vergangenheit abgewickelt hatte.

Seltsam, dabei hatte der mutmaßliche Drogenhändler sogar noch Kontoauszüge vorgezeigt. Aus denen ergab sich, dass er am Vortag 500 Euro vom Geldautomaten geholt hat. Aber das erwähnt die Anklageschrift mit keinem Wort.

FAZIT: Wozu sich mit Tatsachen plagen, wenn es die »hohe Wahrscheinlichkeit« gibt …

Beweismittel? Vernichten!

Beweismittel (die was wert waren) sind verschwunden. Das zuständige Gericht hat am Ende des Prozesses angeordnet, die Sachen sollen an meinen Mandanten zurückgegeben werden. Aber sie sind nicht mehr da, wie mir die Staatsanwaltschaft mit einem dürren Satz erklärt:

Die … Gegenstände waren als Beweismittel sichergestellt worden und wurden daher nach Auskunft des Polizeipräsidiums … bereits vernichtet.

Dieser Begründung fehlt es nicht nur an Logik. Sie ist auch ein weiteres Beispiel dafür, dass manche Behörden einfach nicht in der Lage sind, einen Fehler zuzugeben.

Verschlüsseln macht verdächtig

Aus einem Vernehmungsprotokoll:

Der bei Ihnen sichergestellte Computer ist teilweise mit dem Verschlüsselungsprogramm »Truecrypt« verschlüsselt. Sie stehen im dringenden Verdacht, durch diese

Barfuß

Aus einem Einsatzbericht der Polizei: *Herr Z. war mit der Beschlagnahme seiner Schuhe nicht einverstanden. Er zeigte sich wenig kooperativ. Grund war, dass er kein zweites Paar Schuhe habe und nun »ohne Schuhe dastehen« würde. Die Schuhe wurden mündlich beschlagnahmt.*

Verschlüsselung Ihre, aber auch die Tatbeteiligung Dritter zu verschleiern. Sind Sie bereit, diese Verschlüsselung preiszugeben?

Das alles mag zwar ein »Verdacht« sein, aber sicher kein strafrechtlich relevanter. Die eigene Tatbeteiligung zu verschleiern ist nicht strafbar. Und eine Strafvereitelung ist die Verschlüsselung von Daten noch lange nicht.

Das erwähnte der Polizist aber selbstverständlich nicht. Der Beschuldigte war so eingeschüchtert, dass er gleich mal alle Passwörter auf einem Zettel notierte.

Bingo.

Auch die Polizei kauft im Baumarkt ein

Autobahnpolizisten dichteten meinem Mandanten ein verkehrsunsicheres Fahrzeug an. Die Deichsel des Anhängers habe nicht »ruhig« im Fangmaul der Anhängerkupplung gelegen. Der Höhepunkt der Anzeige:

Die Öse (Höchstmaß 41,5 mm) hatte Spiel. Die Lehre zeigte 41,6 mm.

Ein Zehntel Millimeter, gemessen an einem Winterabend um 19.00 Uhr auf dem Parkplatz einer Autobahnraststätte – ich hatte gleich den Eindruck, da dürfte was zu machen sein.

Im Amtsgericht wurde der Polizeibeamte als Zeuge gehört. Ich sage mal vorsichtig: Es taten sich Abgründe auf. Zusammenfassung:

Benutzt wurde eine digitale Schieblehre, die für die Dienststelle im Baumarkt gekauft wurde. Das Gerät ist nicht geeicht. Es ist auch nicht bekannt, welche Toleranzen die Schieblehre hat. In die Bedienungsanleitung

Für die Kaffeekasse

»Ich darf nichts nehmen«, sagt der Techniker mit erhobenen Armen. »Stecken Sie es mir doch einfach in die rechte Jackentasche.«

hat, soweit bekannt, noch keiner geschaut. Man weiß doch, wie solche Lehren zu bedienen sind.

Das Gerät wurde aber selbstverständlich »intern« auf seine Genauigkeit überprüft. Das geschah zu unbekannter Zeit nach dem Kauf durch einen unbekannten Kollegen. Hierzu wurde die Schieblehre mit dem Lineal abgeglichen, das die Polizei verwendet, um maßstabsgerecht auf Millimeterpapier zu zeichnen.

Die digitale Schieblehre wurde nur ausnahmsweise benutzt. Normalerweise benutzt man Grenzlehren. Grenzlehren waren aber an dem Tag nicht auf dem Einsatzwagen.

Auch der Richter verstand natürlich nur Bahnhof. Er hätte jetzt einen Sachverständigen beiziehen müssen, der wahrscheinlich auch nur kompliziertes Zeug erzählt hätte. Jedenfalls für Juristenohren.

Er stellte das Verfahren sang- und klanglos ein.

FAZIT: Ich hab's ja gesagt: »Da dürfte was zu machen sein.«

Was man als Alkoholsünder wissen sollte

Das Gesetz ist klar: Blutproben, auch bei Verstößen im Straßenverkehr, darf nur ein Richter anordnen. Nur bei »Gefahr im Verzug« dürfen auch Staatsanwälte oder Polizisten eine Blutprobe veranlassen.

Die Praxis sah bei Verkehrsdelikten jahrzehntelang anders aus. Routinemäßig ordneten Polizeibeamte selbst die Blutprobe an – und ihr Verhalten wurde immer abgesegnet. Ich habe im Gerichtssaal schon Polizisten erlebt, die nicht mal wussten, dass sie nur bei »Gefahr im Verzug« eine Blutprobe anordnen dürfen. Manche waren richtig beleidigt, als sie erfuhren, dass ihre Kompetenzen nicht mal so weit reichen.

Seit der Einführung von Bereitschaftsrichtern hat es immer wieder Anwälte gegeben, die der Verwertung der Alkohol- und Drogenanalyse widersprachen, wenn kein Richter eingeschaltet wurde. Mit unterschiedlichen Ergebnissen. Letztlich retteten sich die meisten Gerichte damit, dass die Beamten zwar einen Fehler gemacht hatten. Dieser wiege aber nicht so schwer, dass man die Beweise nicht zur Kenntnis nehmen könne.

In einer praktisch wichtigen Konstellation sah es das Oberlandesgericht Hamm etwas anders. Die Richter hielten eine Blutprobe für unverwertbar, weil der Poli-

Im Antreffungsfall

Ich zitiere aus einer Meldung, mit der die Kölner Polizei nach einer Vermissten suchte: *Im Antreffungsfall sollte die Notrufnummer 110 gewählt werden.* Aber wo kann man anrufen, um sich erklären zu lassen, was ein Antreffungsfall ist?

zeibeamte so gestrickt gewesen war wie seine Kollegen, die ich aus dem Gerichtssaal kenne. Ihn interessierte schlicht und ergreifend nicht, dass es viele Urteile gibt, welche darauf hinweisen, dass nach dem Gesetz zumindest *versucht* werden muss, einen Richter zu erreichen. Erst wenn das nicht gelingt, darf Gefahr im Verzug angenommen werden.

»Machen wir immer so, alles andere interessiert mich nicht.« Diese schlichte Argumentation war für das Oberlandesgericht Hamm Anlass, den Ball zur Polizei zurückzuspielen. Wer sich, so die Richter, überhaupt nicht um die Rechtslage schert, vergewaltige das Recht und begehe einen besonders schweren Verfahrensfehler. Bei so einem Verhalten sei es einfach nicht mehr akzeptabel, das Beweisergebnis mit zugedrücktem Auge doch noch zuzulassen.

FAZIT: Es ist davon auszugehen, dass da draußen viele Polizeibeamte ähnlich handeln wie im beschriebenen Fall. Wie sollte man sich also in einer Verkehrskontrolle verhalten? Schweigsam, aber bestimmt:

1. Den Atemalkoholtest verweigern. Zu diesem Test darf niemand gezwungen werden. Aber keinesfalls erklären oder gar unterschreiben, dass man auf einer Blutprobe besteht. Das könnte als »Einverständnis« ausgelegt werden.
2. Die Blutprobe über sich ergehen lassen. Allenfalls auf die Frage, ob man damit einverstanden ist, mit »Nein« antworten. Eine Begründung hierfür muss man nicht geben.

   So dürften die Chancen nicht schlecht stehen, dass die Polizei nach Schema F vorgeht und in die vom Oberlandesgericht Hamm beschriebene Verfahrensfalle tappt. Einer Diskussion über Gefahr im Verzug

sollte man an Ort und Stelle aus taktischen Gründen eher aus dem Weg gehen.
(Oberlandesgericht Hamm, 12.3.2003, Az. 3 Ss 31/09)

Handschellen

Ein Mandant erzählte mir, dass ihm die Cops Handschellen anlegten, als sie ihn zu einer Blutprobe auf die Wache brachten. Der Mandant sollte angesäuselt Auto gefahren sein.

Warum Handschellen? Der Mandant, eine bürgerliche Erscheinung, versicherte, er habe sich weder gewehrt noch rumgemotzt. Selbst hatte er sich wegen der Fesseln noch nicht mal groß Gedanken gemacht, sondern diese für »selbstverständlich« gehalten – bis zu meiner Rückfrage.

FAZIT: Da hatten wohl beide Seiten zu viel amerikanisches Fernsehen geguckt.

Selbstlähmung

Manchmal frage ich mich, wie viele Ressourcen bei Polizei und Staatsanwaltschaft freigesetzt würden, ließen manche Beamten einfach nur mal die unsinnigsten Strafanzeigen sein. Hier ein Beispiel:

Polizisten wollten nachts die Wohnung meiner Mandantin betreten. Unter Umständen, die auch jemandem, der nicht Rechtswissenschaften studiert hat, dubios vorkommen mussten. Jedenfalls weigerte sich meine Mandantin, die Tür zu öffnen. Sie rief nur, sie lasse niemanden rein, jedenfalls nicht ohne Durchsuchungsbeschluss.

Lebenslauf, ausgelegt

Im Büro kurz diskutiert, was sich hinter diesem Satz in einem Lebenslauf verbirgt:

Nach dem Besuch des Gymnasiums folgten Jurastudium und eine Ausbildung zum … Der Kollege übersetzte das so: »Drei Semester gekellnert, dann geschmissen.«

Die Beamten wummerten ein paarmal gegen die Tür, hatten dann aber nicht den Schneid, sich gewaltsam Zutritt zu verschaffen. Wahrscheinlich gehörte der eine oder andere von der Truppe zu denjenigen, die zwar keine Rechtswissenschaften studiert haben, aber trotzdem zwischen Recht und Unrecht unterscheiden können.

Was dann aber einen der Beamten nicht davon abhielt, Strafanzeige zu erstatten. Wegen »Widerstands gegen Vollstreckungsbeamte«. Der Tatbestand sei § 113 Strafgesetzbuch und ist es durchaus wert, einmal gelesen zu werden:

Wer einem Beamten, Amtsträger … bei der Vornahme einer … Diensthandlung mit Gewalt oder durch Drohung mit Gewalt Widerstand leistet oder ihn dabei tätlich angreift, wird mit Freiheitsstrafe bis zu drei Jahren oder mit Geldstrafe bestraft.

Das Nichtöffnen einer Haustür als Gewalt? Die Weigerung, die Tür zu öffnen, als Drohung mit Gewalt? Nun ja, auch ohne Jurastudium, nur mit ein wenig Textverständnis, dürfte die Antwort eindeutig ausfallen.

Interessant wird es überdies, wenn man auch noch folgenden Teil der Vorschrift liest:

Die Tat ist nicht nach dieser Vorschrift strafbar, wenn die Diensthandlung nicht rechtmäßig ist.

Ich legte dem Staatsanwalt gern dar, wenn auch nur äußerst vorsorglich für den Fall, dass er, immerhin ein studierter Jurist und damit zu jeder Textvergewaltigung fähig, Passivität als Gewalt oder Drohung mit Gewalt auszulegen bereit wäre, warum sich die Beamten unrechtmäßig verhielten.

Die Einstellungsmitteilung folgte auf dem Fuße.

Eine Festplatte kopieren

»Das habe ich noch nie gemacht«, sagte der Polizist. »Wie soll das praktisch gehen?«

Ich hatte ihm gerade mitgeteilt, der Staatsanwalt habe keine Probleme damit, dass sich mein Mandant die Festplatte seines Notebooks kopiert. Das Notebook hatte die Polizei vor Kurzem beschlagnahmt. Allerdings, so die Anordnung des Staatsanwalts, dürften die Daten nur »unter Aufsicht der ermittelnden Polizeibeamten« kopiert werden.

Meine Idee war nun: Der Mandant sollte mit einer externen Festplatte auf die Dienststelle kommen, die Festplatte per USB an das Notebook anstöpseln, am Rechner den Windows Explorer aufrufen, »Eigene Dateien« (mehr brauchte er nicht) markieren und dieses markierte Element auf den Laufwerksbuchstaben der externen Festplatte ziehen. Dann einige Zeit warten, und die Daten sollten auf die externe Festplatte kopiert sein.

FAZIT: In Anbetracht dieses echt komplizierten Manövers (und der womöglich damit verbundenen Risiken) entschied sich der Polizeibeamte anders. Er schaute einfach mal in das relativ neue Notebook rein. Mit wenigen

Blicken stellte er fest, dass Daten, die für das Verfahren bedeutsam sein könnten, offensichtlich nicht vorhanden waren. Mein Mandant durfte sein Notebook abholen. Auch eine Lösung.

Frau O. will nichts unterschreiben

Frau O. kommt aus Afrika. Sie hat einen gültigen Pass. Und ein Visum, das ihr die Einreise in die Bundesrepublik Deutschland erlaubt. Der Bundespolizist am Flughafen wittert trotzdem Ungemach und setzt Frau O. fest. Er schöpft den Verdacht, dass Frau O. nicht nur auf zwei Wochen zu Besuch kommt, sondern andere Zwecke verfolgt. In diesem Fall kann die Bundespolizei tatsächlich die Einreise versagen (§ 15 Aufenthaltsgesetz).

Woher der Verdacht kommt und ob er im Sinne des Gesetzes »begründet« ist, darüber will ich nicht spekulieren. Es ärgert mich allerdings, wie versucht wird, möglichst einen Anwalt aus dem Spiel zu lassen.

Es beginnt natürlich mit dem üblichen Spielchen, wonach ich eine schriftliche Vollmacht vorlegen soll. Ich weise darauf hin, dass eine Vollmacht keineswegs nur schriftlich wirksam ist, sondern mich die Betroffene auch mündlich beauftragen kann. Ich darf also mit ihr telefonieren, und sie freut sich – welch Wunder – natür-

Ansichtssache

Teil der Vergütung der Klägerin war eine fette Prämie von monatlich 552,85 Euro. Ich bin mir nicht sicher. Aber ich glaube, ich habe »feste Prämie« diktiert.

Übliche Höhe

Bekanntlich mussten Sie in zurückliegender Zeit abgemahnt werden, Ihren Komposthaufen auf eine allgemein übliche Höhe zu reduzieren. Ihnen dürfte bekannt sein, dass die übliche Höhe von Komposthaufen bei 1 m bis 1,20 m liegt.

Man lernt nie aus.

lich, dass ihr ein Anwalt helfen wird. Allerdings spricht sie nicht sonderlich gut Englisch, sodass die Verständigung nicht einfach ist.

Das ändert aber nichts daran, dass die Vorlage einer schriftlichen Vollmacht verlangt wird. Ich faxe also einen Vollmachtstext. Allerdings, wohl zur Überraschung der Bundespolizei, mit einem ziemlich ausführlichen Begleitschreiben, in dem ich schon zu den Umständen Stellung nehme und Tatsachen sowie Zeugen (mit Handynummern) benenne, die für einen reinen Besuchsaufenthalt sprechen.

Am Einreisezweck hatten ja nicht mal die Behörden Zweifel, welche am Visum beteiligt waren. Die Ausländerbehörde hat den Einlader in seiner Heimatstadt gründlich unter die Lupe genommen. Überdies hat die deutsche Botschaft im Heimatland von Frau O. recherchiert und das Visum erteilt. Die deutschen Auslandsvertretungen stehen ja nun auch nicht gerade im Ruf, Visa leichtfertig zu auszustellen.

Fünf Minuten nach Übersendung des Faxes ruft mich der Bundespolizist an und erklärt jovial, meine Mandantin wolle die Vollmacht nicht unterschreiben. Wörtlich: »Ich habe extra noch zwei Kollegen hinzugezogen als Zeugen. Die können bestätigen, die Frau will die Vollmacht nicht unterschreiben.«

Da fällt mir nur noch wenig ein. Die Bundespolizei nimmt eine arglose Reisende nach einem stundenlangen Flug fest. Dann bauen sich nach weiteren Stunden Wartezeit drei Uniformierte vor ihr auf und bitten sie, doch mal kurz ein Papier zu unterschreiben, dessen Inhalt (in Deutsch und Englisch) sie wahrscheinlich nicht komplett versteht.

»Wie«, so frage ich den Bundespolizisten, »würden Sie sich in so einer Situation im Ausland verhalten?« Er gibt keine Antwort. Ich jedenfalls wäre auch sehr weit davon entfernt, etwas zu unterzeichnen.

Mein Schreiben muss der Beamte, das sage ich ihm deutlich, völlig unabhängig von der Frage zur Kenntnis nehmen, ob ich schriftlich bevollmächtigt bin oder nicht. Wenn er die belastenden Umstände sieht, wird er sich den entlastenden nicht verschließen dürfen. Egal, von wem sie vorgebracht werden. Für den Fall, dass er das Schreiben ignoriert, stelle ich ihm ausdrücklich ein Telefonat mit seinem Behördenleiter und, sofern dann noch nötig, eine Dienstaufsichtsbeschwerde in Aussicht. Mache ich selten, aber hier geht es wohl nicht anders.

Wir machen uns die Welt, wie sie uns gefällt

Meine Mandantin war an der niederländisch-deutschen Grenze kontrolliert worden. Die Polizei warf ihr vor, eine geringe Menge Marihuana nach Deutschland eingeführt zu haben. In der Formularmeldung an das Straßenverkehrsamt (»Überprüfung der Eignung oder Befähigung zum Führen von Kraftfahrzeugen«) kreuzte der Polizist als Begründung an:

X *Gute Kenntnisse über Bezugsquellen und Qualitäten.*

Das Kästchen stand in der Rubrik »Eingeräumter Konsum von Haschisch oder Marihuana«. Bemerkenswert. Meine Mandantin hatte nichts zur Sache gesagt. Deshalb stand auch in der Anzeige:

Eine Vernehmung lehnte sie kategorisch ab.

Beide Schriftstücke hatte derselbe Beamte geschrieben.

✔ **MERKE:** Alle Formulare immer ganz zu Ende lesen. Manches erledigt sich dann von selbst.

Das teile ich gern mit

Meine Mandanten sind Zeugen. Sie wollen aber nicht zur Polizei. Ich zitiere mal, was ihnen der zuständige Beamte gesagt haben soll, nachdem sie die Vorladung erhalten und sich telefonisch erkundigt hatten, ob sie den Termin absagen können:

»Mir ist egal, ob Sie kommen. Wenn Sie den Termin nicht wahrnehmen, werden Sie halt zwangsweise vorgeführt. Dann holen Sie meine Kollegen zu Hause oder am Arbeitsplatz ab.«

Ich krame in meiner Textbausteinkiste und schicke folgendes Fax:

Sehr geehrter Herr J.,
ich vertrete die Herren D. und S. als Zeugenbeistand.

Ich habe meine Mandanten informiert, dass es keine gesetzliche Verpflichtung für Zeugen gibt, bei Ermittlungsbehörden wie der Polizei auszusagen. Es gibt auch keine Möglichkeit, das Erscheinen eines Zeugen zum Zwecke seiner Aussage bei der Ermittlungsbehörde zu erzwingen (Meyer-Goßner, StPO, § 163 Rdnr. 37).

Dies alles gilt unabhängig von der Frage, ob besondere Zeugnis- oder Auskunftsverweigerungsrechte bestehen.

Meine Mandanten haben sich aufgrund dessen entschlossen, nicht auszusagen. Deswegen werden sie den Vernehmungstermin nicht wahrnehmen. Das teile ich Ihnen gern mit, damit Sie nicht unnötig warten.

Mit freundlichen Grüßen

Rechtsanwalt

Meine verunsicherten Mandanten wollen sich jeweils eine Kopie in die Brieftasche legen. Für den Fall, dass sich die Polizei mit meinem Fax nicht zufriedengibt und tatsächlich bei ihnen vor der Tür steht …

Polizei weckt Mann

Es sind immer wieder auch die Alltagsgeschichten, die Polizisten vor Situationen stellen, die Fingerspitzengefühl, eine gute Portion Gelassenheit und Ideen für sehr einfache und pragmatische Lösungen erfordern. So wie die folgende Begebenheit, die ich einer Pressemitteilung des Polizeipräsidiums Südhessen entnommen habe.

Kurz nach Mitternacht ereilte der Hilferuf einer Vierundzwanzigjährigen die Einsatzzentrale im Polizeipräsidium. Was die Frau in ihrer Not zu berichten hatte,

Foto-Besprechung

»Können wir nicht einfach sagen, meine Frau sei gefahren?«

»Hat Ihre Frau eine hohe Stirn und einen Schnauzer?«

ließ die Beamten aufhorchen. Die mitteilsame Anruferin, weder schüchtern noch ganz nüchtern, sagte, sie brauche Hilfe und teilte auch gleich mit, warum. Ihr Bekannter sei vor dem Sex eingeschlafen und wohl auch nicht mehr aktivierbar. Nun wolle sie ihn aus ihrer Wohnung haben.

Offenbar fielen ihr als einziger Ausweg die Ordnungshüter ein. Der freundliche Polizist bei der Einsatzzentrale versprach ihr, sich um diesen bedeutsamen Fall zu kümmern und informierte das zuständige Revier. Die dortigen Kollegen staunten nicht schlecht, als sie den doch eher ungewöhnlichen Auftrag entgegennahmen.

Als die Polizisten am »Tatort« eintrafen, schlief der Mann noch immer – und zwar fest. Also musste eine Lösung her, und die bestand darin, ihn zu wecken, was auch ohne große Mühe gelang. Anschließend machte er sich auf den Weg in sein Domizil – im selben Haus, eine Etage über der Wohnung der Vierundzwanzigjährigen.

FAZIT: Der Frau konnte geholfen werden, möglicherweise auch dem Müden.

Mit Festnahme ist zu rechnen

Die Polizei wollte gern wissen, wem meine Mandantin ihr Auto geliehen hatte. Meine Mandantin wollte sich dazu nicht äußern. Deshalb folgte sie einer Vorladung zur Vernehmung nicht. Das ist ihr gutes Recht. Zeugen müssen bei der Polizei nicht erscheinen.

Weil meine Mandantin nicht zum Termin kam, meldete sich die Polizei telefonisch und fragte, warum der

Edding

Der Tag fängt nicht gut an, wenn du feststellst, dass jemand die Motorhaube deines Autos mit einem schwarzen Edding bemalt hat. Es wird aber deutlich besser, wenn du merkst, dass es offensichtlich noch die wasserlösliche Variante zu (klauen) kaufen gibt.

Vorladung keine Folge geleistet worden sei. Meine Mandantin sagte, sie wolle bei der Polizei nicht aussagen und sie habe mich beauftragt. Die Polizei könne sich gern bei mir melden und alles Weitere besprechen.

Was dann geschah, darüber gibt es unterschiedliche Darstellungen. Meine Mandantin sagte, sie habe in den folgenden drei Tagen mindestens fünf weitere Anrufe erhalten. Die Anruferin sei immer unverschämter geworden und habe ihr schließlich gedroht, wenn sie jetzt nicht sofort ins Kommissariat komme und ihre Aussage mache, müsse sie mit Verhaftung rechnen. Es bestehe kein Aussageverweigerungsrecht, deshalb werde sie meine Mandantin notfalls zur Aussage zwingen.

Die Polizistin, bei der ich mich dann mal meldete, stritt das entschieden ab. Sie habe nur einmal angerufen und es selbstverständlich respektiert, dass meine Mandantin nicht mit der Polizei sprechen wolle. Das sei ja ihr gutes Recht. Dann würde halt zu prüfen sein, ob meine Mandantin durch die Staatsanwaltschaft vorgeladen würde. (Dieser Ladung müsste die Mandantin dann in der Tat Folge leisten.)

Seltsam nur, dass der Freund meiner Mandantin und eine Arbeitskollegin die ständigen Anrufe bestätigten. Und sehr wohl mitbekommen haben wollten, wie die Angerufene in Tränen ausgebrochen sei, weil ihr die Polizistin – ohne jede juristische Grundlage – mit Verhaftung drohte.

FAZIT: Ich kann natürlich nicht sagen, wie es sich wirklich zugetragen hat. Allerdings habe ich die Polizistin ja selbst am Telefon erlebt, und zwar als Schnodderschnauze vom Dienst. Von daher habe ich eine Meinung, wie es gewesen ist.

Kein Anschluss

Ich erzähle immer gern, wie emsig die Polizei mitunter bei Durchsuchungen Hardware beschlagnahmt. In Firmen ist oft nichts sicher, außer dem Digitalkopierer mit der 100-GB-Festplatte.

Bei meinem Mandanten hat die Polizei auch fast alles eingepackt, was in der Wohnung rumstand. Gut, der Festplattenrekorder (500 GB) wurde nicht als das gesehen, was er vielleicht sein könnte. Aber immerhin entging ein MP3-Player nicht den aufmerksamen Augen der Ermittler.

Auf die immerhin 20 GB große Festplatte des Players wurde dann freilich gar nicht geguckt. Er wurde ununtersucht zurückgegeben. Warum, das steht mit, wie

Lichtbild der Hauptschrift, die eine Urschrift ist

Stempel einer Generalstaatsanwaltschaft: *Die vorstehende Fotokopie … ist ein vollständiges Lichtbild der Hauptschrift. Die Hauptschrift ist eine Urschrift. Mängel der Hauptschrift, die nicht aus dem Lichtbild ersichtlich sind, sind nicht vorhanden.*

ich finde, entwaffnender Offenheit im Untersuchungsbericht:

Kein Anschlusskabel vorhanden.

Mit wem man es zu tun hat

Ein Mandant erzählte mir von einer Begegnung mit der Polizei. Er war frühmorgens unterwegs gewesen, ziemlich angesäuselt und schlecht gelaunt. Weil er ins Handy brüllte, hielten ihn eine Polizistin und ein Polizist an.

Der Mandant reagierte wohl nicht sonderlich freundlich auf die Kontrolle. Jedenfalls fragte die Polizistin, ob er denn überhaupt wisse, mit wem er es zu tun habe. Da seine Antwort nicht wie erwünscht ausfiel, hielt ihm die Polizistin ihren Jackenärmel vor die Nase, tippte auf den Aufnäher »Polizei« und fragte:

»Können Sie das lesen?«

Antwort: »Barbie, blond.«

Er wehrte sich nicht und zahlte später einen vierstelligen Betrag wegen Beleidigung. Ich hätte durchaus Verteidigungsansätze gesehen …

Bargeld – der Staat will's wissen

Wir träumen zwar von Taschen voller Geld, dabei kann schon ein mehr oder minder mickeriges Bündel Bares Anlass für Ärger sein. Geht der Bürger nämlich auf Reisen, sieht der Staat in ihm nicht nur einen Touristen oder Geschäftsmann – sondern auch einen potenziellen Straftäter. Führt die Reise über die Landesgrenze, gilt für Bargeld und vergleichbare Zahlungsmittel eine Meldepflicht. Und zwar ab 10 000 Euro. Die Nichtbeachtung kann teuer werden, wie einer meiner Mandanten feststellen musste.

Der Zöllner am Frankfurter Flughafen durchsuchte die Taschen meines Mandanten, der von außerhalb der EU eingeflogen war. Dabei kamen knapp 20 000 Euro Bargeld zutage. An sich wäre der Mandant verpflichtet gewesen, das Bargeld schriftlich auf einem speziellen Formular zu deklarieren, bevor er an den Zollschalter tritt. Dafür gibt es am Frankfurter Flughafen und anderen Airports ein spezielles Büro. Bringt man mehr als 10 000 Euro Bargeld oder vergleichbare Zahlungsmittel aus einem anderen EU-Land mit, reicht es übrigens aus, einen »roten Ausgang« zu nehmen und den Zollbeamten mündlich über das Geld zu informieren.

Immerhin ergab sich gegen meinen Mandanten nicht der Verdacht, sein Geld habe einen kriminellen Hintergrund. Ansonsten hätte der Zoll die Summe nämlich gleich mal für ein paar Tage einbehalten können, damit weitere Ermittlungen möglich gewesen wären. Die Erleichterung schlug für meinen Mandanten aber doch noch in gelindes Entsetzen um. Er erhielt nämlich Post vom Hauptzollamt Darmstadt. Die Behörde hatte gegen ihn ein Verfahren eingeleitet und kündigte an, ein Bußgeld zu verhängen. Auch wenn mein Mandant wohl nur fahrlässig gehandelt habe, denke man an 2500 Euro Bußgeld.

Offenbar war das Amt sogar der Meinung, die Summe sei besonders sozial. Denn der Sachbearbeiter betonte, Zuwiderhandlungen könnten immerhin mit einer Strafe von bis zu einer Million Euro geahndet werden.

FAZIT: Da klaffte die Schere zwischen möglichem Vergehen und Sühne in meinen Augen aber doch ganz schön weit auseinander …

Wenn wir schon mal da sind

Es ging um angebliche Urheberrechtsverletzungen. Diesmal war der Durchsuchungsbeschluss geradezu vorbildlich formuliert, zumindest was die Arbeitsanweisung an die Polizeibeamten anging. Sie sollten nach PCs, Laptops und externen Datenträgern suchen. Mein Mandant war deshalb erstaunt, dass sich einer der Polizisten bei der Durchsuchung auch für ganz andere Dinge interessierte. Zum Beispiel für das Geld im Portemonnaie meines Auftraggebers. Schein für Schein habe er gegen das Licht gehalten und das Geld misstrauisch beäugt. »Wenn wir schon mal da sind, gucken wir auch nach Falschgeld«, soll er gesagt haben.

Dann habe sich der Beamte den privaten Fotoalben meines Mandanten zugewandt und diese seelenruhig durchgeblättert. Auch hierfür habe er eine Erklärung gehabt: »Ich schaue nach, ob Sie vielleicht Kinderpornos besitzen.« Dass er gar keinen Auftrag hatte, nach solchen »Beweismitteln« zu suchen, hat den Beamten wohl nicht interessiert. »Lassen Sie mich mal meine Arbeit machen, ich weiß schon, wie das geht.« Mein Mandant hat die Prozedur wohl still erduldet. Ich weiß nicht, ob mir das gelungen wäre.

Midlife-Crisis?

Wirre Träume. Zehn Jahre Anwalt. Neun Jahre eine eigene Kanzlei. Vierzigster Geburtstag coming-up. Die Leute lachen über eine Freundin (viel zu jung) und einen Sportwagen (viel zu flach). Bislang stimmen nur 60 Prozent. Das, meine ich, reicht noch nicht für die Midlife-Crisis.

»Ihr seid echt die geilsten Bullen, Alter!«

Aus dem Polizeiticker: *Große Erleichterung verspürte am Dienstagnachmittag ein 26-jähriger Mann aus Darmstadt, nachdem er nach langem Hin und Her gerade noch die Verbüßung einer 65-tägigen Haftstrafe abwenden konnte.*

Der Mann war von Zivilfahndern der Darmstädter Polizei auf dem Luisenplatz festgenommen worden. Gegen ihn lag ein aktueller Haftbefehl wegen Verstößen gegen das Betäubungsmittelgesetz vor. Zur Auswahl standen die Einzahlung von 650 Euro Geldstrafe und 65 Tage Haft in einer Justizvollzugsanstalt. Siegessicher präsentierte der 26-Jährige einen Einzahlungsbeleg über die geforderte Summe. Zu seinem Pech stellte sich jedoch schnell heraus, dass diese Summe für einen zweiten Haftbefehl gegolten hatte, den er erst vor wenigen Tagen eingezahlt hatte. Bei zwei Haftbefehlen kann man schon einmal den Überblick verlieren und so war die Verzweiflung groß.

Die »Freunde und Helfer« gaben dem Mann noch eine Chance, bei seiner Verwandtschaft telefonisch Geld aufzutreiben. Das Telefon glühte, und das Gesicht des Mannes wurde immer länger, wollte ihm doch keiner der Verwandten aus der Patsche helfen. Erst kurz vor den Toren der Justizvollzugsanstalt kam bei den Beamten die für den Mann erlösende Nachricht an, dass nun

Upperclass

Du hast es wohl mit einem besser gestellten Haushalt zu tun, wenn die männliche Stimme am Telefon höflich fragt: »Wen darf ich melden?«

doch mehrere zahlungswillige Verwandte auf der Polizeiwache eingetroffen seien.

Die dort erschienenen Oma, Tante und Cousine meinten zwar, »Ein Tag im Knast täte dir mal gut!«, ließen ihn aber letztlich doch nicht hängen. So konnte die Geschichte letztlich doch noch zu einem für den Betroffenen glücklichen Ende gebracht werden, was wohl auch in den Dankesworten »Ihr seid echt die geilsten Bullen, Alter!« irgendwie zum Ausdruck kommen sollte.

Aufgrund seines Verhaltens

Die Polizei ordnet eine erkennungsdienstliche Behandlung an. Begründung:

Der BES hatte in seiner Wohnung eine Cannabisplantage. Aufgrund seines Verhaltens in Vernehmung u. Durchsuchung ist keinerlei Einsicht zu erkennen. Von erneuten Verstößen gegen das BtMG ist daher auszugehen.

FAZIT: Ein praktisches Beispiel dafür, warum man als Beschuldigter mit Polizisten gar nicht erst reden sollte.

Polizist will sich größeren Dienstspind erklagen

Mit seinem Kampf um einen größeren Dienstspind scheiterte ein hessischer Ordnungspolizist. Das Landesarbeitsgericht in Frankfurt belehrte ihn, der von seinem Arbeitgeber gestellte Spind mit 1,75 Metern Höhe, 1 Meter Breite und 0,46 Metern Tiefe genüge, um seine Dienstkleidung ordentlich zu verwahren. Die Dienstkleidung des 50-jährigen Polizisten bestand aus sechs Dienst-

Gemeinsamkeiten

Aus einem Scheidungsantrag: *Die Trennung der Parteien besteht seitdem fort. Zu der Natur der Ehe entsprechenden Gemeinsamkeiten ist es während der Trennung nicht gekommen.*

hosen, einem kurzärmeligen und einem langärmeligen Hemd, einem Rollkragenpullover, einem Pullover mit V-Ausschnitt, einer Strickjacke, einer Schirmmütze, einem Blouson, einem Parka, einer Lederjacke, Schal und Handschuhen sowie einer Warnjacke und Warnweste. Neben dem Spind gab es auf der Wache auch eine offene Garderobe. Außerdem stand jedem Mitarbeiter ein abschließbarer Schrank für Wertsachen zur Verfügung.

Der Polizist war damit aber nicht zufrieden und verlangte von der Stadt einen deutlich größeren Spind. Dieser müsse 25 Zentimeter höher und 50 Zentimeter breiter sein. Lediglich mit der Tiefe des Spindes von 46 Zentimetern meinte der Polizist leben zu können. Falls er keinen größeren Spind bekommen könne, wolle er monatlich 30 Euro als Aufwendungsersatz, weil er Dienstkleidung zu Hause aufbewahren müsse. Das Aufhängen von Teilen seiner Dienstkleidung an einer offenen Garderobe sei ihm jedenfalls unzumutbar.

Wie schon die erste Instanz kam das Landesarbeitsgericht zu dem Ergebnis, dass es für einen Spind in der begehrten Größe im Gesetz, in der städtischen Trageordnung und auch im Tarifvertrag keine Stütze gebe. Die Stadt müsse nicht dafür Sorge tragen, dass der Kläger seine Dienstkleidungsstücke stets vollzählig und in gebrauchsfertigem Zustand im Dienstspind aufbewahren könne.

Uniformjacken und Mützen könne der Kläger außerdem auch an der Garderobe aufhängen. Für Wertsachen habe der Kläger zudem das abschließbare Wertfach. Das genüge, befanden die Richter. Der Kläger musste die Kosten des Verfahrens tragen. Die Revision ließ das Landesarbeitsgericht nicht zu.

(Hessisches Landesarbeitsgericht, 31.5.2011, Az. 19 Sa 1753/10)

Nur das Beste

Herr N. ist unterwegs festgenommen worden, weil ihm die Polizei ein (kleines) Drogendelikt unterstellt. Während er auf der Wache sitzt, entschließen sich die Beamten zu einer Hausdurchsuchung. Auf den erforderlichen richterlichen Beschluss verzichten sie aus folgenden Gründen:

Die Einholung einer richterlichen Anordnung zur Wohnungsdurchsuchung über die Staatsanwaltschaft würde aufgrund des grundsätzlich schriftlich zu begründenden Antrags zu einer unverhältnismäßigen Dauer einer Freiheitsentziehung des Beschuldigten führen.

Die Polizei verstößt also selbstlos gegen die Strafprozessordnung, weil sie nur das Beste für den Beschuldigten will. Wie rührend. Vor allem angesichts der Tatsache, dass bei der dünnen Faktenlage ein Ermittlungsrichter mit 80-prozentiger Wahrscheinlichkeit den Antrag zurückgewiesen hätte.

Doppelte Durchsuchung

Die Kripo jagte Beweismitteln hinterher, die sie längst bei sich auf dem Präsidium hatte. Denn einer der Beamten war besonders schlau gewesen. Er hatte die Festplatte des Computers, auf der die wesentlichen Unterlagen gespeichert waren, sang- und klanglos an den Beschuldigten zurückgegeben. Das fiel allerdings erst später auf, sodass man beim Amtsgericht erneut um einen Durchsuchungsbeschluss bat. Der erging auch prompt, und zwar mit folgendem Wortlaut:

Bereits am 27. 4. 2010 wurden bei dem Beschuldigten aufgrund eines richterlichen Durchsuchungsbefehls umfangreiche Beweismittel sichergestellt ... Irrtümlicherweise wurde der beschlagnahmte Datenträger wieder ausgehändigt, sodass eine erneute Durchsuchung erforderlich ist.

Gut, Fehler passieren überall. Das eigentlich dicke Ding war aber, wie es dazu kommen konnte, dass die Festplatte als »sauber« eingeschätzt wurde. Die Polizeibeamten hatten mit ihrem Auswerterechner 1 versucht, an die Daten auf der Festplatte zu kommen. Als das nicht klappte, nahmen sie Auswerterechner 2 in Betrieb. Hierbei, so heißt es wenig konkret, waren durch einen »Hardwarefehler« Imagedateien verschoben und teilweise auch gelöscht worden. Ein besonders geschulter Beamter sei dann in der Lage gewesen, diese Dateien wiederherzustellen. Allerdings unter neu vergebenen Verzeichnisnamen.

Das wiederum kommunizierte er aber nicht oder nicht verständlich, sodass bei einem späteren Abgleich der Images mit dem Datenbestand auf der Festplatte einem weiteren Beamten gar nicht in den Sinn kam, die (nun anders benannten) Imagedateien könnten sich im Original auf der Festplatte befinden. Dieser Polizist schätzte die Festplatte als unbedenklich ein und händigte sie dem Beschuldigten wieder aus.

Das erinnert mich an einen anderen Fall, in dem ein Mandant von mir Kinderpornos besessen haben sollte. Erst später stellte sich heraus, dass der Auswerter vergessen hatte, nach Abschluss der vorherigen Untersuchung das Prüfprogramm neu zu starten. Die Treffer aus dem vorigen Fall wurden bei meinem Mandanten ebenfalls angezeigt. Das kam nur heraus, weil wir vehement auf eine erneute Untersuchung der Festplatte drängten. Sehr schön daran war, dass man uns erst für blöd erklärte, weil es bei dem superzuverlässigen Programm doch gar nicht sein könne, dass Treffer gemeldet werden, wo es gar keine Treffer gibt.

FAZIT: Alles in allem mal wieder eine praktische Mahnung, technischen Ergebnissen nicht blind zu vertrauen.

Das verschwundene Tütchen

Der Mandant sagt, die Polizisten – er spricht von zwei »munteren Gesellen« – hätten ihm bei einer Verkehrskontrolle zwei Tütchen abgenommen. Eins mit 2 Gramm Gras, das andere mit 3 Gramm.

Seltsamerweise taucht in der Anzeige und im Beschlagnahmeprotokoll nur die kleinere Tüte auf. Rätsel-

Brenzlige Situationen

Verleihe niemals dein Auto, ohne vorher die Adressliste im Navigationssystem zu löschen.

haft, wie die weiteren Drogen abhandengekommen sein könnten.

Eins steht allerdings fest: Wir werden uns nicht beschweren …

Bzw. Vorführung

Natürlich wissen die meisten Polizeibeamten um ihre begrenzten Möglichkeiten im Umgang mit Zeugen. Sie dürfen Zeugen nicht zum Erscheinen zwingen, sie nicht gegen ihren Willen auf die Wache mitnehmen und sie auch auf andere Weise nicht zu einer Aussage nötigen. Kurz gesagt: Ein Zeuge muss bei der Polizei überhaupt nichts. Eine ebenso überwiegende Mehrheit der Polizisten tut aber nach meiner Erfahrung vieles, um diese Rechtslage nicht überdeutlich werden zu lassen. Das beginnt ja schon damit, dass die unverbindlichen Einladungen für Zeugen mit der gängigen Überschrift »Vorladung« den Anstrich des Verpflichtenden bekommen.

Es geht weiter mit der Behauptung, dem Zeugen stehe nach Lage der Dinge kein Aussage- oder Auskunftsverweigerungsrecht zu, deshalb sei er zur Aussage verpflichtet. Dass ein Zeuge unabhängig von solchen Rechten mit der Polizei schon mal grundsätzlich nicht sprechen muss, bleibt gern unerwähnt. Natürlich gibt es trotzdem immer wieder Leute, die ihre Rechte kennen.

Wie eine Zeugin, die ich vertrat. Sie war der ersten Vorladung nicht gefolgt. Daraufhin erhielt sie ein Schreiben mit einem zweiten Termin bei der Polizei und dem Hinweis, bei unentschuldigtem Fehlen müsse sie »mit einer staatsanwaltschaftlichen Vorladung bzw. Vorführung rechnen«. Die Finesse steckte hier im Detail, nämlich bei der beiläufigen Drohung mit einer Vorführung. Das war schlicht Irreführung. Ich antwortete der Polizeibeamtin Folgendes:

Ich erlaube mir den Hinweis, dass die von Ihnen in der Ladung dargestellte Alternative »staatsanwaltschaftliche Vorladung bzw. Vorführung« so nicht existiert. Auch die Staatsanwaltschaft kann einen Zeugen erst vorführen lassen, wenn sie (d. h. die Staatsanwaltschaft) diesen ordnungsgemäß zur Vernehmung geladen hat. Die Vorführung ist nämlich nur im Falle des unberechtigten Ausbleibens oder unberechtigter Weigerung des Zeugen zulässig. Die Polizei hat keinerlei eigene Rechte, Zeugen zum Erscheinen zu zwingen. Ich bitte Sie höflich, Angeschriebene künftig nicht mit falschen Angaben zu verunsichern.

Geduzt

Gegen einen Mandanten wird wegen Polizistenbeleidigung ermittelt. Tatvorwurf laut Anhörungsbogen:

Permanentes Duzen.

Ob davon die Welt untergeht, lassen wir mal offen. Interessant wird es aber, wenn Zeugen berichten, der Polizist habe mit dem Duzen angefangen und sich selbst nicht gerade gewählt ausgedrückt.

KAPITEL 5

Gewissensfragen

Verjubelt

»Bringen Sie Ihr Geld doch nach Luxemburg.« Mit diesem Tipp stürzten unsere ehrenwerten Banken Tausende Familien ins Unglück. Denn leider waren die Banker zu doof, die Transaktionen narrensicher zu verschleiern. Findige Steuerfahnder knackten nach großen Durchsuchungsaktionen Passwörter und Nummerncodes und stellten die Querverbindungen zwischen Luxemburg und deutschen Konten her.

Das Erwachen kam für viele erst, als die Steuerfahndung klingelte und einen Durchsuchungsbefehl präsentierte. Wie bei Frau S., einer Mandantin von mir. Deren Eltern hatten eine knappe Million in Luxemburg angelegt. Mitte der Neunziger waren sie verstorben. Frau S. hatte das Geld gleich abgeholt. In bar. Die Tausender passten gerade noch in die Handtasche.

Dann geriet Frau S. ins Visier der Steuerfahnder. Der zuständige Beamte hatte bei der Durchsuchung schon die Dollarzeichen in den Augen. Selbstverständlich wusste er bereits, dass in den Steuerklärungen von Frau S. Zinserträge nicht auftauchten und auch keine Vermögensteuer (gab's bis 1997) angemeldet war.

Aber Frau S. war keine Beamtin. Deshalb hatte sie das Geld nicht auf die hohe Kante, sondern in den Kleiderschrank gelegt. Um sich zu bedienen, wenn ihr der Sinn danach stand. Und das war anscheinend häufig der Fall gewesen. Statt Kontoauszügen präsentierte sie Quittungen von Nobelboutiquen, Reisebüros und einem Autohaus mit Spezialgebiet »irre Flitzer«. Mit den Belegen konnte sie spielend nachweisen, dass sie das Vermögen ihrer Eltern in knapp zwei Jahren – sorry, Frau S. – verjubelt hatte.

Die Sache ging dann einige Zeit hin und her. Irgendwie sträubte sich im guten deutschen Beamtenverstand alles gegen die an sich banale Einsicht, dass Geldausgeben weder steuerpflichtig noch strafbar ist. Schlussendlich half jedenfalls alles nichts gegen die Erkenntnis, dass nur arbeitendes Geld steuerliche Auswirkungen hat. Frau S. kam also mit einer lächerlich geringen Nachzahlung davon. Von Bestrafung war schon gar keine Rede mehr.

Vor einiger Zeit traf ich sie wieder. »Was für ein Glück«, erzählte sie mir, »dass ich diese stinkreiche Freundin habe. Die lebt in einem irren Luxus.« Dann schwärmte Frau S. noch von einer Reise in die Südsee … So richtig konnte ich diese vagen Andeutungen nicht einordnen.

✔ **MERKE:** Es gibt kein Gesetz, wonach man seinem Anwalt immer die volle Wahrheit erzählen muss …

Besser leise töten

Wollte der Täter töten? Oder doch nur verletzen? Da kein Gericht in den Kopf eines Menschen hineinschauen kann, muss aus äußeren Umständen auf den Vorsatz geschlossen werden. Je nachdem, wie die Bewertung ausfällt, gibt das schnell etliche Jahre Gefängnis mehr.

In einem Prozess wegen versuchter Tötung vertrat ich den Nebenkläger. Die Problematik trat in diesem Prozess mal wieder klar zutage: Das Stechen mit einem relativ kleinen Messer sagt erst mal nicht genug darüber aus, was der Täter eigentlich wollte.

»Ich stech dich ab, du Sau!« Diesen mehrfach, noch dazu vor Zeugen ausgestoßenen Satz dürfte der Angeklagte dagegen inständig bereut haben …

Knast als Strafe fürs Schulschwänzen

Eine hessische Mutter muss für sechs Monate ins Gefängnis. Sie hatte ihren Sohn über einen längeren Zeitraum immer wieder nicht zur Schule geschickt. Das Oberlandesgericht Frankfurt bestätigte das Urteil der Vorinstanzen, die wegen der Hartnäckigkeit der Frau die gesetzliche Höchststrafe verhängten.

Die alleinerziehende Mutter hatte ihren minderjährigen schulpflichtigen Sohn an insgesamt 37 einzelnen Tagen nicht zur Schule geschickt. Der Sohn befand sich auf dem Wissensstand eines Sonderschülers der 4. Klasse, obwohl er altersgemäß die 9. Klasse hätte besuchen müssen.

Schon seit Jahren hatte das Kind häufig in der Schule gefehlt. Die Angeklagte war erst zu Geldstrafen, dann zu einer Freiheitsstrafe auf Bewährung verurteilt worden. Ihr Verhalten habe sie aber nicht geändert, befand das Oberlandesgericht.

Der 2. Strafsenat wollte den Fall nicht als Bagatelle gewertet wissen. Die allgemeine Schulpflicht diene dem Schutz des Kindes. Sie sichere sein Recht auf Bildung und die Heranbildung zu einem verantwortlichen Staatsbürger. Dieser Schutz werde durch die allgemeine Schul-

Textbausteine

Antwort auf die 1. Mahnung: *Lieber Herr Vetter, ich habe die Sache total verdrängt. Zahlung geht morgen raus.*

Antwort auf die 2. Mahnung: *Lieber Herr Vetter, ich habe die Sache total verdrängt. Zahlung geht morgen raus.*

pflicht gewährt. Insoweit sei das Erziehungsrecht der Eltern eingeschränkt.

Auch Gegner der Schulpflicht (oder Menschen mit einer Egal-Haltung) müssten deshalb aktiv dafür sorgen, dass ihre Kinder in die Schule gehen. Versagten die Eltern ihrem Kind die Teilnahme am Unterricht, liege hierin ein aktiver Verstoß gegen die Schulpflicht.

Die Mutter habe Hilfsangebote nicht angenommen. Auch der teilweise Sorgerechtsentzug habe nichts bewirkt. Deshalb sei die sechsmonatige Freiheitsstrafe, das Maximum laut Hessischer Schulordnung, durchaus angemessen.

(Oberlandesgericht Frankfurt am Main, 18.3.2011, Az. 2 Ss 413/10)

Versuchung

Bei Verkehrsunfallsachen muss die Versicherung des Schädigers auch die Anwaltsgebühren tragen. Eine große Versicherung machte mir folgenden Vorschlag:

Wir zahlen zur Abgeltung aller Ansprüche 10 000 Euro. Ihre Anwaltsgebühren übernehmen wir nach einem Gegenstandswert von 15 000 Euro. Der Gebührenvorschlag ist Gegenstand des Vergleichs.

Wessen Interessen vertrete ich denn? Meine? Oder die meiner Mandanten? Das Angebot lehnte ich ab.

Schmerz

Eine Frau wollte in die Straßenbahn einsteigen. Ein 83-jähriger Autofahrer fuhr auf der rechten Spur einfach weiter. Sein Auto erfasste die Frau. Sie starb vier Tage später, ohne nochmals aus dem Koma zu erwachen.

Das Schmerzensgeld fiel sehr gering aus. Es war nicht einfach, den Hinterbliebenen dies zu erklären. Die Gerichte gehen in Deutschland davon aus, dass Schmerzensgeld in nennenswerter Höhe nur erhält, wer auch tatsächlich leidet. Mit anderen Worten: Wer schnell stirbt oder lange bewusstlos ist und somit *nicht* leidet, spart dem Schädiger oder seiner Versicherung mächtig Geld.

Für mich ist diese Rechtsprechung nicht verständlich. Profitiert nicht der Schädiger, der – wenn auch nur fahrlässig – »ganze Arbeit« leistet, auf geradezu perverse Art und Weise indirekt vom größtmöglichen Leid, das er seinem Opfer zufügen kann? Wäre es nicht fairer, den Tod schmerzensgeldmäßig mit Siechtum oder schwerer Behinderung zumindest gleichzustellen?

Wie zu erwarten, reagierten auch die Angehörigen in dieser Sache fassungslos. Nicht, dass ihnen Geld die Angehörige wiedergebracht hätte. Dass aber die Versicherung des Schädigers sich wegen des Todes besserstellte, war auf jeden Fall ein Ergebnis, das ihren Schmerz vertiefte.

FAZIT: Vielleicht sollte man mal Richter solche Gespräche führen lassen …

Mandatsanbahnung

Vorhin am Telefon: »Vielleicht kannst du ja helfen. Eine Freundin von mir hat mit 1,6 Promille geblasen …« Ich habe den Lachanfall *nicht* bekommen.

Ausreden, wasserdicht

Aus einem Vernehmungsprotokoll der Polizei:

Polizist: »Ihnen wird zur Last gelegt, am 9. November 2002 dem Kevin S. einen Discman geraubt zu haben.«

Verdächtiger: »Ich gebe den Vorwurf des Raubes nicht zu. Zu dieser Zeit war Ramadan, und während dieser Zeit begehe ich keine Straftaten.«

Bequemlichkeit im Dienst

Mit der Feststellung von Verfahrensfehlern haben deutsche Gerichte meist kein Problem. Hausdurchsuchungen werden für rechtswidrig erklärt, ebenso ohne Zustimmung eines Richters abgenommene Blutproben. Oder willkürliche Personenkontrollen. Dummerweise haben exakt die Gerichte, die Ermittlern einen Verfahrensfehler attestieren, in der Regel allerdings keinerlei Probleme damit, die im Rahmen der Maßnahmen gewonnenen Beweise zu verwerten. Was natürlich dazu führt, dass die Kritik vielleicht gehört, aber nicht ernst genommen wird. Es passiert ja doch nichts, lautet das so ständig an Polizisten und Staatsanwälte gesandte Signal.

So auch in einem Fall vor dem Bundesgerichtshof. Es ging um die Frage, wie eine Lichtbildvorlage abzu-

Schöne Erinnerung

Nachdem wir den Einspruch gegen einen Bußgeldbescheid zurückgenommen haben, entdeckt der Mandant doch noch Sinn in meiner Tätigkeit: »Immerhin habe ich das Video von dem Motorradpolizisten. Ist doch eine schöne Erinnerung.«

laufen habe. Bei so einer Vorlage werden dem Zeugen Fotos von Personen gezeigt. Er soll sagen, ob er den Beschuldigten wiedererkennt. Dabei war mal wieder was schiefgelaufen. Die Gerichte haben bereits etliche Male festgestellt, dass dem Zeugen mindestens acht Fotos von verschiedenen Personen vorgelegt werden sollen, die sich nach Möglichkeit natürlich ähnlich sehen sollen. Daran hielt sich ein Polizeibeamter nicht. Nachdem der Zeuge auf Bild fünf den Beschuldigten »erkannt« hatte, sparte sich der Polizist die Bilder sechs bis acht. Er schaltete den Computer ab. Ein klarer Fall von Bequemlichkeit im Dienst.

Die Frage war für den Bundesgerichtshof nun, was man daraus machen sollte. Die Verteidiger des Angeklagten sagten, so eine Lichtbildvorlage sei nichts wert, deshalb dürfe eine Verurteilung nicht darauf gestützt werden, dass der Zeuge den Angeklagten erkannt hatte. Doch der Bundesgerichtshof sah das anders. Der Regelverstoß führe lediglich dazu, dass der Beweiswert der Lichtbildvorlage eingeschränkt sei. Unverwertbar sei sie jedoch nicht.

Dann attestierten die Karlsruher Richter, die Jugendstrafkammer, bei der zuerst verhandelt wurde, habe ja genau diesen verminderten Beweiswert erkannt. Sie habe nämlich gesagt, die Lichtbildvorlage sie zumindest »nicht wertlos« gewesen. Zusammen mit anderen Umständen habe das Urteil deshalb auch damit begründet werden dürfen, der Zeuge habe das Foto des Angeklagten erkannt.

FAZIT: Tja, mal wieder ein Regelverstoß, der im Ergebnis ohne fühlbare Folgen blieb. Und damit ein Signal an Polizisten und Staatsanwälte, dass man im Zweifel schon damit durchkommt, wenn man die Spielregeln nicht ganz so ernst nimmt.
(Bundesgerichtshof, 9.11.2011, Az. 1 StR 524/11)

Personal bedient sich

Beliebte Masche beim Kreditkartenbetrug. Der Mitarbeiter einer Tankstelle legt der Polizei die angeblich zurückgelassene Kreditkarte vor. Dazu Videoprints meines Mandanten an der Kasse und seines Autos an der Zapfsäule. Angeblich soll sich mein Mandant davongemacht haben, als die Gültigkeit der Karte überprüft wurde.

Mit der Karte soll vorher bereits etliche Male an der Tankstelle bezahlt worden sein. Es heißt: »Der Kunde war schon öfter hier. Er ist uns vom Sehen gut bekannt. Er hat immer mit dieser Karte bezahlt.« Angebliches Kaufobjekt sind Handykarten, Zigaretten und Schnaps. Beweismittel gibt es ja eigentlich nicht viele: eine Kreditkarte, zwei Fotos und die Aussage eines Kassierers.

Alle Mandanten geben zwar zu, dass sie an der Tankstelle waren. Sie beteuern aber, die Kreditkarte nie gesehen zu haben. Vielmehr hätten sie ganz normal bezahlt (meistens bar) und seien weggefahren.

Ein Mandant konnte mir sogar belegen, dass er in dem Zeitraum an einer dieser Tankstellen mehr als fünfmal mit seiner eigenen Kreditkarte bezahlt hat. Und dann behauptet das Personal, er habe genau in diesen Tagen auch noch mehrmals mit einer gesperrten Karte bezahlt! So dumm kann ja eigentlich niemand sein, dass er mal mit einer gestohlenen Karte, dann gleich darauf wieder mit seiner eigenen Kreditkarte bezahlt.

Meine Vermutung: Das Tankstellenpersonal bedient sich. Droht die Sache dann aufzufliegen, wird einfach jemand beschuldigt, von dem man hübsche Fotos hat und dem man wahrscheinlich sowieso nicht glaubt.

Habe ich schon erwähnt, dass sich die Anschuldigungen immer gegen Schwarze richten …?

Umfrage

Niemand verliert gern Prozesse. Vor allem nicht, wenn er die Kosten dafür tragen muss. Ein Spediteur aus einem kleinen Städtchen bei Köln nahm es mir aber besonders übel, dass er sich vor Gericht nicht durchsetzen konnte.

Er kostete seine Rache so richtig aus. Nachdem ich ihn nach Ende des Prozesses darauf hinwies, dass er 7,70 Euro Zinsen nicht überwiesen hatte, holte er die Zahlung schließlich nach. Per Online-Banking, was ja

Drei Seiten

Anwaltsschreiben sorgen mitunter für Empörung. So heißt es in einer Antwort: *Mir fallen die Wörter aus, wenn ich Ihren Brief lese.* Die dann folgende Stellungnahme geht über drei Seiten.

an sich löblich ist. Weniger lustig war, dass der Betrag in 10-Cent-Buchungen kam. 77-mal die gleiche Gutschrift über 0,10 Euro. Seitenlang der gleiche Text: »Zinsen, Teilbetrag, sorry, habe Eingabeprobleme.«

Eigentlich hätte ich ihn auf Schadenersatz verklagen sollen. Immerhin kostet jede Buchung auf unserem Geschäftskonto etwa 0,40 Euro Gebühren. Und nach meiner Meinung fällt so ein Verhalten unter vorsätzliche sittenwidrige Schädigung, unerlaubte Handlung, Pflichtverletzung etc. Eine Anspruchsgrundlage hätte ich schon gefunden.

FAZIT: Ich verzichte. Es gibt wohl Wichtigeres, mit dem sich unsere Justiz befassen sollte …

Voreingenommen

Die Anhörungen in Asylverfahren sind nicht immer ein besonderer Ausweis der Rechtsstaatlichkeit. Vor allem wenn sich im Protokoll zeigt, wie voreingenommen der Einzelentscheider tatsächlich ist. So diktierte einer die Äußerungen meiner Mandantin, die aus einem afrikanischen Dialekt übersetzt wurden, permanent so ins Protokoll:

Ich gebe vor, nicht zu wissen, ob ich seit Mitte oder Ende 2003 in Deutschland bin.

Ich gebe jetzt vor, dass ich die sudanesische Staatsangehörigkeit besitze.

Ich will hier vorgeben, dass ich nicht weiß, von welchem Stamm ich komme.

Ich gebe vor, dass ich keine authentischen Personalpapiere vorlegen kann.

So ging das über Seiten. Ich fragte mich, ob der gute Mann seine Meinung, dass Asylbewerber ja doch nur lügen, nicht für die Entscheidungsgründe aufheben konnte?

Sollten Sie keine Folge leisten …

Post von der Polizei. Ein Kriminalkommissar lud meinen Mandanten ein, *bei der rechts oben aufgeführten Dienststelle* vorzusprechen. In der Ermittlungssache gegen meinen Mandanten, so hieß es in dem Schreiben im schönsten Behördendeutsch, *ist Ihre Abgabe einer Speichelprobe auf freiwilliger Basis erforderlich.* In der Sache nur ein weiterer Satz: *Sollten Sie der Vorladung keine Folge leisten, wird die Staatsanwaltschaft einen richterlichen Beschluss erwirken.*

Kein Wort darüber, wofür die Speichelprobe eigentlich benötigt wurde. Es ist ja keineswegs so, dass Polizeibehörden den Speichel Beschuldigter sammeln, ihn in Röhrchen abfüllen und die Proben dann wie Weinsammler in langen Regalreihen deponieren. Vielmehr soll aus der Speichelprobe das DNA-Muster des Betroffenen ermittelt und dann im Computer gespeichert werden. Nicht jedem Bürger ist das bekannt. Aber selbst wenn der Betroffene sofort Bescheid weiß, möchte er

Künftig ohne

Telefonnotiz: *Anruf von Herrn C. Er ist künftig nicht mehr per E-Mail erreichbar, hat kein Internet mehr.* Das lässt Raum für Spekulationen. Ich tippe auf eine extrem verärgerte Ehefrau.

vielleicht doch noch Näheres erfahren. Zum Beispiel, ob es darum geht, seine DNA mit konkreten Tatortspuren zu vergleichen. Was bei negativem Ausgang bedeutet, dass die Daten gelöscht werden müssen.

Oder beabsichtigt die Polizei, die DNA dauerhaft in der DNA-Zentraldatei zu speichern, die beim Bundeskriminalamt geführt wird? Das wäre nur zulässig, wenn es Anhaltspunkte dafür gibt, dass der Betroffene künftig Straftaten begehen wird. Statt einiger Basics als Erklärung nur ein markiges »ist erforderlich«. Verbunden mit der Drohung: Machst du nicht mit, wird ein Richter dich schon dazu zwingen. Das ist wirklich eine nette Art, jemanden davon zu überzeugen, dass er freiwillig das Richtige tut.

Mein Mandant ging jedenfalls schon deshalb nicht hin, weil er nach so einem Schreiben gar nicht mehr erwartete, dass ihm der Kommissar zumindest auf der Polizeiwache alles vernünftig erklären würde, einschließlich seiner Rechte. Er rechnete eher damit, eingeordnet zu werden. Das wollte er sich dann lieber doch nicht antun.

An die Grenzen

Ich habe der Exploration eines Mandanten beigewohnt. Das ist eine psychologische Untersuchung, die vom Gericht angeordnet wurde. Es geht hierbei darum, ob ein Angeklagter schuldfähig ist. Bei der Exploration passe ich auf, dass nicht die falschen Fragen gestellt werden. Oder dass sie zumindest nicht beantwortet werden.

Bei folgenden Fragen des Psychiaters – »Antworten Sie bitte zügig und ohne großes Grübeln« – wäre ich ins Schleudern gekommen:

- Ein Pfahl steckt zur Hälfte in der Erde. Ein weiteres Viertel ist mit Wasser bedeckt. Der restliche Teil schaut oben raus; dieser Teil ist 40 Zentimeter lang. Wie lang ist der Pfahl?
- Wie viel ist $^1/_2 + ^1/_3$?
- Welches Bundesland hat die meisten Binnengrenzen?

Ganz schwierig fand ich auch das Zahlenaufsagen rückwärts. Der Psychiater sagte siebenzwei. Man antwortete zweisieben. Spätestens bei dreiachtsiebendrei spielte mein Hirn nicht mehr mit. Dabei seien sechs Ziffern normgerecht, behauptete der Seelendoktor.

Das mit den Binnengrenzen habe ich übrigens später noch einen Wachtmeister gefragt. Und eine Staatsanwältin. Die lagen auch daneben.

Umgangsrecht für den Hund

Wenn »wilde Ehen« in die Brüche gehen, wird am besten fair geteilt. Du den Kühlschrank, ich die Playstation. Und so weiter. Aber was ist zum Beispiel mit dem gemeinsamen Hund, an dem nach wie vor die Herzen beider Partner hängen? Das Landgericht Duisburg bejaht im Zweifel ein wechselseitiges Umgangsrecht. Es verurteilte deshalb einen Mann, den während der Beziehung angeschafften Labrador für jeweils den halben Monat seiner ehemaligen Lebenspartnerin zu überlassen.

Um zu ihrem salomonischen Ergebnis zu gelangen, wendeten die Richter die Eigentums- und Besitzregeln des Bürgerlichen Gesetzbuchs an. Da beide Partner den Hund am Ende der Beziehung gemeinsam im Besitz

Crime of the Day

Die Polizei gibt meinem Mandanten Gelegenheit, sich schriftlich zu folgendem Tatvorwurf zu äußern: *Parkplatz Aldi-Filiale, Gerangel mit Einkaufswagen.*

hatten und nicht bewiesen werden konnte, dass der Mann den Hund allein gekauft hat, spricht für jeden eine Eigentumsvermutung. Gemeinsame Eigentümer können voneinander verlangen, dass jeder das Eigentum gleichermaßen nutzen kann. Für das Landgericht Duisburg war somit klar, dass jeder Partner den Hund jeweils für zwei Wochen im Monat behalten durfte. Es entschied sich deshalb für eine entsprechende Umgangsregelung.

(Landgericht Duisburg, 14.7.2011, Az. 5 S 26/11)

Bei verkrachten Ehepaaren kann die Sache schon wieder anders aussehen. Hier wenden die meisten Gerichte die Sondervorschriften über den Hausrat an. Was im Ergebnis darauf hinausläuft, dass meist einer der Ehegatten den Hund allein zugesprochen bekommt und der andere nicht mal ein Umgangsrecht erhält.

Private Verwendung

Bei einem Mandanten wurden einige Sachen beschlagnahmt, darunter auch hochwertige Handschellen. Die Staatsanwaltschaft war mit einer Einstellung des Verfahrens einverstanden. Allerdings sollte mein Auftraggeber auf die Fesseln verzichten. Am Telefon begründete der Staatsanwalt dies so: »Wir können doch nichts zurückgeben, wofür man im zivilen Leben keine Verwendung hat.«

Ich wies darauf hin, dass es für Handschellen durchaus Verwendungsmöglichkeiten gebe, sogar höchst private. Das führte zu einem heiteren Erfahrungsaustausch, unter anderem über Razzien in Dominastudios.

In der Sache hatte ich leider keinen Erfolg. Die Handschellen verstauben jetzt vermutlich in der Asservatenkammer.

In aller Form

»Von einer Kündigung wissen wir nichts.«

»Wenn Sie gekündigt haben, haben Sie die Kündigung bestimmt zurückgenommen. Hat Sie mal einer unserer Mitarbeiter angerufen?«

»Nachträglich kann man da sowieso nichts mehr machen. Sie müssen den Vertrag noch bis Ende des Jahres erfüllen.«

Nur einige der Sprüche, die sich mein Mandant bei der Hotline eines Mobilfunkunternehmens anhören musste. Auf seine Kosten. Dabei war man partout nicht bereit, zur Kenntnis zu nehmen, dass ihm seine Kündigung schriftlich bestätigt worden war. Und zwar

In Rage geredet

Stellungnahme eines Arbeitnehmers zu einer »Besprechung« mit seinem Vorgesetzten: *Als wir uns dann in Rage geredet hatten, habe ich ihm gesagt, dass wir ja rausgehen könnten. Ich habe ihm aber keine Prügel oder Schläge angeboten.* Was wollte er draußen? Dazu leider kein Wort.

zu einem Zeitpunkt, der bereits sieben Monate zurücklag.

Allem Anschein nach werden Anwaltsschreiben dort an anderer Stelle bearbeitet. Die Übersendung einer Kopie der Bestätigung hatte jedenfalls erfreulichere Resultate:

Wir entschuldigen uns bei Ihrem Mandanten in aller Form.

Na ja, meinte mein Mandant, mit einer Telefonkarte über 50 Euro würde das Bedauern ehrlicher klingen. Aber er sah natürlich ein, dass es darauf keinen Rechtsanspruch gibt.

Freiwillig

Einen der wenigen Verwaltungsakte, die ein Polizeibeamter am Schreibtisch erlassen und mit dem er Beschuldigte richtig ärgern kann, ist die »Anordnung zur Durchführung einer erkennungsdienstlichen Behandlung«. Das Gesetz kennt hier nur geringe Hürden. Aber mit der dennoch erforderlichen Begründung hapert es dabei regelmäßig so, dass ich mich meist auf die Verhandlungen vor dem Verwaltungsgericht freue.

Eine Anordnung erweiterte bei der Begründung allerdings die Bedeutung des Begriffs »Larifari« um eine bis dato unbekannte Dimension.

Wirklich putzig war: Die Polizistin ordnete unter »Maßnahmen« nicht nur Lichtbild, Fingerabdrücke und Aufnahme einer Personenbeschreibung an. Sondern auch, so der Zusatz im Feld »Andere«: »freiwillige Speichelprobe«. Darüber und darunter natürlich die Belehrung, dass alle Maßnahmen zwangsweise durchgesetzt werden könnten, so der Beschuldigte nicht willens sei.

FAZIT: Entweder überhaupt nicht nachgedacht. Oder unfreiwillige Dokumentation einer merkwürdigen Einstellung gegenüber dem Bürger. Ich finde beides gleich schlimm.

Typisches Gespräch

Die Polizei hat Telefongespräche abgehört. Dieses zum Beispiel:

»Sven, ich bin es, die Daggi, kann ich mal vorbeikommen?«

»Ja, musst aber vorher nochmals bei mir anklingeln, wenn du unten stehst.«

»Ja, ich rufe dann von der Telefonzelle an, ich hab nämlich kein Geld drauf. Ich wär um 3 bei dir.«

»Um 3, ja gut, um 3 guck ich mal aus dem Fenster.«

»Ich klingel einfach, oder?«

»Nein, die Klingel ist aus.«

»Ach so, ja okay, guck mal so um 3, 5 nach 3 aus dem Fenster.«

»Alles klar.«

Bewertung der Beamten: … *ein typisches Gespräch für eine BtM-Abnehmerin, die am Telefon nicht offen über Drogen sprechen will, aber bei ihrem Dealer Drogen holen will. Da Sven dem Kommen von Daggi zustimmt, ist auch davon auszugehen, dass er Drogen verfügbar hat und Daggi auch etwas verkaufen wird.*

Das Gewissen

»Was führt Sie zu mir?«, fragte ich zur Einleitung des Besprechungstermins. »Das schlechte Gewissen«, sagte der Mandant. Ich lachte; er meinte es ernst. Wie sich herausstellte, hatte er Mist gebaut. Nichts, was den Untergang der Republik befördern würde, aber auch keine Bagatelle. Vor allem wenn man den »Schaden« hochrechnete, der sich über die Jahre ergeben hatte. Es ging also um ein Ausstiegsszenario, wegen schlechten Gewissens.

Selbstanzeige? Eher nicht. Die Selbstanzeige wird, so ist es leider, nicht hinreichend gewürdigt. Strafbefreiung gibt es nur im Steuerrecht. Überall sonst werden stur Akten angelegt und Anklagen formuliert. Bis es zum Urteil kommt, ist der Umstand, dass die Sache ohne den ersten Schritt des Beschuldigten gar nicht ans Licht gekommen wäre, längst in Vergessenheit geraten.

Dann vielleicht lieber das Risiko eingehen, doch noch aufzufliegen? Zugeben kann man dann jedenfalls immer noch. Der Rabatt, das lehrt die Erfahrung, fällt in diesem Fall auch nicht geringer aus – wenn man den richtigen Zeitpunkt wählt.

Nach einiger Diskussion fiel mir dann sogar ein, wie

Spruchkörper mit Kenntnissen

Aus dem Urteil eines Landgerichts in einer Strafsache: *Es dürfte allgemein bekannt sein und ist auch dem in diesem Verfahren ausschließlich mit Männern besetzten Spruchkörper bekannt, dass es sich bei der weiblichen Brust um eine im Vergleich zu anderen Körperregionen besonders berührungsempfindliche Körperzone handelt.*

sich der vorliegende illegale Status einigermaßen geschmeidig beenden ließe, sodass jedenfalls künftig kein weiterer Schaden entstünde. Alles Weitere lag dann in der Hand des Mandanten. Oder des Gewissens, das ihn zu treiben schien.

✔ **MERKE:** Der Hinweis eines Verteidigers, dass man sich nicht selbst anzeigen muss und keine Pflicht zur Selbstbelastung besteht, ist im Übrigen keine Strafvereitelung.

Schweigepflicht

Schnipsel von einer Anwaltsfortbildung: Was passiert eigentlich mit der Schweigepflicht des Verteidigers, wenn der Mandant stirbt?

Sie geht nicht auf die Erben über, wie wohl häufig angenommen wird. Vielmehr muss der Verteidiger im eigenen Ermessen entscheiden, ob ihn der Verstorbene in der konkreten Situation von der Schweigepflicht entbunden hätte.

Gesundes Rechtsempfinden

Ich muss etwas zur Ehrenrettung der Staatsanwaltschaft sagen. Jedenfalls zur teilweisen. Die Behörde hat sich nämlich einige Male vehement gegen die Strafanzeige einer Ausländerbehörde gestemmt. Das Ausländeramt wollte meinen Mandanten verurteilt sehen, weil er die eigene Abschiebung nicht hinreichend gefördert habe.

Mehrfach wies die Staatsanwaltschaft das Ausländeramt darauf hin, dass falsche Angaben über die Staats-

Verwirbelung

Es spricht sicher nichts dagegen, Geldscheine auf den Beifahrersitz zu legen. Man sollte dann nur nicht mit geöffneten Fenstern und in zügigem Tempo fahren (A 52 Richtung Düsseldorf, 2 Kilometer hinter dem Breitscheider Kreuz).

angehörigkeit nicht nachzuweisen seien. Dass die Botschaft von Sierra Leone sage, mein Mandant stamme nicht aus Sierra Leone, lasse nicht den Schluss zu, dass der Mann nicht vielleicht doch aus Sierra Leone stamme. Jedenfalls so lange nicht, wie ihn kein anderes afrikanisches Land als Staatsbürger »anerkenne«.

Meinem Mandanten könne auch nicht vorgeworfen werden, er habe sich nicht ausreichend um einen Pass gekümmert. Sierra Leone habe ihm einen Pass verweigert. Es sei, so die Staatsanwaltschaft, nicht erkennbar, wie mein Mandant die Verantwortlichen vom Gegenteil überzeugen könne.

Die Ausländerbehörde schrieb dagegen energisch an und kochte, nach Einschaltung der Dienstaufsicht bei der Generalstaatsanwaltschaft, den zuständigen Strafverfolger doch noch so weich, dass er den Strafbefehl beantragte und die Verantwortung in der Sache an die Gerichte abschob.

Neben einer schrägen Argumentation in der Sache brachte das Ausländeramt auch gebetsmühlenartig den Hinweis, die Verfolgung meines Mandanten diene der Generalprävention. Die Sozialkassen würden durch solche Leute wie ihn in erheblichem Maß belastet, dem müsse man durch das Strafrecht einen Riegel vorschieben. Zudem führe die Straffreiheit auch zu fehlender

Akzeptanz der deutschen Rechtsordnung. Bei wem, wurde nicht gesagt.

FAZIT: Ob die Sozialkassen besser dastehen, wenn mein Mandant in letzter Konsequenz im Gefängnis sitzt, wurde nicht hinterfragt.

Ohne Bindung an gesetzliche Beweisregeln

Die Generalstaatsanwaltschaft München schreibt in einer Revisionserwiderung:

Es ist allein Aufgabe des Tatrichters, den Sachverhalt festzustellen und die Ergebnisse der Beweisaufnahme zu würdigen. Er hat insoweit ohne Bindung an gesetzliche Beweisregeln und nur seinem Gewissen verantwortlich zu überprüfen, ob er an sich mögliche Zweifel überwinden und sich von einem bestimmten Tathergang überzeugen kann oder nicht. Allein in seinen Verantwortungsbereich fällt, mögliche, wenn auch nicht zwingende Folgerungen aus bestimmten Tatsachen zu ziehen und zu bestimmen, unter welchen Voraussetzungen er zu einer bestimmten Überzeugung kommt.

Ich gebe zu, das entspricht der Rolle, die auch der Bundesgerichtshof dem Tatrichter zugesteht. Allerdings umschreibt es auch sehr gut den Kern des Problems mit vielen Strafrichtern – deren fast grenzenlose Freiheit.

Unterschrift

Der entwürdigendste Teil eines Termins beim Haftrichter ist immer, wenn der Beschuldigte das Protokoll unterschreiben soll. Mit gefesselten Händen ist das nicht leicht.

Die endet nur dort, wo es an der Fähigkeit oder Lust zur Formulierung revisionsfester Urteilsgründe mangelt. Wen wundert es in diesem Zusammenhang, dass in Deutschland ab dem Landgericht aufwärts Zeugenaussagen nicht mal protokolliert werden?

Eltern sind einverstanden

»Die Eltern sind einverstanden!« Das hat der Verkäufer auf dem Mobilfunkvertrag notiert, den er einer 14-Jährigen verkaufte. Die Abbuchung lief natürlich über Mamas Konto. Es war also nur eine Frage der Zeit, bis über die Tochter ein mittleres Donnerwetter hereinbrach.

Ich hatte die Aufgabe, die Sache mit dem Telefonshop zu regeln. »Kein Problem«, sagte der Geschäftsführer am Telefon. »Wir stornieren rückwirkend, es entstehen keine Kosten.« Klang so, als erzählte er das mehrmals täglich …

Angeblich redselig

Ich weiß nicht, was da schiefläuft. Aber mit dem Verhalten eines bestimmten Ausländeramts habe ich immer wieder echte Probleme. Diese Bedenken habe ich dem zuständigen Gericht wie folgt mitgeteilt:

… Entgegen den Angaben im Bescheid stammt die Klägerin nicht aus Nigeria. Die Klägerin hat zu keinem Zeitpunkt gegenüber den Mitarbeitern des Ausländeramtes zugegeben, aus Nigeria zu stammen.

Dieses angebliche Eingeständnis ist nicht protokolliert worden. Es beruht lediglich auf Aktenvermerken

Angenehme Kontrahentin

Innerhalb der Vernehmung wurde bekannt, dass die Geschädigte ebenfalls Geschädigte in anderer Sache ist. Die Geschädigte wurde hierzu ebenfalls durch die Unterzeichnerin vernommen. Mit Kriminalkommissarin S. habe ich gern zu tun. Sie ermittelt, wie sie schreibt.

---

der Mitarbeiter des Ausländeramts. Bemerkenswert an den Aktenvermerken ist, dass diese erst angefertigt wurden, nachdem das Ausländeramt die Beschwerdebegründung vorliegen hatte. …

Die Klägerin beteuert, derartige Angaben niemals gemacht zu haben. Dies wird untermauert durch das sonstige Verhalten der Klägerin. Die Klägerin war bei ihrer Festnahme nach einem Vermerk der zuständigen Polizeibeamten noch nicht einmal in der Lage, die englische Belehrung über ihr Schweigerecht zu verstehen. (…)

Auch in dem »offiziellen« Protokoll der Ausländerbehörde, das die Klägerin unterschrieben hat, tauchen Angaben der Klägerin, wonach diese aus Nigeria stamme, nicht auf. Ganz im Gegenteil. Dort steht das, was die Klägerin auch über mich hat mitteilen lassen. Nämlich, dass sie nicht aus Nigeria stammt.

Wieso die Klägerin ausgerechnet »informell« gegenteilige Angaben gemacht haben soll, ist nicht ersichtlich. (…) scheint es kaum plausibel, dass die Klägerin mit den Mitarbeitern des Ausländeramtes mal locker »am Rande«, aber doch zur Sache geplauscht haben könnte, noch dazu durch tatkräftige Unterstützung eines Dolmetschers.

Die Ausländerbehörde scheint durch einen gewissen Übereifer motiviert. Das führt zum Beispiel dazu, dass sie falsche Angaben zu angeblich schriftlichen Erklärungen der Klägerin macht. So soll die Klägerin unter anderem eigenhändig als Geburtsort Lagos niedergeschrieben haben. Das ist tatsächlich jedoch nicht richtig. Die Klägerin war lediglich bereit, ihr Geburtsdatum niederzuschreiben. Sämtliche anderen Angaben in dem Formular stammen wohl vom Dolmetscher, wobei die Klägerin auch zum Formular beteuert, zu keinem Zeitpunkt eingeräumt zu haben, aus Nigeria zu stammen. Das Wort Lagos ist auf dem Papier noch nicht einmal zu entdecken.

Dass das Formular gar nicht von der Klägerin ausgefüllt wurde, zeigt sich ja schon daran, dass eine der deutschen Sprache nicht mächtige junge Frau bei einzelnen Punkten kaum »unbekannt« eintragen würde.

Die Klägerin berichtet, dass sowohl die Mitarbeiter des Ausländeramtes als auch der Dolmetscher ihr beständig eingeredet hätten, sie solle zugeben, aus Nigeria zu stammen. Dass hier einiges zweifelhaft gelaufen ist … ergibt sich weiter aus dem Hinweis in der Akte, wonach der Dolmetscher der Überzeugung sei, die Klägerin stamme aus Nigeria.

Dolmetscher sollen aber dolmetschen und keine ethnologischen Expertisen abgeben. Wenn sie es doch tun,

Anliegen

Ein Mandant schreibt aus der Untersuchungshaft: *Ich werde auch ein Anliegen an den Sozialdienst schreiben, dass ich ein Fax an meine Eltern schicken kann, allerdings ist die Chance auf eine zeitnahe Reaktion so hoch, wie bei einem Autounfall in der Zelle zu sterben.* Immerhin hat er sich seinen Humor bewahrt.

lässt das wiederum an der Qualität ihrer Übersetzungsarbeit zweifeln und Parteilichkeit vermuten. Gleiches gilt für ein Ausländeramt, das sich für die Herkunft einer Person auf die Einschätzung eines Dolmetschers beruft …

Kühle Kleinlichkeit

Ich bin Jahrgang 1964. Das Medikament Contergan wurde bis zum Herbst 1961 verkauft – und mitunter von ahnungslosen Frauen sogar noch nach diesem Zeitpunkt eingenommen. Ich habe die Opfer dieses Medikaments als Kind gesehen und zwei sogar gekannt; sie gingen einige Jahre mit mir aufs Gymnasium. Contergan-Geschädigte gehören zu den wenigen Bildern aus meiner Kindheit, die ich problemlos abrufen kann. Vielleicht liegt das an der schon früh verspürten Erleichterung, selbst nicht von diesem Schicksal betroffen zu sein.

Leider hat das Bundessozialgericht dazu beigetragen, dass ich im Zusammenhang mit diesen Erinnerungen ziemlich wütend geworden bin. Die Richter bestimmten nämlich in einem Beschluss, dass die Eltern eines verstorbenen Contergan-Opfers das angesparte Vermögen ihres Kindes an die Sozialhilfe zurückzahlen müssen. Im entschiedenen Fall geht es um 28 000 Euro.

Die meisten Contergan-Opfer erhielten nach jahrelangen Auseinandersetzungen Schadenersatz und eine monatliche Rente. In einem Gesetz war bestimmt worden, dass diese Zahlungen nicht mit der Sozialhilfe verrechnet werden dürfen. Das war ja auch sinnvoll, denn die Zahlungen waren als dauerhafter Ausgleich für die körperlichen und seelischen Schäden gedacht. Sie soll-

Kreisverkehr

Bank verweist an Insolvenzverwalter. Insolvenzverwalter verweist an Arbeitsagentur. Arbeitsagentur verweist an Bank. Anwalt grübelt.

ten nicht zur Sicherung des Lebensunterhalts dienen müssen.

Das Bundessozialgericht entschied aber, dass den Erben eines Contergan-Opfers dieses Privileg nicht zukommt. Die Richter legen die Vorschrift, welche das möglicherweise angesparte Geld aus den Entschädigungszahlungen vor dem Zugriff der Sozialhilfe schützt, eng aus. Danach gilt die Regelung nur für die Betroffenen selbst, nicht aber für ihre Erben. Im entschiedenen Fall sind das die Eltern. Diese müssen, so das Bundessozialgericht, maximal bis zum Wert des Nachlasses jene Sozialhilfe zurückzahlen, die man von ihrer Tochter nicht verlangen konnte.

Es wäre sicher kein ungangbarer Weg gewesen, die Vorschrift anders auszulegen. Es bedurfte letztlich auch nur einer »besonderen Härte«, um von der Rückforderung gegenüber den Eltern abzusehen.

Nicht nur das Leben des behindert geborenen Kindes, auch das Leben der Eltern wird wegen Contergan ein anderes gewesen sein – bestimmt kein besseres. Dessen ungeachtet erklärten die Bundesrichter lapidar, es liege keine »besondere Härte« vor. Begründet wurde dies auch damit, die im Alter von 42 Jahren Verstorbene sei ja seit 1968 in einem Heim untergebracht gewesen. Ihre Eltern hätten sie nur ab und zu, zum Beispiel an den Wochenenden und im Urlaub, gepflegt. Nur eine eigenhändige Versorgung »rund um die Uhr«, so das

Bundessozialgericht in kühler Kleinlichkeit, könne eine besondere Härte ergeben.

(Bundessozialgericht, 23.3.2010, Az. B 8 SO 2/09 R)

FAZIT: Etwas Mitgefühl täte manchmal auch Juristen gut.

Sparsam bei der Technik

Zerstochene Reifen sind eine ärgerliche Sache. Sicher auch für Leute, die auf dem Wagenheck den Aufkleber »Eure Armut kotzt mich an« spazieren fahren. Nun ja, nach einigen Vorfällen dieser Art griffen die Betroffenen, die ihren Wohlstand so offen demonstrierten, zur Selbsthilfe. Sie knibbelten nicht den Aufkleber ab, sondern installierten eine Videokamera, die die Wohnstraße überwachte.

Ein Ergebnis stellte sich auch prompt ein. Und zwar in Form einer wmv-Datei, die die Geschädigten stolz zur Polizeiwache trugen. Der Beamte schrieb in die Anzeige, auf dem Band sei eindeutig der Nachbar Herr N. zu sehen. Vermutlich meinte er, »nach Angaben der Anzeigenerstatter ist eindeutig Herr. N. zu erkennen«. Das in der Nacht aufgenommene Video selbst zeigte nämlich nur etwas, das schemenhaft als Auto zu erkennen war. Und eine verwaschene, dunkel gekleidete Figur. Diese Person geht zwar zu den beiden Vorderreifen und drückt

Zeitfenster

Telefonnotiz von 11.19 Uhr: *Herr S. bittet um Rückruf zwischen 12.05 und 12.10 Uhr. Ansonsten ist sein Handy aus.*

etwas gegen die Pneus. Aber in keinem Augenblick ist das Gesicht zu sehen. Nicht mal der Haarschnitt ist auszumachen.

Ich konnte daher gut nachvollziehen, dass Herr N., mein Mandant, ziemlich sauer über den Vorwurf war. Er räumte gern ein, mit den Betreffenden nicht das beste Verhältnis zu haben. Aber so gehe es noch einigen anderen in der Umgebung. Der Aufkleber, so Herr N., sei für die herzliche Abneigung noch der geringste Anlass. Trotzdem seien solche Aktionen nun gar nicht seine Sache. Ob Herr N. es war oder die Nachbarn nur gern gehabt hätten, dass er es war, war nicht in Erfahrung zu bringen.

FAZIT: Aus den Metadaten der Aufnahme habe ich mal ermittelt, was für eine Webcam im Einsatz war. Ein Billigmodell für 15 Euro, das mal bei Discountern im Angebot war. Ich weiß nicht, inwieweit Wohlstand und Geiz in der betreffenden Familie korrelieren. Im konkreten Fall wurde aber eindeutig am falschen Ende gespart.

Diskretion, nicht immer Ehrensache

Der Kommissar war perplex. Nicht, weil ich ihn anrief. Das kommt in einer kleinen Stadt schon mal vor. Nein, weil ich mich als Verteidiger für Herrn P. meldete. »Eigentlich sollte Herr P. von dem Verfahren noch gar nichts wissen.« Tat er aber doch, er hatte sogar auf wenig geheimnisvollem Weg davon erfahren. Bei der Polizei war vor einiger Zeit eine anonyme Anzeige eingegangen. Darin wurde mein Mandant als korrupt dargestellt. Die Angaben waren aber so nebulös, dass der

Polizeibeamte nicht sofort die Daumenschrauben ansetzte, etwa mit einer Hausdurchsuchung.

Er wandte sich vielmehr per E-Mail an den Compliance-Beauftragten des Unternehmens, für das mein Mandant arbeitete, und bat um einige Auskünfte (Aufgabenbereich, Zuständigkeit für Auftragsvergabe etc.). In so einer Situation ist eigentlich nicht verwunderlich, dass der Arbeitgeber nicht nur an ein Strafverfahren dachte. Sondern auch an mögliche arbeitsrechtliche Schritte. Die Firma lud meinen Mandanten also gleich zum Personalgespräch – und schon wusste er, dass gegen ihn ermittelt wurde und er sich besser einen Anwalt suchen sollte.

FAZIT: Der Polizist meinte, er werde bei Anfragen künftig etwas deutlicher machen, wo er Diskretion erwarte. So ganz aus der Welt war die Idee mit der Hausdurchsuchung also vielleicht doch noch nicht.

KAPITEL 6

Raser und andere Autofahrer

Frau am Steuer

Eine Mandantin hat einen dicken Bums gebaut. »Rechts vor links, im Wohngebiet«, schildert sie. »Der Kerl im Cabrio kam so schnell rausgeschossen, ich konnte einfach nicht mehr bremsen.«

Der Unfallgegner war ungehalten. »Führerschein wohl in der Lotterie gewonnen«, dröhnte er. Und natürlich »Frau am Steuer.« Das seien noch die harmloseren Beschimpfungen gewesen, erzählt meine Mandantin. »Ich war froh, als die Polizei endlich kam.« Auch bei den Beamten zog der Unfallgegner eine schrille Show ab. »Die waren noch nicht aus ihrem Auto raus, da hat er schon verlangt, dass sie meinen Führerschein kassieren.«

»Viel Schadenersatz kriegen wir aber nicht«, warne ich, »wenn Sie ihm die Vorfahrt genommen haben.« – »Die Geschichte ist ja noch nicht zu Ende«, erzählt sie. »Die Beamten haben sich die Stellung der Wagen genau angeschaut. Dann hat sich der eine meinen Unfallgegner vorgeknöpft.« Mit rechts vor links liege er schon grundsätzlich richtig, habe der Polizist gegrinst und dann auf ein Schild gezeigt, dem bislang keiner an der Unfallstelle so richtig Beachtung geschenkt hatte:

»Aber das gilt natürlich nicht, wenn man falsch herum durch eine Einbahnstraße fährt.«

Nicht im Einklang

Sehr geehrte Damen und Herren, wir haben das Fahrzeug unseres Versicherten besichtigen lassen. Die festgestellten Beschädigungen können nicht in Einklang gebracht werden mit dem Schaden am Fahrzeug Ihres Mandanten. Die geltend gemachten Forderungen können wir daher nicht anerkennen.

Keine Ahnung, was am Auto des Versicherten kaputt ist. Eine herunterhängende Stoßstange und ein eingedrückter Kofferraum am Wagen meines Klienten lassen sich für mich jedenfalls sehr gut damit in Einklang bringen, dass der Versicherte zu spät gebremst hat und aufgefahren ist.

Außerhalb

Ich bin mit 15 Kilometern drüber in einer Tempo-30-Zone außerhalb einer geschlossenen Ortschaft (was es nicht alles gibt!) geblitzt worden.

Aber bevor ich zahle, müssen sie mich erst mal kriegen.

»Betroffener« bin ich nicht sofort, weil unsere Autos auf die Kanzlei (= Gesellschaft bürgerlichen Rechts) zugelassen sind. Also schickt der Landrat erst mal einen Zeugenfragebogen: »An den vertretungsberechtigten Verantwortlichen der Firma Rechtsanwälte …« War ich das? Ein Kollege? Wer hatte das Schreiben überhaupt auf den Tisch gekriegt?

Wer auch immer sich wider Erwarten »verantwortlich« fühlt, muss den Fragebogen nicht zurückschicken. Auch wenn sich die kleingedruckte Belehrung alle

Höchststrafe

Aus der Verfahrensordnung des Schiedsgerichts des Vereins der Getreidehändler der Hamburger Börse e.V.: § 17 Abs. 1: *Das Schiedsgericht kann das persönliche Erscheinen der Parteien anordnen und sie unendlich zur Sache vernehmen.*

Mühe gab, den Eindruck des Gegenteils zu erwecken. Zu schriftlichen Aussagen ist aber niemand verpflichtet. Das Gleiche gilt auch für den häufigen Fall, dass der Bezirkspolizist mittags klingelt und das Radarfoto mit der Belegschaft abgleichen will. Der Gute darf a) nicht auf Antworten bestehen und b) ohne Einverständnis nicht über die Büroetagen stromern.

Natürlich wird er behaupten: »Als Zeuge sind Sie verpflichtet auszusagen.« So weit, so richtig. Allerdings muss ein Zeuge immer nur aussagen, wenn er zu Staatsanwaltschaft/Bußgeldstelle/Ermittlungsrichter vorgeladen ist. Ohne Vorladung also keine Pflicht zur Aussage. Die schriftliche Vorladung zu einer Vernehmung bei der Polizei reicht nicht. Der Polizist ist eben nicht der Staatsanwalt, selbst wenn er sich »Hilfsbeamter der Staatsanwaltschaft« nennen darf.

Auch Zeugen dürfen also schweigen. Denken Sie daran, wenn Sie mal von Polizisten an Ort und Stelle als »Zeuge« ausgefragt werden sollen. (Und zum Beispiel überhaupt keine Lust haben zuzugeben, dass der Mann am Steuer Ihres Autos ein guter Freund ist, den man ohne Ihre Mithilfe aber nie und nimmer ermitteln kann.)

Freizeitplanung

Sex am Steuer sei nicht strafbar, meldete die Nachrichtenagentur Reuters. Ein deutscher Autofahrer hatte sich mit einer blonden Anhalterin während der Fahrt vergnügt (»a blonde hitchhiker sitting astride him«!) und war dabei in ein Straßenschild gebumst (Duden: ugs. für »heftig gegen etwas prallen«). Er wurde nur wegen Fahrerflucht verurteilt, weil der deutsche Gesetzgeber nicht an Sex am Steuer gedacht hat. So jedenfalls wurde der Kölner Gerichtssprecher zitiert.

Bevor alle Gelangweilten dieser Republik jetzt auf ganz neue Ideen für ihre Wochenendplanung kommen, möchte ich auf ein gewisses Risiko hinweisen: Nach § 315c StGB wird wegen Gefährdung des Straßenverkehrs bestraft, wer ein Fahrzeug führt, obwohl er infolge körperlicher Mängel nicht in der Lage ist, das Fahrzeug sicher zu führen.

Ein körperlicher Mangel ist beispielsweise Übermüdung, also ein willentlich steuerbarer Umstand. Wenn man seinen eigentlich fürs Fahren benötigten Körper aber nicht willentlich durch Übermüdung, sondern zum Beispiel mittels eines »hitchhiker astride« nicht unerheblich vom eigentlichen Verkehrsgeschehen ablenkt, könnte man mit einiger juristischer Aus-

Das vergessene letzte Wort

Bereits während der Richter sein Urteil begründet, fällt es mir auf. Dem Richter erst etwas später: »Ich habe leider vergessen, dem Angeklagten das letzte Wort zu geben.« Ein schwerer Verfahrensfehler, der zur Aufhebung des Urteils führt – sofern es angegriffen wird.

legungsroutine auch darin einen körperlichen Mangel sehen.

Freiheitsstrafe: bis zu 5 Jahre Gefängnis.

Parken für Fortgeschrittene

An der Lützowstraße in Düsseldorf gilt Anwohner-Parken. Von 7 bis 17 Uhr. Außerhalb dieser Zeiten darf man sein Auto für zwei Stunden abstellen. Aber nur mit Parkscheibe. Wir Anwälte gelten nicht als Anwohner, sodass wir Tag für Tag mit der Parkscheibe tricksen müssen.

Eines Abends wollte ich das Auto am Büro stehen lassen, weil ich gleich um die Ecke wohne. Als ich die Parkscheibe auf 7.30 Uhr einstellte, um morgens direkt zwei Stunden Ruhe zu haben, fauchte mich eine Nachbarin an. Die Parkscheibe abends vordrehen, das sei ja wohl unverschämt. Ihr Mann suche jeden Abend vergeblich einen Parkplatz. Meinen Hinweis, dass zwischen 17 und 6 Uhr absolut frei geparkt werden dürfe, konterte sie nicht ungeschickt: »Wenn Sie die Parkscheibe nicht vordrehen würden, hätten Sie morgens direkt ein Knöllchen. Und dann würden Sie abends wegfahren.«

Ich habe daraufhin geprüft, ob die Frau mir überhaupt was kann. Fehlanzeige, Frau Nachbarin! Wenn die Parkscheibe nur für eine bestimmte Tageszeit Pflicht ist, darf man die Parkscheibe vordrehen, wenn man vor Beginn der Parkzeit ankommt. Auch hier gilt überdies die allgemeine Regel, dass man die Parkscheibe immer auf die nächste halbe Stunde weiterdrehen darf.

Presumed innocent

Tempomessung durch Nachfahren. Immer eine heikle Angelegenheit. Eine Mandantin hatte auf der A3 die Herren in Zivil hinter sich. Die Polizisten stellten auf einer längeren Strecke zwei Geschwindigkeitsverstöße fest: 150 km/h bei Tempo 100 und 120 km/h in einer Baustelle mit 80.

Das Protokoll las sich überzeugend. Insbesondere hatten die Beamten 15 Prozent Toleranz abgezogen, wie sich das gehört. Weil mir sonst nichts einfiel, kritisierte ich in meiner Verteidigungsschrift auf gut Glück die Ableswerte. Oder war es nicht seltsam, dass meine Mandantin so runde Geschwindigkeiten gefahren sein sollte?

Der »Messtruppführer« schrieb in seiner Stellungnahme:

Die Ablesewerte werden der Einfachheit halber grundsätzlich auf- oder abgerundet.

Gegen eine Abrundung hätte keiner was einzuwenden. Doch eine Aufrundung verstößt gegen den ehernen

Gebremste Neugier

Anruf mit unterdrückter Nummer. Der Anrufer schweigt.

»Hallo? Was kann ich für Sie tun?«

»Ich wollte hören, wer Sie sind. Sie haben mich angerufen.«

»Schon möglich. Wenn Sie mir sagen, wer Sie sind, kommen wir vielleicht weiter.«

»Nö, lieber nicht.«

»Okay, dann eben nicht.«

Tuuut.

Grundsatz »presumed innocent« = »in dubio pro reo« = »im Zweifel für den Angeklagten«.

Wahrscheinlich ging der Polizist – wie lange eigentlich schon? – davon aus, er könne mit der ohnehin abzuziehenden Toleranz die Aufrundung zulasten der Betroffenen auffangen.

Das ist ein aber Irrtum. Die Toleranz soll die technische Ungenauigkeit nicht geeichter Tachos (Stichwort: abgenutztes Reifenprofil) unschädlich machen. Und natürlich die unvermeidlichen Ablesefehler bei analogen Anzeigen mildern.

FAZIT: Die Toleranz legitimiert keine bewusste Falschablesung.

Tipp 17

Gab es an Tankstellen nicht mal Autozubehör? Eine Filiale, in der ich mal Ventilkappen kaufen wollte, bot so was nur noch in einer dunklen Ecke an. Man musste erst die Eingangstür schließen, um überhaupt ranzukommen. Scheibenwischer, Sicherungen, Cockpitspray, 73 Sorten Duftbäumchen. Das war's.

»Haben Sie Ventilkappen?«

»Nein, aber danach wird oft gefragt.«

»Macht nichts. Ich komme morgen früh bei einem Autoteile-Laden vorbei.«

»Die haben so was bestimmt. Sie könnten natürlich auch einfach eine klauen.«

»Wie bitte?«

»Na ja, wenn es nachher dunkel wird, klauen Sie sich halt eine.«

»Äh, ja, danke für den Tipp. Tschüss.«

»Ciao. Passen Sie aber auf, dass Sie nicht gefilmt werden. Der Nächste, bitte.«

Aufgefahren – ohne Schuld

Auch bei einem Auffahrunfall ist nicht von vornherein der Auffahrende immer schuld, wie viele Autofahrer zu Unrecht vermuten. Das geht zum Beispiel aus einem Urteil des Oberlandesgerichts Frankfurt hervor.

Ein Autofahrer war auf ein vor ihm fahrendes Fahrzeug aufgefahren. Der Fahrer dieses Fahrzeugs war an einer Ampel bei Grün angefahren, hatte dann aber gebremst, weil er nach eigenen Angaben eine sich nähernde Straßenbahn gesehen hatte. Die Straßenbahn hielt allerdings an einer an der Kreuzung befindlichen Haltestelle.

Das Gericht sah im Verhalten des Autofahrers eine Behinderung des Verkehrsflusses, da er ohne für den nachfolgenden Verkehr erkennbare Ursache plötzlich abgebremst habe und dadurch das Auffahren des durch ein derartig verkehrswidriges Fahrmanöver überraschten Hintermannes unvermeidlich wurde. In einer solchen Konstellation betrachteten die Richter die bei Auffahrunfällen häufig gerechtfertigte Vermutung eines Verschulden des Auffahrenden als nicht gegeben.

(Oberlandesgericht Frankfurt am Main, 2.3.2006, Az. 3 U 220/05)

Fernmündlich

Ein Einzelanwalt aus Düsseldorf schreibt mir: *Der diesseitige Sachbearbeiter wird sich mit Ihnen kurzfristig fernmündlich in Verbindung setzen, um die Angelegenheit mit Ihnen abzustimmen.* Ich glaube, er meint: Ich rufe Sie an.

Verwarnung über Umwege

Auf dem Radarfoto ist eine Frau zu sehen. Der Halter des Wagens ist ein Mann. Normalerweise muss die Ordnungsbehörde ermitteln, wer das Auto gelenkt hat. Natürlich bietet sich zunächst ein Brief an den Halter an, mit dem dieser zur Auskunft aufgefordert wird. Der Landkreis Celle geht einen originellen Weg. In einer Bagatellsache – 20 Kilometer zu schnell außerhalb geschlossener Ortschaft – bietet die Behörde dem Halter des Autos Folgendes an:

Wir bitten Sie, innerhalb einer Woche ab Zugang dieses Schreibens den Verwarnbetrag von 30,00 Euro zu überweisen oder den verantwortlichen Fahrzeugführer zu benennen, anderenfalls sehen wir uns gezwungen, weitere Ermittlungen zur Fahrerfeststellung vorzunehmen.

Das ist ein klein wenig neben dem Gesetz. Verwarnt werden kann nur der Betroffene. Außerdem muss er zustimmen. Im geschilderten Fall erfährt die Betroffene möglicherweise noch nicht mal was von ihrem Tempoverstoß, falls der Halter den bequemsten Weg wählt, zahlt und die Sache auf sich beruhen lässt.

FAZIT: Im Ergebnis sieht das doch so aus, als ginge es der Behörde nur um die Kohle, oder?

Wer schweigt, ist der Täter

Das Radarfoto ist zwar von guter Qualität. Allerdings ist das Gesicht des Fahrers fast bis zum Kinn verdeckt – von der Sonnenblende. Das erkennt auch der Sachbearbeiter der Bußgeldstelle:

... konnte dieser aufgrund des angeforderten Passbildes nicht eindeutig als Fahrer identifiziert werden.

Den Bußgeldbescheid erlässt er »aufgrund der Gesamtumstände« trotzdem. Immerhin sei mein Mandant der Halter des Fahrzeuges und, jetzt kommt's, er habe seine Fahrereigenschaft nicht bestritten. Richtig ist, dass mein Mandant sich nicht geäußert hat. Aber ich hatte ja auch noch keine Akteneinsicht.

Das Schweigen des Betroffenen zu seinen Lasten zu verwenden und das auch noch stolz in einem Vermerk festzuhalten ist schon bemerkenswert. Gewisse Verfahrensgrundsätze wie jener, dass sich niemand selbst belasten muss und deshalb aus dem Schweigen keine negativen Schlussfolgerungen gezogen werden dürfen, scheinen sich noch nicht bis in diese Bußgeldstelle rumgesprochen zu haben.

Auch der Hinweis auf die Haltereigenschaft führt nicht weiter. Das Bundesverfassungsgericht hat diesem Rückschluss eine Abfuhr erteilt. Die Wahrscheinlichkeit, dass das Fahrzeug Dritten überlassen wird, sei auch bei Privatfahrzeugen viel zu groß. Deshalb müssten zur Haltereigenschaft auch immer noch andere Tatsachen kommen, die gegen den Betroffenen sprechen.

(Bundesverfassungsgericht, 31.8.1993, Az. 2 BvR 843/93)

Nicht mehr lange

Bei einer Kontrolle auf der Autobahn stellte sich heraus, dass mein südländisch aussehender Mandant keine Fahrerlaubnis besaß. Von den Mitarbeitern des Zolls fühlte er sich etwas rüde behandelt. Er wies darauf hin, dass er deutscher Staatsbürger sei.

Die Antwort: »Aber bestimmt nicht mehr lange.«

FAZIT: Das ist doch wirklich mal eine fundierte Einschätzung der Sach- und Rechtslage aus Fachkreisen.

Angewandte Kriminalistik

Beschuldigter eines Strafverfahrens kann man schnell werden. Zum Beispiel als Besitzer eines roten Kleinwagens.

Am angeblichen Tatort, einer Verkehrskreuzung, erklärt die Zeugin N., der Fahrer des roten Kleinwagens habe Herrn J. mit der Faust geschlagen. Der rote Kleinwagen habe das Kennzeichen ... – EK 3414 gehabt.

Die Polizei stellt fest, das Kennzeichen ... – EK 3414 ist nicht vergeben.

Rückfrage bei der Zeugin N. Diese sagt, ihre Freundin B., die auch an Ort und Stelle war, habe das Kennzeichen ins Handy gespeichert. Frau B. sagt der Polizei, sie habe das Kennzeichen schon aus dem Handy gelöscht. Sie halte es aber für denkbar, dass das Kennzeichen ... – EL 3414 lautete.

Die Polizei stellt fest, das Kennzeichen ... – EL 3414 ist nicht vergeben.

Sie fragt bei dem angeblich Geschädigten Herrn J. nach. Der kann sich an das Kennzeichen nicht mehr erinnern. Aber da er ja sowieso viel in der Stadt unterwegs ist, will er nach dem roten Kleinwagen Ausschau halten.

Knapp drei Wochen später meldet sich Herr J. und erklärt, er habe den roten Kleinwagen wiedergesehen. Das Kennzeichen laute ... – EN 3514.

Der Beamte fragt nicht nach, wieso Herr J. meint, der rote Kleinwagen, den er jetzt gesehen hat, sei ausgerechnet der rote Kleinwagen, aus dem der angebliche Schläger gestiegen war. Nein, der Beamte notiert das einfach, dann lädt er den Halter (!) des roten Kleinwagens zur Vernehmung. Außerdem sorgt er dafür, dass der Halter bei der Staatsanwaltschaft auch gleich als Beschuldigter wegen Körperverletzung im Computer gespeichert wird.

An solchen Beispielen sieht man gut, wie leicht man in die Mühlen der Justiz geraten kann. Umso wichtiger ist es im Fall der Fälle, erst mal kühlen Kopf zu bewahren – und nichts zu sagen. So ein »Verdacht« verfestigt sich nämlich schnell, wenn man dann aus Sicht eines Beamten auch noch unglaubwürdig wirkt, also nicht das sagt, was der Polizist hören möchte. Dann lieber erst mal konsequent vom Schweigerecht Gebrauch ma-

Outcast

Ich hatte mich auf eine private Immobilienanzeige gemeldet und um Rückruf gebeten. Das ist die Antwort-E-Mail: *Sehr geehrter Herr Vetter, auf Ihre Anfrage teilen wir mit, dass wir bereits einmal eine Wohnung an einen Rechtsanwalt verkauft haben. Wir haben kein Interesse mehr an Geschäften mit Ihrer Berufsgruppe.*

chen und schauen, was wirklich Sache ist. Bevor Akteneinsicht gewährt worden ist, sage ich jedenfalls für meine Mandanten in aller Regel nichts.

Ampel rot, Motor aus = Handy erlaubt

Ein Autofahrer hielt an einer Ampel, die Rot zeigte. Er schaltete den Motor ab, nahm sein Handy und telefonierte kurz mit einem Bekannten. Nachdem er das Gespräch beendet hatte, schaltete die Ampel auf Grün, woraufhin der Autofahrer den Motor wieder startete und losfuhr. Er wurde von Polizeibeamten beobachtet, die ihm ein Bußgeld in Höhe von 40 Euro erteilten, weil er als Autofahrer das Mobiltelefon nicht benutzen dürfe. Das war aus Sicht der Polizisten auch bei abgeschaltetem Motor im Straßenverkehr der Fall. Das Amtsgericht Iserlohn verurteilte den Autofahrer, da es ohne Bedeutung sei, dass der Fahrer den Motor ausgeschaltet habe. Schließlich habe er sich im Straßenverkehr bewegt.

Vor dem Oberlandesgericht hatte die Beschwerde des Fahrers aber Erfolg. Er wurde freigesprochen. Zwar dürfe der Fahrer als Fahrzeugführer kein Mobiltelefon benutzen. Dies gelte jedoch nach der Straßenverkehrsordnung ausnahmsweise dann nicht, wenn das Auto stehe und der Motor abgeschaltet sei. Die Situation an der Rotlichtampel stelle diese Ausnahme dar, denn der Fahrer habe mit Abschalten des Motors die Regelung befolgt. Weil er sich im Sinne der Straßenverkehrsordnung verhalten habe, könne er auch nicht mit einem Bußgeld belastet werden

(Oberlandesgericht Bamberg, 27.9.2006, Az. 3 Ss Owi 1050/06).

Sofort freie Bahn schaffen

Die Straßenverkehrsordnung ist eine Ausnahme. Sie spricht, im Gegensatz zu den meisten anderen Produkten des Gesetzgebers, eine klare Sprache. Zu den Vorrechten von Fahrzeugen, die mit Blaulicht unterwegs sind, sagt § 38:

Alle übrigen Verkehrsteilnehmer haben sofort freie Bahn zu schaffen.

Eine Botschaft, die offensichtlich nicht immer richtig ankommt. Gerade in der Großstadt kümmern Blaulicht und Martinshorn nur noch eine gewissenhafte Minderheit der Autofahrer. Die anderen hören entweder nichts (iPod). Oder denken, die Einsatzkräfte wollen ja doch nur, dass Pommes und Currywurst nicht kalt werden.

Das Oberlandesgericht Hamm hat in einer Entscheidung die Rechte und Pflichten der Beteiligten anschaulich zusammengefasst:

Der Fahrer des mit blauem Blinklicht und Einsatzhorn fahrenden Einsatzfahrzeuges soll – bei gebotener Rücksichtnahme auf bevorrechtigten Verkehr – in die Lage versetzt werden, zügig zum Einsatzort zu gelangen. Die übrigen Verkehrsteilnehmer müssen ihm dies ermöglichen. Die Entscheidung, welchen Weg er nimmt, obliegt zunächst allein dem Vorrechtsfahrer, der diese Wahl unter Berücksichtigung der öffentlichen Sicherheit und Ordnung und Rücksichtnahme auf die übrigen Verkehrsteilnehmer zu treffen hat.

Dabei habe der Einsatzfahrer den Vorrang anderer Fahrzeuge so lange zu beachten, bis er nach den Umständen davon ausgehen darf, dass ihn die anderen Verkehrsteilnehmer wahrgenommen haben und ersichtlich freie Bahn schaffen. Ab diesem Moment dürfe er die von ihm gewählte Fahrstrecke in Anspruch nehmen und darauf vertrauen, dass der in Anspruch genommene Weg weiter frei gehalten wird.

Im Ergebnis bedeutet das nicht nur, dass man freie Bahn schaffen muss, sondern auch dass man stehen zu bleiben hat, dem Einsatzfahrzeug zumindest nicht mehr in die Quere kommen darf. Das Gericht:

Der wartepflichtige Verkehrsteilnehmer, der den Weg frei geräumt hat, darf erst dann wieder seine Position bzw. Fahrweise verändern, wenn er sicher sein kann, dadurch den Einsatzwagen nicht zu behindern.

Im entschiedenen Fall hatte ein Autofahrer erst auf dem Mittelstreifen gebremst, dann aber noch einmal die Spur in Richtung Gegenverkehr gewechselt, um – so sagte er jedenfalls – dem Einsatzwagen eine bessere Strecke frei zu machen. Es kam zum Zusammenstoß, weil der Notarztwagen sowieso über die Gegenspur fahren wollte. Für den Unfall haftet der Autofahrer nach Auffassung des Gerichts schon deshalb, weil nicht er, sondern der Fahrer des Notarztwagens bestimmt, welchen Weg das Auto mit Blaulicht nimmt.

(Oberlandesgericht Hamm, 20.3.2009, Az. 9 U 187/08)

Linke Hand, linkes Ohr

Mein Mandant wurde bei einer Verkehrskontrolle rausgewunken. Er sollte für »Handy am Steuer« 40 Euro bezahlen. Der Polizeibeamte, der meinem Mandanten von einer Brücke aus in den Wagen geschaut haben wollte und auch als Zeuge fungierte, hielt seine Beobachtungen für die Bußgeldakte schriftlich fest:

Linke Hand, linkes Ohr.

FAZIT: Also, zur Verwirklichung des Tatbestands fehlt da für mich ein Detail, trotz der im stressigen Polizeiberuf selbstverständlich immer gebotenen Kürze: das Telefon.

Porsche vs. Mercedes

Jeder Verkehrsteilnehmer hat sich so zu verhalten, dass kein anderer geschädigt wird, auch wenn er im »Recht« ist. Besteht er auf seinem Vorfahrtsrecht, obwohl es für ihn ein Leichtes wäre, einen Verkehrsknoten aufzulösen, und entsteht dadurch ein Schaden, haftet auch er. So hat es das Amtsgericht München entschieden.

Der spätere Kläger war mit seinem Mercedes in München in eine Nebenstraße eingebogen. Auf seiner Seite hatten durchgehend parkende Auto gestanden. Als er die Straße ein Stück entlanggefahren war, war ihm der spätere Beklagte mit seinem Porsche entgegengekommen.

Beide Fahrzeuge blieben zunächst stehen, da der Platz nicht ausreichte, um aneinander vorbeizufahren. Nachdem der Porschefahrer nicht zurückfahren wollte, ver-

Keiner da

Aus dem Schriftsatz eines Anwaltes aus einer Zweierkanzlei an das Landgericht Hannover: *... wird beantragt, den Termin am ... zu verlegen, da Unterfertigter an diesem Tag nicht zur Verfügung steht, weil für Unterfertigten Terminsladung des LG Nürnberg für diesen Termin schon vorliegt. Kollege des Unterfertigten befindet sich im Jahresurlaub.*

suchte der Mercedesfahrer zwischen dem Porsche und den geparkten Autos durchzufahren. Dabei wurde sein linker Kotflügel bis zu seiner Fahrertür beschädigt. Die Reparaturkosten in Höhe von 1567 Euro wollte er daraufhin von dem Porschefahrer.

Dieser weigerte sich zu bezahlen. Schließlich habe derjenige zu warten, auf dessen Fahrbahnseite sich das Hindernis befinde. Die zuständige Richterin beim Amtsgericht München gab jedoch dem Mercedesfahrer zu einem großen Teil recht:

Grundsätzlich haftet im Straßenverkehr wegen der von den Kraftfahrzeugen ausgehenden Betriebsgefahr jeder der Kraftfahrer gleichmäßig. Daran ändere sich nur etwas, wenn im Einzelfall eine andere Quote oder sogar eine Alleinhaftung eines der Beteiligten gerechtfertigt sei.

Zwar sei es richtig, dass derjenige, der an einem Hindernis links vorbeifahren wolle, den entgegenkommenden Verkehr durchfahren lassen müsse. Das gelte aber nicht uneingeschränkt für den Fall, dass erst beim Vorbeifahren der Gegenverkehr sichtbar werde. Hier sei der Gedanke maßgebend, jeder Verkehrsteilnehmer habe sich so zu verhalten, dass kein anderer geschädigt werde. Wenn es die Verkehrslage erfordere, müsse ein Verkehrsteilnehmer auch auf seinen Vorrang verzichten.

Hier hätte es dem Porschefahrer geringere Mühe gemacht, die für beide Seiten missliche Situation aufzulösen. Auf seiner Seite habe er noch 30 Zentimeter »Luft« gehabt. Hinter ihm seien auch keine Autos gewesen. Der Beklagte hätte den Kläger auch schon beim Einfahren in die Straße sehen können und daher bereits im Kreuzungsbereich stehen bleiben können und müssen. Der Kläger demgegenüber hätte wegen nachfolgender

Fahrzeuge nicht zurückfahren können. Der Porschefahrer trage daher die Hauptverantwortung für die Folgen des Unfalls.

Zwar habe der Kläger durch seinen Vorbeifahrversuch den Schaden verursacht, sein Verantwortungsanteil sei jedoch geringer. Ihm könne nur Fahrlässigkeit vorgeworfen werden. Auch habe er versucht, die Situation zu entschärfen, während der Porschefahrer durch sein Hineinfahren in die ersichtlich zu enge Straße die Situation erst herbeiführte.

Der beklagte Porschefahrer habe daher zwei Drittel des Schadens zu zahlen, so das nicht rechtskräftige Urteil.

(Amtsgericht München, 17.7.2009, Az. 343 C 3667/09)

Ist halt so

Dürfen Verkehrssünder durch Video- oder Fotoaufnahmen überführt werden? Nach einer Entscheidung des Bundesverfassungsgerichts, das eine fehlende gesetzliche Grundlage monierte, herrschte darüber großer Streit. Das Oberlandesgericht Düsseldorf sprach einen auf der Autobahn gefilmten Autofahrer vom Vorwurf des Abstandsverstoßes frei. Für andere Gerichte gilt dagegen, dass nicht sein kann, was nicht sein darf. Und so finden sich mitunter Begründungen, deren Abfolge nicht nur keine Logik aufweist, sondern fast schon komisch ist. Wie zum Beispiel diese Ausführungen des Amtsgerichts Rotenburg a.d. Fulda:

Liegt aber eine Verkehrsordnungswidrigkeit vor, verstößt das Fertigen des Lichtbilds zum Zwecke der Identifizierung des verantwortlichen Fahrzeugführers nicht gegen das Selbstbestimmungsrecht des Betroffenen. Denn

Ganz klassisch sonstige Gegenstände geklaut

Aus einer Bescheinigung der Polizei über die Erstattung einer Anzeige: *Ereignis: Diebstahl in/aus Hotels als klassischer Hoteldiebstahl von sonstigen Gegenständen (Par. 242 StGB).*

ohne das gefertigte Lichtbild wäre es nicht möglich, den Verkehrsverstoß zu ahnden. Dies wiederum würde den Polizeibehörden die Möglichkeit nehmen, ihrer gesetzlichen Aufgabe, Ordnungswidrigkeiten zu verfolgen, nachzukommen.

(Amtsgericht Rotenburg a.d. Fulda, AZ 51 OWi – 36 Js 2020/10)

Rotlichtverstoß: zählen, nicht fühlen

Ist die Ampel länger als eine Sekunde rot, bedeutet das mindestens einen Monat Fahrverbot. Während die Messungen stationärer Anlagen meist wasserdicht sind, kann man gegen Zeugen durchaus ankommen – selbst wenn es sich um Polizisten handelt. Das Amtsgericht Landstuhl zeigte, wie es geht.

Ein Polizeibeamter war auf dem Weg zum Dienst und wartete an einer Linksabbiegerampel. Dabei sah er, wie ein Autofahrer auf einer anderen Spur die rote Ampel passierte. Der Polizist hielt den Mann an und schrieb eine Anzeige. Als Zeuge sagte er später vor Gericht, die Ampel habe schon länger als eine Sekunde Rot gezeigt.

Das reichte dem Richter nicht. Selbst bei gezielter Verkehrsüberwachung, die hier gar nicht vorlag, müsse der Beamte immer die Sekunden zählen:

Eine bloß gefühlsmäßige Schätzung der Zeit auch durch erfahrene Polizeibeamte ist nicht zur Feststellung des qualifizierten Verstoßes ausreichend.

Es kann bei einer Verhandlung also nicht schaden, dem Beamten eingangs – oder sogar schon vorher auf dem Gerichtsflur – Respekt für seine Erfahrung und Kompetenz zu zollen. Das erhöht die Chance, dass er sich in seiner Vernehmung hierauf beruft – und gar nicht an die notwendige Zählung denkt.

Am Amtsgericht Landstuhl kam der Betroffene jedenfalls gut weg. Das Gericht nahm zwar einen Rotlichtverstoß an, konnte aber nicht feststellen, dass die Ampel schon länger als eine Sekunde rot gewesen war. Am Ende blieb es bei einem Bußgeld von 90 Euro. Seinen Führerschein durfte der Betroffene behalten.

(Amtsgericht Landstuhl, 24.2.2011, Az. 4286 Js 13706/10.OWi)

Leichenwagen geht gar nicht

Arbeitsrecht kann interessant sein. Mitunter. Das Landesarbeitsgericht Köln musste zum Beispiel dem Angestellten eines Bestattungshauses beispringen. Im Vertrag des Mitarbeiters stand, dass er einen Dienstwagen bekommt, den er auch privat nutzen darf.

Die Firma stellte ihm einen voll ausgestatteten Leichenwagen zur Verfügung. Dazu das Gericht: Selbst dem Mitarbeiter eines Bestattungshauses könne nicht zugemutet werden, auch in seiner Freizeit mit einem Leichenwagen herumzufahren. Das bedürfe »keiner weiteren Vertiefung«.

Lesen hilft

Der Mandantin eine Minute was zu einer Gerichtskostenrechnung auf den AB erzählt. Dann gemerkt, dass sie gar nichts zahlen muss. Sondern die Gerichtskasse einen Überschuss erstatten wird. Ich verschiebe den Anruf auf Montag.

Wankbewegungen

So manchen Autofahrer trifft es aus heiterem Himmel, wenn Polizisten vor der Haustür stehen und wissen wollen, wer in den letzten Stunden wohl mit dem Auto gefahren ist, das in der Einfahrt steht. Die Aktion wird gern eingeleitet mit der Frage: »Sie wissen doch bestimmt, weshalb wir hier sind?«

Es gibt keine Situation, in der man unbefangen mit der Polizei reden sollte. Dementsprechend auch in dieser nicht. Leider hilft eisernes Schweigen meist nicht über die messerscharfe Schlussfolgerung mancher Ermittlungsbeamten hinweg, wonach ein Beschuldigter Dreck am Stecken hat, denn sonst wäre er ja kein Beschuldigter. Als nächster Schritt (»Sie haben also keine Fahrerflucht begangen?«) wird dann der Wagen besichtigt. Sofern sich auch nur ein Kratzer an passender Stelle findet, ist die Sache klar. Leider wird dabei sehr oft nur unzureichend berücksichtigt, dass ein Fahrer nicht zwingend jede Berührung seines Fahrzeugs wahrnehmen muss.

Umso überraschter war ich über einen Amtsrichter, der einen Strafbefehlsantrag der Staatsanwaltschaft nicht einfach abnickte. Es ging darum, dass mein Man-

Wenn was ist

»So, ich bin dann weg. Wenn was ist, ich bin nicht über Handy erreichbar.« So was können nur Zivilrechtsanwälte sagen.

dant mit seinem Lkw einen anderen Laster leicht angetitscht haben sollte. Und zwar mitten in der Nacht am Rande eines bayerischen Orts. Der andere Lkw hatte sich festgefahren. Um an dem Laster vorbeizukommen, soll mein Mandant teilweise über den Bürgersteig gefahren sein.

Für den Staatsanwalt war die Sache klar; mein Mandant sollte für acht Monate auf den Führerschein verzichten. Der Richter dagegen meinte, es könne auch mit einer Auflage von 500 Euro gut sein. Wir stimmten dem zu. Immerhin wäre damit die Gefahr gebannt gewesen, dass mein Mandant arbeitslos würde. Aber mit dem Staatsanwalt war nichts zu machen. Also musste ein Gutachter ran. Er sollte prüfen, ob der (angebliche) Unfall für meinen Mandanten visuell, akustisch und taktil wahrnehmbar gewesen war. Fahrerflucht ist ein Vorsatzdelikt. Der Fahrer kann sich deswegen nur strafbar machen, wenn er den Unfall tatsächlich bemerkt hat.

Der Gutachter arbeitete die Sache nicht nur sauber auf. Er entlastete meinen Mandanten auch zu 100 Prozent. Auszüge aus seinen Erwägungen:

- ***Visuelle Wahrnehmbarkeit:*** *Der Kontakt mit dem Lkw S. hätte vom Fahrer K. allenfalls im rechten Außenspiegel wahrgenommen werden können, was jedoch zum einen gute Sichtverhältnisse und zum anderen einen Blick unmittelbar zum Anstoßzeitpunkt* *in den Außenspiegel vorausgesetzt hätte. Da es zum Unfallzeitpunkt dunkel war und eine Blickzuwendung unmittelbar zum Zeitpunkt der Berührung nicht nachweisbar ist, lässt sich dem Fahrer K. eine visuelle Wahrnehmung nicht nachweisen.*

- **Taktile Wahrnehmbarkeit:** *Sowohl der Kontakt an den Haltern der Rohre als auch der relativ leichte Anstoß an der Abdeckung des Endschalldämpfers sowie die Streifberührung an den Kotflügeln ist mit einem sehr geringen Energieaustausch verbunden. Hierdurch ist keine Geschwindigkeits- bzw. Verzögerungsänderung am Lkw K. eingetreten, welche als kollisionsmechanisch wahrnehmbar zu bezeichnen wäre … zumal durch das Auffahren auf den Gehweg bzw. gegen die Gehwegkante Wankbewegungen in den Lkw eingeleitet wurden, die eine Differenzierung mit evtl. kollisionsbedingten Wankbewegungen nicht mehr ermöglicht hätten.*
- **Akustische Wahrnehmbarkeit:** *Da die Fahrbahn zum Unfallzeitpunkt glatt war, ist zu erwarten, dass der Fahrer K. die Differenzialsperre der Hinterachse eingeschaltet hatte. Hierdurch ist infolge gegebenenfalls durchdrehender Räder und unterschiedlicher Traktion zwischen rechtem und linkem Hinterrad durchaus eine zusätzliche Geräuschentwicklung als Betriebsgeräusch zu erwarten. Unter Berücksichtigung der Betriebsgeräusche des Lkw in Verbindung damit, dass sich die Fahrerposition in einem Abstand zur Anstoßstelle von etwa 9 m befand, ist nicht zu erwarten, dass die Anstoßgeräusche vom Fahrer K wahrnehmbar waren.*

FAZIT: Diesen Sachverständigen schlage ich künftig immer vor. Er hat einen prominenten Platz in meinem Adressbuch bekommen.

Abarbeiten

Diese beiden Akten gehören nach meiner Meinung zusammen. Es handelt sich in beiden Akten um die Sache ... Js 2405/04 (nicht, wie in unseren letzten Schreiben ... / 05). Bitte die Akten zu einer Akte zusammenführen. Wieder ein Mandat erledigt :-)

Sturheit ist keine Frage des Alters

Bloß weil es mit der Leistungsfähigkeit im Alter bergab geht – selbstverständlich mit Ausnahme von Silvio Berlusconi –, darf die Führerscheinbehörde keine Zweifel an der Fahreignung eines Bürgers hegen. Ohne konkrete Anhaltspunkte, dass der Betreffende wirklich körperlich bedingte Ausfallerscheinungen beim Autofahren hat, darf das Amt ihn deshalb auch nicht zu einem ärztlichen Gutachten verpflichten. Das hat das Verwaltungsgericht Saarlouis im Fall eines 80-jährigen Autofahrers entschieden.

Der Senior hatte beim Ausparken einen Blechschaden verursacht. Die Polizei nahm den Unfall auf. In ihrer Anzeige vermerkten die Beamten, der Autofahrer habe etwas verwirrt gewirkt und seine Schuld nicht eingesehen. Aber das sind Reaktionen auf einen Unfall, die nach Auffassung der Richter in jeder Altersklasse vorkommen:

Weder ein Mangel an Einsicht noch bloße Sturheit lassen das Vorliegen altersbedingter Einschränkungen der Kraftfahreignung als naheliegend erscheinen.

Eine Behörde braucht also in jedem Fall mehr Belege für ein Eignungsgutachten als das Alter des Betroffenen und irgendwelche Reaktionen, die mit seinem konkreten Fahrverhalten nichts zu tun haben.

(Verwaltungsgericht Saarlouis, 28.9.2011, Az. 10 L 790/11)

Zugewachsene Verkehrsschilder gelten nicht

Ein Autofahrer wurde zu einer Geldbuße wegen Überschreitung der Geschwindigkeit in einer Tempo-30-Zone um 40 km/h verurteilt. Das Verkehrsschild war jedoch durch Laub verdeckt und nicht erkennbar, weswegen der Fahrer klagte. Das Amtsgericht führte aus, der Autofahrer habe aufgrund der örtlichen Verhältnisse wie etwa der Art der Bebauung und einer verengten Fahrbahn erkennen können, dass der Bereich als Tempo-30-Zone ausgestaltet war.

Das sah das Oberlandesgericht Hamm anders. Maßgebend für die Verbindlichkeit von Verkehrsschildern sei deren Erkennbarkeit. Ebenso gelte der Sichtbarkeitsgrundsatz. Da das Geschwindigkeitsschild durch Laub verdeckt gewesen sei, habe es keine Wirkung entfaltet. Es bleibe daher bei einem Geschwindigkeitsverstoß wegen Überschreitung der innerorts zulässigen Höchstgeschwindigkeit von 50 km/h, also einer Überschreitung um »nur« 20 km/h.

Verkehrsschilder, die zugewachsen sind, entfalten keine Wirkung. Autofahrer müssen aus der Umgebung – beispielsweise durch die Art der Bebauung – nicht darauf schließen, dass sie etwa durch eine Tempo-30-Zone fahren.

(Oberlandesgericht Hamm, 30.9.2010, Az. III-3 RBs 336/09)

FAZIT: Man kann sich freuen, dass der Schilderwahn auch mal auf diese Art ernst genommen wird.

Radweg darf auch nicht teilweise blockiert werden

Ein Autofahrer hatte seinen Wagen so geparkt, dass dieser in einen Radweg hineinragte und etwa ein Drittel des Weges, der auch für den Gegenverkehr freigegeben war, versperrte. Der Wagen wurde abgeschleppt. Der Mann wehrte sich vor Gericht. Ohne Erfolg.

Die Richter erklärten die Abschleppmaßnahme für gerechtfertigt. Grundsätzlich sei das Abschleppen verbotswidrig geparkter Fahrzeuge geboten, wenn diese andere Verkehrsteilnehmer behinderten. Zwar müssten Fahrzeuge nicht schon abgeschleppt werden, weil sie minimal in einen Radweg hineinragten. Im vorliegenden Fall hätten jedoch nur noch zwei Drittel des Wegs zur Verfügung gestanden. Ein Radfahrer müsse auch nicht damit rechnen, dass ein Radweg teilweise blockiert sei. Das gelte umso mehr, wenn die Verkehrsregelung an dieser Stelle eine Benutzungspflicht des Radwegs vorgebe.

(Oberverwaltungsgericht Nordrhein-Westfalen, 15.4.2011, Az. 5 A 954/10)

FAZIT: Radfahrer haben ihre Rechte, auch wenn es Autofahrern manchmal schwerfällt, sich das vorzustellen.

Vielsagender Aufkleber

Für ein Mofa braucht man an sich keinen Führerschein. Trotzdem hatte die Kreisverwaltung Mainz-Bingen einem Mann aus Rheinhessen verboten, Mofa zu fahren. Sie hielt ihn für ungeeignet zum Führen von Kraftfahrzeugen jedweder Art. Diese Einschätzung wurde durch das Verwaltungsgericht Mainz bestätigt. Der Betroffene war schon als Autofahrer auffällig geworden.

Seine Fahrerlaubnis wurde ihm entzogen, nachdem er in zahlreichen Fällen am Steuer seines Autos Verkehrsdelikte begangen hatte. Damit war aber keine Ruhe. Der Mann stieg aufs Mofa um – und wurde wieder straffällig. Unter anderem kassierte er Urteile wegen Nötigung, Beleidigung und Sachbeschädigung. Das nahm die Verkehrsbehörde zum Anlass, den Mofafahrer zum »Idiotentest« zu schicken. Ein Gutachten legte der Mann aber nicht vor, sodass ihn das Amt als ungeeignet einstufte. Ihm wurde daraufhin ausdrücklich verboten, Mofas zu lenken.

Nach Auffassung des Verwaltungsgerichts hat sich die Behörde korrekt verhalten. Der Betroffene begehe seine Straftaten seit vielen Jahren mehr oder minder nach demselben Muster, indem er durch gezieltes Verhalten den nachfolgenden Verkehr behindere. Dadurch entstünden immer wieder gefährliche Situationen. Es sei

Single Life

Der Mann vom Pizzataxi: »Hatten Sie nicht gestern auch schon bestellt?« Ich: »Ja, warum?« Der Mann vom Pizzataxi (feixt garantiert in Richtung seiner Kollegen): »Och, nö, nur so, wir freuen uns ja …«

auch nicht zu erwarten, dass sich das Verhalten des Klägers bessere. Das Gericht sieht dies schon durch einen Aufkleber belegt, den der Mann an sein Mofa gepappt hat: »Ich fahre so, um Sie zu nerven.«

(Verwaltungsgericht Mainz, 28.9.2011, Az. 3 K 718/11.MZ)

Vermummungsverbot im Straßenverkehr?

Polizeimeldung:

Einer Streife der Autobahnpolizei Gau-Bickelheim fuhr der Schreck in die Glieder, als sie auf der A63 einen Pkw entdeckte, in dem ein Mann saß, der seinen Kopf mit einer Sturmhaube vermummt hatte und von dem nur die Augen durch einen schmalen Schlitz zu sehen waren. Ein Bankräuber vielleicht oder der gesuchte Autobahnschütze? Das Fahrzeug konnte kurz vor Mainz mithilfe weiterer Polizeistreifen gestoppt werden. Mit der nötigen Vorsicht und gezogenen Waffen wurde der Wagen umstellt und der erschrockene Fahrer kontrolliert. Der Grund für seine Vermummung war bemerkenswert: Der unbescholtene junge Mann aus dem Kreis Alzey-Worms wollte einen Beitrag zum Energiesparen leisten und schaltet deshalb in seinem Auto grundsätzlich keine Heizung ein. Bei niedrigen Temperaturen muss er sich dick vermummen, um nicht zu frieren. Er wurde eingehend über die erheblichen Folgen solchen Verhaltens belehrt und gelobte, über andere Möglichkeiten des Energiesparens nachzudenken.

Eine Belehrung ist ja schön und gut – juristisch wird man den Autofahrer aber eher nicht belangen können.

Ohne Bindungen?

Der Beschuldigte verfügt über keinerlei soziale Bindungen. Wie, liebe Polizei, nennt man das denn, wenn ein Heranwachsender mit seinen Eltern und vier Geschwistern unter einem Dach lebt?

Ein Vermummungsverbot gilt in Deutschland nur bei Versammlungen, wobei auch der Weg zum Versammlungsort eingeschlossen ist. Sofern der Autofahrer nicht ausgerechnet zu einer Demo wollte, greift das Versammlungsgesetz nicht. Die Straßenverkehrsordnung regelt nur, dass Sicht und Gehör nicht beeinträchtigt werden dürfen.

Allerdings gibt es ein paar Stimmen, die »Verkleidungen« – jedenfalls außerhalb der heißen Karnevalsphase – für unzulässig halten. Aber auch da geht es eher darum, ob man in einem Affenkostüm sicher Auto fahren kann. Auch die Kosten des Einsatzes könnten einen Gedanken wert sein. Eine Gefahr bestand nicht, aber Verwaltungsrichter sind schnell mit der »Anscheinsgefahr« zur Hand. Wenn jemand den begründeten Anlass zur Annahme gibt, er verhalte sich rechtswidrig, reicht das mitunter schon aus, um ihn zur Kasse zu bitten.

FAZIT: Bei Wärme- oder Verschönerungsmaßnahmen in Form von Kopf- oder Gesichtsbedeckung immer genau die Folgen bedenken.

Führerschein: pauschaler Drogenverdacht unzulässig

Wenn es um mögliche Drogensünder am Steuer geht, holen Führerscheinbehörden gern zum Rundumschlag aus. Um ein ärztliches Gutachten kommt der Betroffene sowieso nicht herum. Deshalb wird gern pauschal danach gefragt, ob die Gefahr besteht, dass der Autofahrer künftig wieder unter Drogeneinfluss fährt. Dieser weitgehende Gutachtenauftrag kann bei Cannabiskonsumenten rechtswidrig sein, stellte das Verwaltungsgericht Neustadt fest.

Die Blutprobe eines Autofahrers hatte eine verhältnismäßig geringe Menge Marihuanawirkstoff im Blut ergeben. Das Straßenverkehrsamt forderte ihn auf, innerhalb einer Frist ein Gutachten vorzulegen. Die Ärzte sollten sagen, ob sich der Betroffene wieder nach dem Konsum von Betäubungsmitteln ans Steuer setzen würde. Der Autofahrer verweigerte das Gutachten. Die Behörde entzog ihm darauf mit sofortiger Wirkung die Fahrerlaubnis. Dagegen legte der Betroffene einen Eilantrag ein, dem das Verwaltungsgericht Neustadt stattgab.

Die Richter hielten ein Gutachten zwar für erforderlich. Allerdings konnten sie der Akte keine Indizien

Auf der Suche

Es ist manchmal nicht ganz leicht, die richtige Verteidigungsstrategie zu finden. Zum Beispiel, wenn jemand gegenüber dem Bundesgrenzschutz erklärt, er habe die gefälschte Aufenthaltserlaubnis vor anderthalb Stunden im Zug gefunden. Und dabei nicht daran denkt, dass in dem Dokument das eigene Foto klebt.

dafür entnehmen, dass der Betroffene außer Cannabis auch noch andere Drogen konsumierte. Die Vorschriften lassen aber nur eine »anlassbezogene« Untersuchung zu. Hieraus schloss das Verwaltungsgericht Neustadt, dass sich das Gutachten mangels anderer Verdachtsmomente nur auf Cannabis beziehen durfte. Die Behörde hatte ihre Frage also zu allgemein gestellt.

(Verwaltungsgericht Neustadt, 28.12.2011, Az. 1 L 1125/11.NW)

Sind Sie beteiligt gewesen?

Mandant schickt mir ein Telefonprotokoll:

Anruf mit unterdrückter Rufnummer.

Meier: »Meier.«

Polizist stellt sich vor, sagt worum es geht, fragt, ob ich der Fahrer war. (Keine Belehrung!)

Meier: »Dazu möchte ich nichts sagen. Wenden Sie sich bitte an meinen Anwalt.«

Polizist: »Ich kann mich nicht direkt an Ihren Anwalt wenden, Sie bekommen dann Post. Wie Sie bereits gemerkt haben, müssen Sie dazu auch nichts sagen. Sind Sie denn beteiligt gewesen?«

Meier: »Wie Sie gerade gesagt haben, muss ich dazu nichts sagen. Das möchte ich auch so machen.«

Polizist wünscht schönen Tag.

Meier wünscht schönen Tag.

Telefonat Ende.

FAZIT: Vorbildlich!

»Dann schreibe ich im Zweifel auf«

»Handy am Steuer« – bei diesem Vorwurf machen viele Amtsrichter kurzen Prozess. Haben Polizeibeamte gesehen, wie sich der Autofahrer ein Mobiltelefon ans Ohr hielt, dann war das eben so. Ein Richter am Amtsgericht Berlin-Tiergarten wäre wahrscheinlich auch gern so verfahren. Doch leider legten ihm ausgerechnet die Zeugen der Anklage so viele Steine in den Weg, dass ein Autofahrer am Ende doch noch um Bußgeld und Punkte herumkam.

Der Autofahrer hatte sich schon mal geschickt verteidigt. Er sei sehr viel im Auto unterwegs. Deshalb nutze er auch eine Freisprecheinrichtung. Allerdings ein Modell, über das man die Rufnummer nicht wählen kann. Deshalb gab der Autofahrer auch zu, dass er an einer Berliner Innenstadtkreuzung das Handy in die Hand genommen und eine Nummer gewählt habe. Aber nur, so lange er vor einer roten Ampel gestanden habe. Und währenddessen habe er den Motor ausgeschaltet.

Das Wort hatten die Zeugen, eine 30-jährige Polizistin und ihr gleichaltriger Kollege. Sie erzählten, dass sie öfter an der betreffenden Kreuzung gezielte Kontrollen machen. Sie stehen dann in Zivil in Höhe der Ampel und gucken, wer im Auto telefoniert. Die Sünder geben sie per Funk an den Anhaltetrupp durch, der etwa 200 Meter hinter der Kreuzung wartet.

»Haben Sie denn gesehen, dass der Autofahrer beim Fahren telefoniert?«, fragte der Richter.

»Er befand sich im Fließverkehr«, antwortete die Polizistin.

»Was ist denn für Sie Fließverkehr?«

»Fließverkehr ist alles, wenn das Auto nicht abgeparkt ist.«

»Also kann es auch sein, dass der Autofahrer an der roten Ampel gestanden hat?«

»Ja, was macht das für einen Unterschied?«

»Es könnte ein Unterschied sein, wenn er den Motor ausgeschaltet hatte. Haben Sie darauf geachtet?«

»Nein, ob der Motor angeschaltet ist oder nicht, das interessiert uns nicht.«

Der Polizist sagte im Kern das Gleiche. Auch ihm ist es egal, ob er einen Autofahrer aufschreibt, der nur in einem stehenden Wagen telefoniert. Seine Erklärung: »Die Kreuzung ist so laut, da kann ich doch gar nicht feststellen, ob der Motor läuft. Viele Autos haben ja heute auch eine Start-Stopp-Automatik.« Auf Rückfrage des Richters: »Also, wenn einer vor der roten Ampel steht und telefoniert, dann schreibe ich den im Zweifel auf. Für mich fällt das eindeutig in den Schutzbereich der Ordnungswidrigkeit.«

Dem Richter blieb nichts anderes übrig, als die Beamten mal in die Vorschriften gucken zu lassen. § 23 Straßenverkehrsordnung verbietet zwar Handys am Steuer. Aber nicht, *wenn das Fahrzeug steht und bei Kraftfahrzeugen der Motor ausgeschaltet ist.* Betretenes Schweigen. Der Paragraf war den beiden Beamten offenbar nicht bekannt. Der Richter stellte das Verfahren kurzerhand ohne Folgen für den Autofahrer ein, auch wenn das Polizistenpärchen das offensichtlich als

Zeit ist nicht das Problem

Notizen aus dem Sekretariat:

»Herr Vetter ist nicht im Büro. Er hat einen auswärtigen Termin.«

»Bringt es etwas, wenn ich in der Leitung bleibe?«

völlig daneben betrachtete. Jedenfalls guckten sie ziemlich schräg und rauschten empört aus dem Saal.

FAZIT: Man darf wohl annehmen, dass der Lerneffekt gegen null ging und die Kontrollen so weitergehen, wie man das für richtig hält …

Benzin (fast) zum Nulltarif

Erst mal orientieren mussten sich Streifenpolizisten, die eines Nachts zu einer Tankstelle in Wanne-Eickel gerufen wurden. Dort trafen sie gegen 0.40 Uhr auf einen Autofahrer. Doch dieser gehörte – fast wider Erwarten – nicht zur Sorte jener, die sich um eine hohe Benzinrechnung drücken wollen. Vielmehr standen der Mann und sein Auto mutterseelenallein auf der Tankstelle. Es war niemand da, bei dem der Autofahrer seine Tankrechnung hätte begleichen können. Benzin hatte der Mann noch problemlos bekommen. Aber dann fingen die Probleme an. Das Kassenhaus war verschlossen, das Licht aus; einen Tankautomaten gab es nicht. Offenbar waren der Pächter oder sein Mitarbeiter in den Feierabend gegangen, ohne die acht Zapfsäulen auszuschalten. An jeder Säule hätte problemlos getankt werden können.

Da die Beamten niemanden von der Tankstelle erreichten, griffen sie zur Selbsthilfe. Sie besorgten einen Kanister, tankten an jeder Säule eine geringe Menge und hängten die Zapfhähne sofort wieder ein. Damit war die Gefahr gebannt, dass sich die Sache rumsprach und Nachtschwärmer zu einem Benzindiebstahl verführt würden. Denn, so die Polizei, die Säulen ließen sich nur aus dem Kassenraum wieder freischalten.

Ihre Anfrage

Aus der Mitteilung eines Amtsgerichts: *Ihre Anfrage kann derzeit nicht beauskunftet werden.* Diese Formulierung ist selbst mir neu.

Nach dem Tankvorgang waren sie blockiert. Die Beamten füllten auch an jeder Säule denselben Kraftstoff in den Kanister, damit der Schaden für den Pächter möglichst gering war. Das Benzin zum Gesamtpreis von 2,21 Euro konnte sich der Tankstellenbetreiber auf der Wache abholen.

Wie später zu hören war, hat der Tankstellenbetreiber dem Autofahrer, dessen Personalien die Polizei notiert hatte, die Tankfüllung geschenkt.

Die bestreifende Mitarbeiterin

»Was nimmst du?« Diese Frage stellte ein Kontakt suchender Autofahrer ausgerechnet einer Mitarbeiterin des Dortmunder Ordnungsamts. Die Frau ging an der Bergmannstraße/Ecke Steigerstraße in Zivil Streife. Das Areal gehört zum Sperrbezirk. Im Sperrbezirk ist es nach der Dortmunder Ordnungssatzung verboten, »zu Prostituierten Kontakt aufzunehmen, um sexuelle Handlungen gegen Entgelt zu vereinbaren«. Solch eine Anbahnungshandlung – ebenfalls ein Wort aus der Satzung – sah das Amtsgericht Dortmund bei dem Autofahrer. Dem Mann wurde ein Bußgeld auferlegt.

Allerdings wollte er das nicht akzeptieren und zog vor das Oberlandesgericht Hamm. Dort fragten die Richter weniger nach der Moral, sondern schauten sich die

Rechtslage an. Mit einem Ergebnis, das wenig schmeichelhaft ist für das Amtsgericht Dortmund:

Da es sich nach den amtsgerichtlichen Feststellungen bei der von dem Betroffenen angesprochenen Zeugin Q. nicht, wie es § 6a OBVO aber voraussetzt, um eine Prostituierte, sondern um eine dienstlich die Nordstadt bestreifende Mitarbeiterin des Ordnungsamts der Stadt Dortmund handelte, konnte der Betroffene eine (vollendete) Ordnungswidrigkeit gemäß § 22 Abs. 1 Nr. 17 OBVO nicht begehen. Sein Verhalten entspricht vielmehr (lediglich) einem (untauglichen) Versuch. Der Versuch einer Ordnungswidrigkeit kann aber nach § 13 Abs. 2 OWiG nur geahndet werden, »wenn das Gesetz es ausdrücklich bestimmt«, d.h. wenn die jeweilige Bußgeldnorm die Ahndung des Versuchs ausdrücklich zulässt. Daran fehlt es im vorliegenden Fall.

Demgemäß musste der Autofahrer freigesprochen werden.

(Oberlandesgericht Hamm, 7.2.2012, Az. III-1RBs 200/11)

FAZIT: Wer bestreifende Mitarbeiter anspricht, muss nicht unbedingt dafür bezahlen.

Der falsche Ort

Die Anklagebank ist der falsche Ort, um mit seinem Einkommen zu prahlen. Das sage ich meinen Mandanten immer. Vor allem jenen, die ich im Verdacht habe, ihr Selbstwertgefühl auch etwas aus der Bewunderung zu ziehen, mit der man hierzulande finanzielle Potenz

Nostalgisch

Hach, wie lange ist das her, dass mich jemand aus einer guten, alten Telefonzelle angerufen hat? Das Klappern der Münzen. Und der Satz: »Wir haben noch 20 Sekunden …«

bedenkt. Der Grund für etwas Zurückhaltung – ich sage nicht Lüge – ist simpel: Geldstrafen sind in Deutschland nicht gleich Geldstrafen. Während ein Geringverdiener für ein kleines Delikt vielleicht mit 300 Euro davonkommt, kann die gleiche Geschichte einen Begüterten auch locker das Zehnfache kosten. Oder sogar noch mehr.

Die Geldstrafe bemisst sich bei uns nach Tagessätzen. Die Zahl der Tagessätze sagt etwas darüber aus, wie schwer die Sache wiegt. Eine Beleidigung kostet normalerweise 10 bis 30 Tagessätze, eine Körperverletzung 20 bis 60, Fahrerflucht 40 bis 90. Ab 91 Tagessätzen gilt man als »vorbestraft«. Außer über die Zahl der Tagessätze muss der Richter auch über deren Höhe entscheiden. Das ist das soziale Element an der Sache. Ein Tagessatz entspricht dem Nettoeinkommen eines Tages. 30 Tagessätze entsprechen also einer Geldstrafe von einem Monatsgehalt.

Im wahrsten Sinne nach hinten los ging der soziale Gedanke bei den Tagessätzen in Hamburg. Dort wurde ein Autofahrer vor Gericht in einem achttägigen Prozess der Beleidigung überführt. Die weitaus meiste Zeit widmete der Richter aber gar nicht der Tat. Vielmehr klärte er offenbar akribisch die Einkommensverhältnisse des Angeklagten. Der Angeklagte hatte vor Gericht nur erklärt, er verdiene auskömmlich. Möglicherweise machte sein Luxuswagen, der im Fall eine

Blutdruckerhöhend

Vielleicht sollte die Rechtsanwaltskammer Einladungen zu Seminaren nicht mit dem Vermerk »Persönlich/Vertraulich« versenden. Solche Schreiben verkürzen meine Lebenserwartung. In exakt gleicher Aufmachung werden nämlich Beschwerden von verärgerten (ehemaligen) Mandanten und sonstigen bösmeinenden Zeitgenossen zugesandt.

Rolle spielte, den Richter stutzig. Er beschränkte sich nämlich nicht darauf, das Einkommen des Angeklagten zu schätzen. Vielmehr ermittelte er, was der Mann tatsächlich verdiente. Dazu darf das Gericht ganz normal Beweis erheben. Zum Beispiel Arbeitgeber und Bankmitarbeiter fragen. Oder sich bei Behörden erkundigen.

Am Ende stand für das Gericht fest, dass es im Verfahren für die wahrscheinlich teuerste Beleidigung in der Hamburger Geschichte langt. Insgesamt 60 000 Euro soll der Angeklagte zahlen. Der Richter hatte einen Tagessatz von 2000 Euro ermittelt; das monatliche Einkommen des Angeklagten betrug demnach 60 000 Euro.

FAZIT: Nicht nur Prahlerei kann schädlich sein. Sondern auch übertriebene Schweigsamkeit. Hätte der Mann von sich aus ein einigermaßen realistisch klingendes Einkommen angegeben, hätte der Richter wahrscheinlich nicht die große Keule ausgepackt.

Blitzer-Apps sollen erlaubt werden

Verkehrsexperten von CDU und FDP wollen Radarwarner legalisieren. Dabei haben sie offenbar vor allem Blitzer-Apps im Sinn, wie sie heutzutage für jedes Smartphone und Navigationsgerät erhältlich sind. Wie der *Focus* unter Bezug auf die *Saarbrücker Zeitung* berichtete, halten die Politiker das bislang geltende Verbot von Blitzerwarngeräten für nicht mehr »zeitgemäß«. Der Gedanke ist nachvollziehbar – und im Ergebnis auch richtig. In der Tat ist die bislang geltende Regelung überholt. Sie lautet:

Dem Führer eines Kraftfahrzeugs ist es untersagt, ein technisches Gerät zu betreiben oder betriebsbereit mitzuführen, das dafür bestimmt ist, Verkehrsüberwachungsmaßnahmen anzuzeigen oder zu stören. Das gilt insbesondere für Geräte zur Störung oder Anzeige von Geschwindigkeitsmessungen (Radarwarn- oder Laserstörgeräte).

Die Formulierung stammt aus einer Zeit, als die Geräte selbst die Messimpulse von Radarfallen aufspürten. Das ist aber nicht mehr Stand der Technik. Blitzer-Apps funktionieren über die Meldungen von Verkehrsteilnehmern, also per Schwarmintelligenz. Stationäre Anlagen werden einfach in Karten eingetragen. Der klassische Radarwarner hat also ausgedient, zumal er moderne Geräte, die zum Beispiel mit Induktionsschleifen arbeiten, gar nicht mehr erfassen kann. Bislang ist unklar, ob Blitzer-Apps in Smartphones und Navigationsgeräten überhaupt noch unter das Verbot fallen. Weder Handys noch Navis sind nämlich in erster Linie dafür »bestimmt«, vor Radarfallen zu warnen, wie es das Gesetz fordert. Vielmehr dienen sie (auch) etlichen anderen Zwecken.

Gerichtliche Entscheidungen gibt es so gut wie nicht. Das liegt natürlich auch daran, dass die Polizei den

Alltägliche Unglücksfälle

Telefonnotiz: *Herr N. bittet dringend um Rückruf, er hat sein Auto im Rhein versenkt.*

Einsatz solcher Geräte nur schwer nachweisen kann. Beamte müssten sich bei Verkehrskontrollen Handys und Navis ansehen. Oder die Geräte beschlagnahmen, wenn der Autofahrer den Zugangscode nicht rausrückt. Es ist schon höchst zweifelhaft, ob solche Zugriffe überhaupt rechtmäßig wären. Immerhin finden sich auf Smartphones viele persönliche Daten des Autofahrers, außerdem die meist offenen Zugänge zu E-Mail-Accounts, sozialen Netzwerken und Cloud-Speichern, um nur einige Beispiele zu nennen. Es würde also ganz erheblich in sensible Rechtsbereiche des Bürgers eingegriffen. Dass die Polizei bei allgemeinen Verkehrskontrollen »einfach mal so« in den Handys der Angehaltenen nach Blitzer-Apps schnüffelt, erscheint vor diesem Hintergrund fast undenkbar.

Die heutige Regelung hat auch andere Graubereiche. So steht es ja ohnehin jedem Beifahrer frei, eine Blitzer-App auf seinem Handy laufen zu lassen. Der Paragraf richtet nämlich ausdrücklich nur an den Fahrzeugführer. Außerdem ist es seit Langem üblich, dass Radiosender ganz aktuell vor Radarfallen warnen. Selbst Polizei und Kommunen geben an vielen Orten die Messorte auf den eigenen Internetseiten bekannt. Wieso dann nicht auch Mobiltelefone oder Navigationsgeräte vor Blitzern warnen dürfen, erscheint mir kaum nachvollziehbar.

FAZIT: Daumen hoch für diese Idee.

Kein Reißverschluss vor Möbelwagen

Das Reißverschlussverfahren gilt im Straßenverkehr nur, wenn eine Spur für eine gewisse Strecke offiziell geschlossen wird. Aber nicht, wenn die Spur nur durch ein zufälliges Hindernis blockiert wird. Das stellte das Amtsgericht München klar.

Anfang September 2011 war eine Autofahrerin mit ihrem Wagen A auf der Widenmayerstraße in München auf der linken der zwei Fahrbahnen gefahren. Ein Möbelwagen, der in der Straße auf ebendieser Spur parkte, zwang sie zum Halten. Als sie auf die rechte Spur wechselte, kam es zu einem Zusammenstoß mit der Fahrerin von Wagen B. Kotflügel, Stoßfänger und das Rad rechts vorn von Wagen A wurden dabei beschädigt. Die Reparaturkosten in Höhe von 1633 Euro, die Kosten für das Sachverständigengutachten in Höhe von 370 Euro sowie Nutzungsausfall für zwei Tage in Höhe von 68 Euro sollte die Fahrerin von Wagen B der Besitzerin von Wagen A ersetzen.

Diese und ihre Versicherung weigerten sich zu zahlen. Schließlich habe die Fahrerin von Wagen A nicht aufgepasst. Im Gegenteil, so entgegnete diese, die andere Fahrerin sei rücksichtslos und extrem unaufmerksam gewesen. Die Besitzerin von Wagen A erhob Klage vor dem Amtsgericht München. Dieses wies die Klage jedoch ab. Der Unfall beruhe auf einem Spurwechsel der Klägerin. Bei einem Spurwechsel obliege es nach der Straßenverkehrsordnung dem wechselnden Autofahrer, eine Gefährdung der anderen Verkehrsteilnehmer auszuschließen. Gegebenenfalls müsse er anhalten oder vom Wechsel Abstand nehmen. Die Beklagte sei insbesondere nicht verpflichtet gewesen, den Spurwechsel zu ermöglichen. Das Reißverschlussprinzip gelte nur beim

Wegfall einer Spur, nicht wenn die Weiterfahrt auf einer noch vorhandenen Spur nicht möglich sei, da diese blockiert sei.

(Amtsgericht München, 7.3.2012, Az. 334 C 28675/11)

Nutzloser Streit über Verkehrsschilder

Unsinnige Verkehrsschilder finden sich in jeder Stadt. Gerade dort, wo Parkplätze knapp sind, gehen Autofahrer gern mal auf die Barrikaden. Doch der zivile Ungehorsam hilft regelmäßig nicht weiter – wie ein Urteil des Verwaltungsgerichts Düsseldorf zeigt. Ein Autofahrer musste Abschleppkosten und eine Verwaltungsgebühr in Höhe von knapp 200 Euro zahlen.

Auf die Frage, ob der Mann vielleicht sogar recht hatte, kommt es nach Auffassung der Richter gar nicht an. Dabei ließen sich die Argumente des Betroffenen, es gebe an der Stelle gar keine Zufahrt und damit auch keine Feuerwehrzufahrt, sogar hören. Ebenso sein Einwand, er habe vor einem Baum geparkt und schon deswegen einen möglichen Feuerwehreinsatz nicht behindern können. Tatsächlich, so die Vermutung des Mannes, sorge die »Feuerwehrausfahrt« eher dafür, dass der Notausgang eines Kinos nicht zugestellt werde.

In Zukunft

Ich habe aus diesem Vorfall gelernt und werde nie wieder auf das gesprochene Wort vertrauen, in Zukunft zählen nur schriftliche Vereinbarungen. Schreibt ein Beklagter. Er hatte sich verpflichtet, einem Makler zwei Monatsmieten Courtage zu zahlen. Schriftlich.

Auf all diese Fragen geht das Verwaltungsgericht gar nicht ein. Es genüge völlig, dass die Feuerwehrzufahrt mit deutlichen Schildern und Markierungen gekennzeichnet sei. Da dies der Fall war, seien die Schilder grundsätzlich zu beachten gewesen. Es konnte nach Auffassung der Richter nur in seltenen Fällen vorkommen, dass Schilder wirkungslos seien:

Lediglich bei offensichtlicher Willkür oder Sinnwidrigkeit oder bei objektiver Unklarheit, die sich durch Auslegung nicht beheben lässt, sind sie wegen Nichtigkeit unbeachtlich. Nichtig ist ein Verwaltungsakt nach § 44 Abs. 1 Verwaltungsverfahrensgesetz (VwVfG NRW) nur dann, wenn er an einem besonders schwerwiegenden Fehler leidet und dies bei verständiger Würdigung aller in Betracht kommenden Umstände offensichtlich ist.

Es muss also ganz eindeutig klar sein, dass ein Verkehrsschild wirkungslos ist. Das Risiko hierfür trägt der Autofahrer:

Es obliegt auch nicht dem einzelnen Verkehrsteilnehmer zu entscheiden, inwieweit der Bereich einer Feuerwehrzone zugeparkt werden kann, weil er zur Ein- oder Ausfahrt nicht erforderlich sein könnte.

(Verwaltungsgericht Düsseldorf, 21.8.2012, Az. 14 K 2727/12)

FAZIT: Wer Verkehrsschilder für unsinnig hält, muss gesondert dagegen klagen. Widerstand gegen ein konkretes Knöllchen ist dagegen sinnlos. Solange das Verkehrsschild steht, muss es beachtet werden.

Mit dem Bierglas am Steuer

Der Anfangsverdacht bei Straftaten ist eine komplizierte Sache. Auf der einen Seite dürfen an so einen Anfangsverdacht nicht zu hohe Anforderungen gestellt werden. Andererseits geht es (natürlich) nicht, dass die Polizei ohne jeden konkreten Anhaltspunkt vorgeht. Und zum Beispiel Autofahrer zur Blutprobe oder dem Atemalkoholtest bittet.

In Bonn ereignete sich ein Fall, der wohl über jede juristische Diskussion erhaben ist. Eine Autofahrerin, 23 Jahre alt, ignorierte alle Anhaltesignale der Polizei, Blaulicht eingeschlossen. Als sie schließlich anhielt, hatte sie noch ein Glas Kölsch in der Hand. Da dürften weitere Maßnahmen wohl unausweichlich gewesen sein, selbst wenn vor Ort nicht noch kräftiger Alkoholgeruch festgestellt worden wäre.

Für die Beamten war es jedenfalls nur noch eine Formsache, kräftigen Alkoholgenuss zu vermuten. Was sich dann auch bestätigte. Die Frau hatte 2,5 Promille im Blut.

✔ **MERKE:** Anfangsverdacht kann manchmal ziemlich konkret sein.

Handy am Steuer ist Handy am Steuer

Ein Mobiltelefon darf beim Autofahren auch dann nicht in die Hand genommen werden, wenn es nur als Navigationsgerät benutzt wird. Das hat das Oberlandesgericht Hamm entschieden.

Der 29-jährige Betroffene aus Holzwickede hatte während einer Fahrt in Essen ein Mobiltelefon nach eigenen Angaben in der Hand gehalten und darauf getippt, um

Wir nehmen kein Geld

Ein Mandant erzählte mir, er habe Geld vorbeibringen wollen. Während meines Urlaubs. Meine Sekretärin habe das Geld aber nicht angenommen. Dafür müsse er mit mir persönlich einen Termin machen. Ich überlege, ob ich jemals dreister belogen wurde.

es als Navigationsgerät zu nutzen. Gegen das übliche Bußgeld hatte der Mann Einspruch eingelegt. Nach seiner Auffassung hatte er nichts falsch gemacht, weil er gar nicht telefonierte.

Doch der Mann unterlag auch in zweiter Instanz. Nach Auffassung der Gerichte kommt es nur darauf an, ob während der Fahrt ein »Mobiltelefon« benutzt wurde. Auch die Navifunktion sei eine Nutzungsmöglichkeit, die der Gesetzgeber bei einem Mobiltelefon einbeziehen wollte. Der Autofahrer solle nämlich die Hände während der Fahrt frei haben. Deshalb spiele es keine Rolle, ob das Handy als Handy oder (nur) als Navigationsgerät genutzt werde.

Allerdings bedeutet dieses Urteil nicht, dass das Handyverbot am Steuer auch für reine Navigationsgeräte oder sonstige Apparate gilt. Am Steuer verboten sind auch weiterhin nur Geräte, mit denen man mobil telefonieren kann. Hätte der Betroffene nur auf ein reines Navigationsgerät getippt, wäre es nicht zu einem Bußgeld gekommen.

(Oberlandesgericht Hamm, 18.2.2013, Az. III-5 RBs 11/13)

KAPITEL 7

Knastologie

JVA

Besuch in der Justizvollzugsanstalt Bochum.

Jochen S. hat es wirklich hart getroffen. Er versuchte, einem Mann in Recklinghausen eine Rolex zu rauben. Die Nobeluhr hatte der Mann annonciert gehabt. Jochen S. gab sich als Interessent aus. In der Wohnung des Mannes sprühte er diesem Pfefferspray ins Gesicht. Doch Jochen S. kam nur bis in den Flur. Dort holte ihn das Opfer ein. Mit seinen 130 Kilo schmiss er den schmächtigen Jochen S. einfach um, prügelte ihn windelweich und übergab ihn der Polizei.

Sieben Hauptverhandlungstage brauchte das Landgericht Bochum. Maßgeblich ging es um die Frage, ob das Pfefferspray eine Waffe ist. Das wäre dann schwerer Raub. Mindeststrafe fünf Jahre. Zwei Sachverständigengutachten. Und dann das bittere Ende für Jochen S.: fünf Jahre, sechs Monate. Ein Hammer, wenn man bedenkt, dass er die Uhr gerade mal zwei Sekunden lang in der Hand hatte.

Zum Glück musste ein Richter-Azubi das Urteil schreiben. Und der brachte juristische Klöpse rein. So wurde Jochen S. strafschärfend angerechnet, dass er das Pfefferspray mit in die Wohnung genommen hatte. Die Mitnahme bzw. Verwendung des Sprays ist aber schon Tatbestandsmerkmal. Sonst läge nämlich kein schwerer, sondern nur einfacher Raub vor.

Außerdem wurde strafschärfend verwertet, dass Jochen S. die Tat geplant hatte. Ungeplanten schweren Raub gibt es aber nur selten. Im Gesetz ist auch nicht erwähnt, dass man wegen der Planung schwerer bestraft wird. Und schließlich der Hammer: Die Strafe wurde sogar erhöht, weil sich Jochen S. in Recklinghausen nicht auskannte. Deshalb hatte er sich an einer Tankstelle einen Stadtplan gekauft. Das zeige eine große kriminelle Energie. Was genau am Kauf eines Stadtplanes kriminelle Energie beweist, verriet das Gericht leider nicht.

Die Richter am Bundesgerichtshof machen ja so einiges mit. Aber so eine schlampige Argumentation stieß nicht auf Gnade. Das Urteil wurde im Strafmaß aufgehoben. Mit dem klaren Hinweis, dass sogar ein minder schwerer Fall naheliegt.

✔ **MERKE:** Manchmal hat der Richter Pech. Kann aber ein paar Instanzen dauern.

Da kommt Arbeit auf dich zu

Beim Anblick der mir bekannten Dame dachte ich spontan: »Da kommt Arbeit auf dich zu.« Blutunterlaufene Augen, blaue Flecken um die Schläfenknochen, schimmelgrüne Wangen. Und eine unförmige Schiene mitten im Gesicht. Aus der Nebenklage wird aber nichts. Sie hat sich nur die Nase machen lassen.

Freigang

In der Strafsache gegen K., Tobias, beantrage ich, Tobias zur Teilnahme an der Konfirmation seines Bruders am … zwischen 8.45 Uhr und 18 Uhr Freigang zu gewähren.

Tobias' Bruder hat am … Konfirmation. Die Feier beginnt um 9.30 Uhr in der Marienkirche.

Nach der Kirche gibt es eine geschlossene Familienfeier.

Die Eltern würden den ganzen Tag auf Tobias aufpassen und dafür sorgen, dass er sich nicht von ihnen entfernt. Sie würden Tobias auch an der JVA persönlich abholen und dort wieder abgeben.

Weitere Details hat die Mutter bereits persönlich mitgeteilt. Falls zusätzliche Informationen erforderlich sind, werden diese gern nachgereicht.

Danke im Voraus.

Rechtsanwalt

Tobias ist bereits dreimal verurteilt: gemeinschaftlicher schwerer Raub, räuberische Erpressung, Diebstahl, Unterschlagung, gefährliche Körperverletzung, Beleidigung, Widerstand gegen Vollstreckungsbeamte. Zuletzt zwei Jahre auf Bewährung.

Tobias ist 16 Jahre alt.

Zu meinem Antrag sagte der Staatsanwalt Nein. Die Familie solle ohne Tobias feiern. Vier Tage später entschied der Richter gegen die Staatsanwaltschaft.

✔ **MERKE:** Richter sind öfter Menschen, als man manchmal meint.

Schmacht

In den Besuchertrakten der meisten Gefängnisse gibt es Warenautomaten. Dort können Besucher für sich und »ihren« Gefangenen Getränke und Süßigkeiten, mitunter sogar Eiscreme und heiße Würstchen ziehen. Unverzichtbar sind natürlich Zigaretten-, Tabak- und Blättchenautomaten. Zwischen 5 und 10 Euro dürfen Besucher anlegen.

Das gilt auch für Verteidiger, weshalb ich stets ein paar Euro Klimpergeld parat habe, um das Gespräch mit dem Mandanten angenehmer zu gestalten. (Und das, obwohl es keine steuertauglichen Quittungen gibt.) Angenehm für die Gefangenen: Zumindest Tabakwaren dürfen sie überall auch mit in ihre Zelle nehmen.

Einmal besuchte ich in Düsseldorf einen frisch inhaftierten Mandanten, bei dem das Taschengeld, das ihm seine Verwandten überwiesen hatten, noch nicht auf dem Hauskonto angekommen war. Er hatte mir sogar einen Brief geschickt, dass er es ohne Zigaretten einfach nicht mehr aushalte. Ich solle ihm unbedingt ein Päckchen ziehen, wenn ich vorbeikäme. Es war interessanterweise ein sehr kurzes Gespräch, obwohl wir viel zu bereden hatten. Den Mandanten trieb der Schmacht zu-

FmH bbH

Aus einem Polizeibericht: *02 befuhr mit seinem FmH bbH 25 die Solinger Straße.*

Ich musste auch erst mal gucken, was das ist. Ein »Fahrrad mit Hilfsmotor mit baulich bedingter Höchstgeschwindigkeit 25 km/h«. Früher auch Mofa genannt.

rück in seinen Haftraum. Im Besuchertrakt herrscht nämlich Rauchverbot.

Soziale Wirklichkeit

Für einen Drogenentzug benötigt ein Strafgefangener einen Sozialbericht. Erst auf dieser Grundlage entscheidet der »Kostenträger« darüber, ob eine Therapie sinnvoll ist. Einer meiner Mandanten stand in der Justizvollzugsanstalt A auf der Warteliste. Es hätte voraussichtlich sieben Monate gedauert, bis jemand den Sozialbericht geschrieben hätte.

Nach knapp vier Monaten wurde mein Mandant in die Justizvollzugsanstalt B verlegt. Bürokratie rules. Auf der dortigen Warteliste musste er sich wieder hinten einreihen. Also weitere sechs Monate bis zum Sozialbericht – und immer in der Ungewissheit, ob er vielleicht wieder verlegt werden würde und sich dann wieder würde hinten anstellen müssen. Bei einem Besuch fragte ich meinen Mandanten, ob man im Gefängnis nicht ohnehin kalt entziehe. Gezwungenermaßen. Mangels Nachschub. Er guckte mich an, schüttelte ungläubig den Kopf und kriegte schließlich einen Lachanfall.

FAZIT: Wieder was gelernt.

Massensendung

Lieber Udo Anwalt,
mir sind eingesperrt unschuldig hier in Knast. Bitte sie mir helfen. Ganz dringend. Ich frage meine Verwandten, die zahlen alles, was sie wollen. Aber komm'en mich

erst mal besuchen, wir sprechen über alles. Bitte, bitte, ich brauch Hilfe.

Die finanziellen Versprechungen – geschenkt. Was mich aber stört, sind Leute, die dir bei deinem Besuch vom Vollzugsbeamten ausrichten lassen, sie hätten kein Interesse mehr an einem Gespräch. Kein Wunder, wenn schon fünf der etwa dreißig Anwälte, denen sie den gleichen Brief geschickt haben, vor dir da gewesen sind.

Kundenkredit

Kautionen sind in Deutschland zwar erlaubt. Richter machen aber nur sehr zögerlich davon Gebrauch. Wenn ich als Verteidiger mal eine Sicherheit ausgehandelt kriege, kann ich mich gleich auf eine unangenehme Situation einstellen. Der Mandant ist ja meist nicht in der Lage, das Geld zu beschaffen – zumindest nicht kurzfristig.

»Könnten Sie die Kaution nicht für mich einzahlen?«

»Ich bin keine Bank.«

»Ja, aber glauben Sie mir, mein Bruder zahlt das Geld sofort wieder bei Ihnen ein.«

»Ihr Bruder hat mir am Telefon gesagt, er will mit Ihnen nichts mehr zu tun haben.«

»Dann meine Mutter.«

»Die klang auch nicht freundlicher.«

»Okay, aber ich laufe bestimmt nicht weg, dann kriegen Sie das Geld doch aus der Staatskasse wieder.«

»Aber wenn Sie weglaufen, bin ich 15 000 Euro ärmer. Und habe sogar noch ein Mandat weniger, um das Geld wieder zu verdienen.«

Teures Formular

Das Amtsgericht Hagen antwortet auf einen Mahnbescheidsantrag: *Die geltend gemachten Auslagen für Vordruck/Porto erscheinen überhöht. Ist der Betrag tatsächlich entstanden, so fügen Sie der Antwort bitte entsprechende Belege bei.* 556,60 Euro für ein Formular oder Porto wären in der Tat ungewöhnlich ... Es handelt sich dabei in Wahrheit um die außergerichtlichen Anwaltsgebühren. Da bin ich wohl in der Zeile verrutscht.

»Ich zahle Ihnen auch Zinsen. Wie viel wollen Sie? 10, 25, 50 Prozent? Von mir aus auch pro Monat.«

»Sie versprechen was, von dem Sie jetzt schon wissen, dass Sie es nicht einhalten können. Das ist kein gutes Zeichen.«

»Sie leihen mir die Kohle also nicht?«

»Sorry, ich habe gerade keine Kreditanträge dabei.«

»Aber hier im Knast sagen sie, dass es Anwälte gibt, die so was machen.«

»Wenn Sie so einen Kollegen finden, leihen Sie sich gleich ein paar Hundert Euro mehr, damit ich die Sache nicht als Pflichtverteidigung abrechnen muss.«

Letztlich ist aber noch kein Mandant abgesprungen, weil er tatsächlich einen Verteidiger gefunden hat, der ihm die Kaution stellt.

FAZIT: Mangels anderer Informationen gehe ich also davon aus, dass ich nicht der Einzige bin, der einen Einstieg ins Finanzgeschäft eher skeptisch betrachtet. Von Ausnahmen natürlich abgesehen.

Gleichheit ganz unten

Aus dem Brief eines jugendlichen Untersuchungsgefangenen:

Sehr geehrter Herr Richter,
ich wollte Sie bitten, mir schnellstmöglich eine Telefongenehmigung zu schicken, damit ich so bald wie möglich meine Mutter anrufen kann.

Die Entscheidung des Gerichts:

… wird die Führung eines Telefongesprächs des Beschuldigten aus Gründen der Gleichbehandlung aller Gefangenen nicht genehmigt. Der Beschuldigte erhält Besuch.

Wenn der Gefangene also einmal im Monat von seiner Schwester besucht wird, die Mutter wegen Krankheit und mangels Fahrgelegenheit nicht 350 Kilometer anreisen kann, ist ein Telefonat schon zu viel verlangt. So definiert sich Gleichheit ganz unten.

Badelatschen

Auf meine obligate Frage, wie er mit der Untersuchungshaft klarkomme, antwortete der Mandant, er werde korrekt behandelt. Auch mit den anderen Inhaftierten komme er klar.

Einen großen Wunsch habe er allerdings. Angehörige sollten ihm schnellstmöglich Badelatschen mitbringen. Mit der Fußpflege hätten es viele Mitgefangene nämlich nicht so. Weitere Ausführungen ersparte er mir …

Justizvollzugsanstalt. Im Besucherzimmer rede ich mit einem neuen Mandanten.

»Bevor Sie das Geständnis abgelegt haben, was haben die Polizisten da gesagt?«

»Dass ich nichts aussagen muss, wenn ich nicht will.«

»Sonst noch was?«

»Dass ich auch einen Anwalt anrufen kann, wenn ich möchte. Und dass ich Anträge zum Beweis stellen kann, oder wie das heißt.«

»Sie haben keinen Anwalt angerufen?«

»Nein.«

»Sie haben dann ausgesagt?«

»Ja.«

»Hat man Ihnen was versprochen für den Fall, dass Sie keinen Anwalt anrufen oder sich äußern? Vielleicht geringeres Strafmaß, keine Untersuchungshaft?«

»Nein, der Beamte hat gesagt, dass ich wahrscheinlich so oder so in Untersuchungshaft komme. Er könne mir auch gar nichts versprechen, weil die Entscheidung beim Staatsanwalt oder Richter liegt.«

»Okay, dann haken wir das ab und reden über die Sache …«

Gepflegt

Sprachliches Highlight aus dem Schreiben einer Rechtsschutzversicherung: *Dieses Schriftstück erhalten Sie mit der Bitte, um die Erstattung bemüht zu sein.*

MP3 auf DVD

Anfrage des Gerichts in einer Strafsache:

Werden die Telefonmitschnitte (MP3 auf DVD) benötigt?

Bin gespannt, ob ich auch mein Notebook ins Gefängnis mitnehmen darf, um die Aufnahmen mit meinem Mandanten abzuhören. Oder ob zumindest die Anstalt über ein Abspielgerät verfügt.

Drogenmarkt hinter Gittern

Mein Mandant war inhaftiert. Die Zeit gestaltete er sich mit krümelartigen Substanzen etwas angenehmer. Das führte zu einer Strafanzeige. In dieser Anzeige sprach sich die Haftanstalt vehement dagegen aus, das Verfahren trotz der denkbar geringen Menge einzustellen. (Eine quantitative Analyse war gar nicht möglich.)

Interessant fand ich, dass die Anstaltsleitung ausdrücklich von einem »Betäubungsmittelmarkt innerhalb der Anstalt« sprach. Auf diesem Markt werde bei »doppelten Preisen« gehandelt. Bei den geringen Verdienstmöglichkeiten der Gefangenen führe das zu »verschärften Bedingungen«.

Wenn es gegen die eigenen Gefangenen geht, gibt es also einen Drogenmarkt innerhalb der Gefängnismauern. Sogar die Preise scheinen der Anstaltsleitung bekannt zu sein. In offiziellen Verlautbarungen wird man derartige Eingeständnisse eher selten finden. Da wird zwar schon mal eingeräumt, dass Drogen in Haftanstalten ein Problem darstellen. Dass es aber einen Markt und nachvollziehbare Preisbildung gibt, ist, soweit ich weiß, eine offiziell nicht bekannte Sicht der Dinge.

Das Mandat, von dem ich nichts wusste

Einer meiner angestammten Kunden wurde verhaftet. Die Ermittlungsrichterin hatte Haftbefehl erlassen, der Beschuldigte ging in Untersuchungshaft. Bei der Vorführung äußerte mein Mandant den Wunsch, von mir verteidigt zu werden. Die Richterin machte das, was das Gesetz vorsieht: Sie versuchte zwar nicht, mich zu erreichen, ordnete mich aber immerhin als Pflichtverteidiger bei. Damit war ich sozusagen öffentlich beauftragt (und auch verpflichtet), den Beschuldigten zu vertreten.

So weit, so gut. Nur hielt es im Anschluss niemand bei der Staatsanwaltschaft oder beim Gericht für nötig, mir Bescheid zu sagen, dass ich ein neues Mandat hatte. Dafür hätte es ja schon gereicht anzurufen. Oder mir eine Kopie der Beiordnung zu faxen. Gern auch kommentarlos. So gingen zwei (!) Wochen Freiheitsentzug ins Land, bevor ich überhaupt von der Sache erfuhr. Zwei Wochen, in denen nichts passierte. Kein Haftprüfungsantrag, keine Haftbeschwerde. Alles verlorene Zeit.

Selbst nach diesen geschlagenen zwei Wochen erfuhr ich übrigens mehr zufällig von der Sache. Die Mutter des Mandanten rief nämlich an und teilte mit, ihr Sohn

Talent

Gerichtstermin. Wer ist nicht erschienen? Mein Mandant. Telefonische Erklärung: »Sie haben gesagt, Sie kümmern sich um alles.« Eigentlich braucht mich der Betreffende gar nicht. Seine Auslegung meiner Worte zeigt, er ist ein juristisches Naturtalent.

Am Landgericht: *... der messerliche Angriff ...*

sei in Haft. Das war der allererste Pieps, den ich in dieser Sache überhaupt hörte. Erst auf Nachfrage beim zuständigen Gericht erfuhr ich dann, dass ich meine Beiordnung gar nicht beantragen musste, ich war längst Pflichtverteidiger. Mein Mandant saß also seit zwei Wochen auf heißen Kohlen in seiner Zelle, von der aus man ihn nicht telefonieren ließ. Er hat mich sicherlich aus tiefstem Herzen verflucht, und ich kann es ihm nicht verdenken.

Warum mich das Gericht nicht informierte, ist mir ein Rätsel. Möglicherweise dachte die zuständige Richterin, mein Mandant würde mich ohnehin aus dem Gefängnis anrufen. Die Richterin hatte nämlich keine Beschränkungen verfügt, sodass der Inhaftierte an sich die Möglichkeit hätte erhalten müssen, Telefonate zu führen. Dieser Gedanke hebt die gesetzliche Pflicht, mir den Beiordnungsbeschluss zuzusenden, natürlich nicht auf. Aber so wäre das Versäumnis jedenfalls erklärbar.

Dumm nur: Das betreffende Gefängnis gehört zu jenen Einrichtungen, in denen die Gesetzesreform von 2010, die erstmals auch für Untersuchungsgefangene die Telekommunikation erleichtert, nach Kräften verdrängt wird. Weder war es mir möglich, meinen Mandanten anzurufen. (»Geht grundsätzlich nicht. Machen wir nicht. Sie können sich ja beschweren.«) Noch war es meinem Mandanten gelungen, binnen zwei Wochen ein Telefonat mit mir als seinem Pflichtverteidiger führen zu dürfen. Und das, obwohl er von sich aus bereits drei (!) schriftliche Anträge auf ein Telefonat gestellt und dringend um die Telefonerlaubnis gebeten hatte. Die Anträge waren zwar entgegengenommen worden. Auf eine Antwort oder das Telefonat wartete mein Mandant aber vergebens.

Interessant war auch, dass mein Mandant bei seiner Vorführung vor die Richterin darum gebeten hatte, mich zu benachrichtigen. Er konnte sogar meine Mobilfunknummer nennen. Leider, so wurde ihm gesagt, habe man mich nicht erreicht. Ich habe die »entgangenen Anrufe« auf meinem Mobiltelefon für den betreffenden Tag gecheckt. Obwohl die Liste sogar noch einige Tage weiter zurückreichte, war kein einziger entgangener Anruf festgehalten. Das Telefon war zum Zeitpunkt der Vorführung auch nicht ausgeschaltet gewesen.

✔ **MERKE:** Bis heute hat sich für all das noch irgendeine Erklärung gefunden …

Überschäumende Freude

Post aus der Justizvollzugsanstalt:

Sehr geehrter Herr Vetter, die Revision ist durchgegangen. Bitte um schnellstmöglichen Besuch. Wir müssen das weitere Vorgehen besprechen.

Na, das nenne ich mal überschäumende Freude. Er kann es offenbar nur nicht so zeigen.

Nacktkontrolle mit Zuschauern

Es kommt vor, dass sich Gefangene nackt ausziehen müssen und dann »durchsucht« werden. Für die Aktion sind gewisse Mindeststandards zu beachten, die in den Strafvollzugsgesetzen der Länder geregelt sind. Für Hessen stellte das Oberlandesgericht Frankfurt am Main in einem Beschluss klar, dass eine Nacktkontrolle nur in einem geschlossenen Raum stattfinden darf, in dem sich keine anderen Gefangenen aufhalten.

Zum Streit war es gekommen, weil ein hessisches Gefängnis nach Besuchen Nacktkontrollen durchführte, hierbei nach Auffassung eines Gefangenen aber nicht die Vorgaben des Gesetzes beachtete. Die Haftanstalt kontrollierte Gefangene regelmäßig in einem Raum im Bereich der Innenpforte, dessen Ausgang mit einem Vorhang versehen war, der während der Durchsuchung zugezogen wurde. Darüber hinaus war eine Schamwand aufgebaut, hinter der sich der Gefangene entkleiden konnte. Der Kontrollraum besaß einen weiteren Durchgang zu einem Nebenraum, in dem Automaten aufgestellt waren, an denen Gefangene nach Besuchen Genussmittel erwerben konnten. Dieser Durchgang war weder mit einem Vorhang noch mit einer Tür versehen.

So eine räumliche Situation ist kein »geschlossener Raum«, wie ihn das hessische Strafvollzugsgesetz

Kaum zu unterbieten

Mein Mandant ist angeklagt, in einem Supermarkt Salatsoßen im Wert von 3,95 Euro geklaut zu haben. Die kleinste Schadenssumme, für die ich bisher meine Robe angezogen habe …

für solche Maßnahmen vorschreibt. Das hatte schon das Landgericht Gießen befunden, das kurz und knapp geurteilt hatte, ein geschlossener Raum setze nach dem Wortsinn voraus, dass er mit Türen versehen sei. Vorhänge oder andere Abtrennungen reichten deshalb nicht.

Der Gefängnisleiter war der Meinung, damit überspanne das Gericht die Anforderungen. Doch auch das Oberlandesgericht Frankfurt stellte sich auf den Standpunkt, ein geschlossener Raum müsse eine Tür haben. Nur dort seien Durchsuchungen nackter Gefangener zulässig, und auch nur dann, wenn sich keine anderen Inhaftierten im Raum befänden.

(Oberlandesgericht Frankfurt am Main, 22.11.2011, Az. 3 Ws 836/11)

Sterne für den Knast

Knast.net bietet eher unkonventionelle Informationen rund um den Strafvollzug. Unter anderem können dort Gefängnisse unter dem Menüpunkt »Hotelführer« mit Sternen bewertet und mit Kommentaren versehen werden.

Zwei Stimmen über die JVA Bielefeld:

Die JVA Bielefeld I ist das letzte Loch. Wenn das Universum einen hellen Punkt hat, ist man da am weitesten von weg. (0 Sterne)

Die Beamten lassen sich problemlos schmieren. (5 Sterne)

Sehr zuvorkommendes Personal. (3 Sterne)

Der vermeidbare Knastaufenthalt

Die Sache fing eigentlich harmlos an. Aber dann musste ein junger Mann unnötigerweise in den Knast. In einer Anhörung ging es darum, ob die Bewährung des Betroffenen widerrufen würde. Schon diesen Termin hatte die damalige Verteidigerin wohl schlecht vorbereitet. Jedenfalls hatte sie laut Protokoll keines der Argumente gebracht, die eigentlich auf der Hand gelegen hätten.

Zum Beispiel wies die Anwältin nicht darauf hin, dass der Bewährungsbeschluss selbst vermutlich unwirksam war. Die Auflagen waren nämlich viel zu schwammig formuliert. »Nach besten Kräften« sollte der Betroffene zahlen, um einen Schaden wiedergutzumachen. Der Beschluss erwähnte aber mit keinem Wort, in welcher Höhe der Betroffene zahlen sollte und wie groß der Schaden überhaupt war. Wenn ein Beschuldigter aber überhaupt nicht weiß, was von ihm verlangt wird, kann man ihn normalerweise auch kaum auf einen Verstoß festnageln.

Überdies hatte der Betroffene sogar Zahlungen geleistet. Doch für die gab es im Termin keinen Beleg, deshalb wollte sie der Richter nicht berücksichtigen. Nun gut, offenbar fügte man sich dann ins Schicksal, ließ den Richter entscheiden und suchte das Heil in der sofortigen Beschwerde. Die Anwältin legte diese Beschwerde zwar ein. Außerdem sah sie sich die Akte an. Mit Rücksendung der Akte teilte sie aber nur mit, sie werde die Beschwerde noch begründen. Eine Frist nannte sie nicht.

Das Landgericht wartete knapp drei Wochen. Dann wurden die Richter ungeduldig. Sie kloppten die Beschwerde mit knappen Worten in die Tonne. Das wäre mit ziemlicher Sicherheit nicht passiert, hätte die Verteidigerin in dieser Zeit wenigstens mal die Zahlungsbelege nachgereicht. Das machte sie aber erst, nachdem sie den ablehnenden Beschluss des Landgerichts erhalten hatte. Im Rahmen einer »sofortigen Beschwerde«. Dummerweise ist eine derartige Beschwerde, die ja eine sofortige Beschwerde gegen die Entscheidung über eine sofortige Beschwerde und somit doppelt gemoppelt wäre, überhaupt nicht möglich. Sie ist schlicht unzulässig.

Ich habe dann noch einiges probiert. Dazu gehörte eine Gehörsrüge. Unter anderem wies ich darauf hin, dass die Anwältin eine Begründung angekündigt hatte. Unter diesen Umständen hätte das Gericht ja auch mal nachfragen oder von sich aus eine Frist setzen können, nach deren Ablauf es zu entscheiden gedenkt. Daneben Wiedereinsetzungsgesuche und der Appell, doch wenigstens von Amts wegen Wiedereinsetzung zu gewähren. Gerade auch vor dem Hintergrund, dass der Bewährungsbeschluss selbst vermutlich unwirksam war – was Richtern ja auch auffallen könnte, ohne dass sie von einer Verteidigerin darauf gestoßen werden.

Die Gehörsrüge wurde verworfen. Das Landgericht meinte, bereits eine (!) Nachfrage überspanne seine Fürsorgepflicht. Woraus man wohl den Schluss ziehen darf,

Bluff

»Bitte ausreichend frankieren« – »Freimachen, falls Marke zur Hand«. Der Spruch steht auf fast jeder Werbeantwortkarte. Nicht mehr als ein legaler Bluff, denn sobald »Antwort« im Empfängerfeld steht, muss die Firma die Portokosten tragen, egal mit welchen Appellen sie diese Pflicht verschleiert.

dass dieses Gericht keine Fürsorgepflicht kennt. Dass letztlich ein Verurteilter für den Fehler seiner Verteidigerin ins Gefängnis musste, war der Strafkammer noch nicht mal eine ausdrückliche Überlegung wert.

Gegen die Verwerfung der Gehörsrüge war dann wieder eine Beschwerde möglich. Aber auch das Oberlandesgericht zeigte sich ungerührt. Es reiche aus, wenn das Gericht für einen Zeitraum warte, »innerhalb dessen eine beabsichtigte Stellungnahme unter normalen Umständen zu erwarten gewesen wäre«. Diese Aussage war wiederum so schwammig, dass sich wenigstens, wenn auch eher im kafkaesken Sinne, der Kreis zum Bewährungsbeschluss schloss.

Immerhin hätte der Betroffene noch seine frühere Verteidigerin auf Schadenersatz verklagen können. Die hielt es noch nicht mal für nötig, eine Erklärung zu liefern, warum sie die erste Beschwerde nicht begründet hatte.

Elektro-Post in den Knast

Ich habe Elektronikversand gespielt. Das Gericht erlaubte es einem inhaftierten Mandanten nämlich, einen E-Book-Reader im Gefängnis zu nutzen. Das Ganze diente allerdings nicht dem Vergnügen, sondern hatte einen sachlichen Hintergrund. Die originale Ermittlungsakte des Verfahrens füllte, sage und schreibe, fünf Umzugskartons. Neue Aktenbestandteile kamen teilweise ohnehin nur noch in elektronischer Form. Außerdem gehörten zu den Beweismitteln jede Menge Videos, Dateien von Telefonüberwachungen und E-Mail-Anhänge. Also Unmengen Zeugs, das auf Papier so gut wie nicht darstellbar wäre.

Dreifache Sicherheit

Ein Kollege hat gegen einen Bußgeldbescheid Einspruch eingelegt. Mit Einschreiben/Rückschein. Vorab per Telefax. Und vorab per E-Mail. Okay, die Sache betrifft ihn selbst …

Allein eine komplette Kopie der Papierbestandteile der Ermittlungsakte für meinen Mandanten hätte um die 800 Euro gekostet. Eine Stange Geld; die Staatskasse hätte die Kosten zumindest vorstrecken müssen. Natürlich war es auch eine Frage, wo ein Untersuchungsgefangener, der ja auf ein paar Quadratmetern haust, solche Mengen an Unterlagen aufbewahren sollte. Bei einem E-Book-Reader sah die Sache insgesamt erträglicher aus. Das Gerät kostete knapp 50 Euro, mit 16-GB-Speicherkarte und Steckeradapter waren es rund 65 Euro.

Es war jetzt nicht das tollste Gerät auf dem Markt, aber nun, es gab eben bestimmte Bedingungen, an die ich mich bei der Auswahl halten musste. Das ausgewählte Gerät konnte nämlich nur über USB-Kabel gefüttert werden. Es besaß keine Konnektivität für WLAN oder Mobilfunk. So was ist im Knast nämlich tabu. (Vielleicht sollte ich ein paar dieser Geräte bunkern …)

Ich war den Richtern wirklich dankbar. Sie hatten erkannt, welche Vorteile ein E-Book-Reader für den Angeklagten, die Staatskasse, aber auch für die Verteidigung bringt.

FAZIT: Das nenne ich mal fair – und vor allem zeitgemäß.

Keine Menschen zweiter Klasse

Menschen zweiter Klasse gibt es nicht. Darf es nicht geben. Auch wenn manche es gern anders hätten – vor allem wenn es um verurteilte Straftäter geht. Solche Leute sitzen auch an verantwortlicher Stelle. In Strafvollstreckungskammern an den Landgerichten. Aber auch weiter oben, in den Senaten der Oberlandesgerichte. Das Bundesverfassungsgericht hatte mal wieder Gelegenheit, diesen Juristen die Bedeutung der Menschenwürde im Rechtsstaat vor Augen zu führen. Die Ansage lautete so:

Die von Art. 1 Abs. 1 GG geforderte Achtung der Würde, die jedem Menschen unabhängig von seiner gesellschaftlichen Stellung, seinen Verdiensten oder der Schuld, die er auf sich geladen hat, allein aufgrund seines Personseins zukommt, verbietet es grundsätzlich, Gefangene grob unhygienischen und widerlichen Haftraumbedingungen auszusetzen.

Die Richter mussten sich mit der Verfassungsbeschwerde eines Gefangenen beschäftigen, der mehrmals längere Zeit in Transporträumen untergebracht gewesen war, die voll mit menschenverachtenden, teilweise sogar strafbaren Schmierereien waren; die Wände waren kotverschmiert und mit Urin vollgesogen.

Zeit

Die gesetzliche Zeit ist die mitteleuropäische Zeit. Diese wird von der Physikalisch-Technischen Bundesanstalt dargestellt und verwaltet. (§§ 1, 2 Gesetz über die Zeitbestimmung (ZeitG) vom 25. 7. 1978). Ob man dort einen Antrag stellen kann – auf mehr Zeit?

Das Bundesverfassungsgericht stellte ausdrücklich klar, Häftlinge müssten sich, so wörtlich, weder »physischem noch verbalem Kot« aussetzen lassen. Ob die Situation, was naheliegt, von anderen Häftlingen verursacht worden sei, spiele keine Rolle. Natürlich sei im Strafvollzug kein perfekter Schutz vor Widerwärtigkeiten zu erreichen. Die Justiz müsse jedoch alle ihr zumutbaren Möglichkeiten ausschöpfen, um solche Zustände zu verhindern.

Im vorliegenden Fall hatte das Verfassungsgericht offenbar wenig Zweifel, dass sich der desaströse Zustand der Transporträume aus einer langjährigen Untätigkeit der Behörden ergeben hatte.

(Bundesverfassungsgericht, 15.7.2010, Az. 2 BvR 1023/08)

Weihnachtspakete für Gefangene

Man braucht nicht allzu viel Fantasie, um sich vorzustellen, dass gerade Weihnachten für Gefangene eine ziemlich bedrückende Zeit ist. Nach Hause dürfen nur wenige, und viele haben »draußen« auch überhaupt niemanden mehr. Kontakte zu Freunden und Verwandten verlieren sich besonders während einer längeren Haftzeit. Der Verein »Freiabonnements für Gefangene« bemüht sich seit Langem darum, auch diesen »vergessenen« Menschen einen kleinen Lichtblick zu geben.

Zu den jährlichen Aktionen des Vereins gehört der Versand von Weihnachtspaketen an Gefangene. Diese Pakete kann jeder, der möchte, selbst packen oder packen lassen kann. So ein Weihnachtspaket gibt den Gefangenen das Gefühl, nicht ganz in Vergessenheit geraten zu sein – und, auch das ein wichtiger Aspekt, es wird eine Brücke zur Gesellschaft gebaut.

Allerdings haben einige Bundesländer dem Weihnachtspaketeversand einen Riegel vorgeschoben, seitdem sie den Strafvollzug selbst regeln dürfen. Seit 2012 dürfen nur noch Untersuchungsgefangene in Bayern und Brandenburg sowie Strafgefangene in Berlin, Brandenburg, Bremen, Rheinland-Pfalz, Saarland, Sachsen-Anhalt, Schleswig-Holstein, Thüringen sowie in Nordrhein-Westfalen Nahrungs- und Genussmittelpakete erhalten. Für alle anderen Gefangenen gibt es nur noch »Paketersatzspenden«, also Geld.

Eine Umarmung, ein paar Worte

Ich hatte mir ein anderes Ergebnis gewünscht. Zwei Jahre mit Bewährung nämlich. Leider war im Ergebnis nichts zu machen. Das Schöffengericht meinte, so ein extramildes Urteil nicht verantworten zu können. Die Richter legten ein paar Monate drauf. Wegen der Zwei-Jahres-Grenze war eine Bewährung damit nicht mehr möglich.

Immerhin zeigte sich der Vorsitzende ansonsten sehr kulant. Mein Mandant, der in Untersuchungshaft saß, musste in den Pausen nicht sofort ins Gerichtsgefängnis. Die freundlichen und relaxten Wachtmeister blieben vielmehr auf Bitten des Vorsitzenden zehn Minuten länger im Saal. Mein Mandant durfte in dieser Zeit mit seinen Eltern sprechen. Auch nach der Urteilsverkündung sorgte der Vorsitzende dafür, dass noch Zeit blieb, um die inzwischen dazugekommene Lebensgefährtin zu umarmen und die kleine Tochter ein paar Minuten auf den Arm zu nehmen.

Nicht so gemeint

»Das kann ich Ihnen nicht sagen. Ich habe hier so viele Akten liegen, senden Sie bitte ein Fax, dann kriegen Sie eine Antwort«, sagt die Sachbearbeiterin bei einer Versicherung. 'tschuldigung, ich dachte ja nur, immerhin endet jedes ihrer Schreiben so: *Falls Sie Fragen haben, rufen Sie uns bitte an.*

Das alles klingt fast selbstverständlich, ist es aber ganz und gar nicht. Die Wachtmeister in den meisten Gerichten sind pedantisch hinterher, dass es keine Kontakte zwischen dem Angeklagten und seiner Familie gibt. Gerichtsvorsitzende, die ja eigentlich das Sagen in der Hauptverhandlung haben, mischen sich da meist nicht ein. So kommt es immer wieder zu herzergreifenden Szenen, wenn weder eine Umarmung noch ein paar Worte zugelassen werden.

FAZIT: Schön, dass es auch mal anders geht.

Gericht erlaubt Frauenkleidung im Männerknast

Eine Justizvollzugsanstalt darf einem männlichen Gefangenen das Tragen von Damenbekleidung nicht ohne Weiteres verbieten. Allgemeine Zweckmäßigkeitserwägungen oder die bloße Sorge vor Übergriffen anderer Gefangener rechtfertigen solche Maßnahmen nicht. Dies hat der 1. Strafsenat des Oberlandesgerichts Celle entschieden.

Ein Gefangener in einer niedersächsischen Justizvollzugsanstalt hatte bei der Anstaltsleitung die Erlaubnis dafür beantragt, Damenober- und -unterbekleidung erwerben und diese nach Einschluss tragen zu dürfen. Er begründete dies damit, seit längerer Zeit transsexuell zu sein und eine sogenannte Alltagserprobung als Frau durchführen zu wollen.

Die Anstaltsleitung lehnte den Antrag mit der Begründung ab, die erstrebte Alltagserprobung könne innerhalb einer Haftanstalt nicht sozialverträglich vorgenommen werden. Außerdem sei der Schutz des Gefangenen vor möglichen Übergriffen anderer Gefangener wichtiger einzuschätzen als seine sexuelle Orientierungslosigkeit. Selbst das Tragen der Damenbekleidung erst nach Einschluss berge die Gefahr, dass die Sachen von anderen Mitgefangenen entdeckt würden.

Nachdem die Vorinstanz noch anders entschieden hatte, gab das Oberlandesgericht Celle dem Gefangenen recht. Die Alltagserprobung in der Haftanstalt könne schon deshalb nicht sozialunverträglich sein, weil der Gefangene die Damenbekleidung nach Einschluss in seiner Zelle und damit ohne Kontakt zu anderen tragen wolle.

Das allgemeine Persönlichkeitsrecht sowie das spezielle geschlechtliche Diskriminierungsverbot berechtigten nach Auffassung des Gerichts grundsätzlich auch einen Mann zum Tragen von Damenbekleidung. Ein Ver-

Frauenarbeit

Aus dem Rentengutachten eines Arztes für Neurologie und Psychiatrie: *Im Übrigen ist die heute 54-jährige Antragstellerin dazu in der Lage, altersentsprechende Frauentätigkeiten vollschichtig durchzuführen.* Was sollen wir uns denn darunter vorstellen ...?

bot könne daher nicht aus allgemeinen Zweckmäßigkeitserwägungen ergehen, sondern müsse vielmehr zur Aufrechterhaltung der Sicherheit und Ordnung innerhalb der Anstalt erforderlich sein.

Die Möglichkeit, dass der Gefangene im Falle des Entdeckens entsprechender Kleidungsstücke sexuellen und gewalttätigen Angriffen anderer Gefangener ausgesetzt sein könnte, könne zwar grundsätzlich zu einem Verbot führen. Jedoch müsse die Anstaltsleitung vorrangig gegen jene vorgehen, die den Gefangenen bedrohten. Es sei der falsche Weg, gegen einen Bedrohten vorzugehen, der nur die ihm zustehenden Rechte ausübe. Erst wenn die Möglichkeiten der Einwirkung auf die Mitgefangenen ausgeschöpft seien, dürfe das Tragen der Damenbekleidung im Einzelfall abgelehnt werden.

(Oberlandesgericht Celle, 9.2.2011, Az. 1 Ws 29/11)

Nordrhein-Westfalen erlaubt Anwälten Notebook

Ermittlungsakten füllen mitunter Umzugskartons. Beweismittel wie Videos liegen ohnehin nur als Dateien vor. Wer als Verteidiger mit seinem inhaftierten Mandanten die Unterlagen durchgehen will, steht mitunter vor ziemlichen Hürden. Er muss kistenweise Akten in den Knast schleppen (lassen). Und zu solch absurden Maßnahmen greifen wie Videos ausdrucken. Oder er nimmt einfach sein Notebook mit …

Erstaunlicherweise war es bis 2011 in Nordrhein-Westfalen wesentlich unproblematischer, zur Besprechung mit 50 Kilogramm Papier in der Justizvollzugsanstalt aufzulaufen als mit einem Laptop. Elektronische Geräte, noch dazu welche mit Einwahlmöglichkeit ins Internet, waren den Anstaltsleitungen ein Graus – und

Fingerabdruck beim Notar

Für ein Grundstücksgeschäft in Honduras soll meine Mandantin zum deutschen Notar, um eine Vollmacht zu erteilen. Wichtig ist angeblich, dass nicht nur ihre Unterschrift vom Notar »bestätigt« wird. Sondern auch ein Fingerabdruck, vom rechten Daumen. Ohne diesen wird die Vollmacht in Honduras angeblich nicht akzeptiert. Ob sich wohl ein Notar findet, der einem Fingerabdruck seinen amtlichen Segen gibt ...?

somit erst mal verboten. Notebooks im Knast gingen allenfalls, wenn ein Richter dies im Einzelfall genehmigt hatte. Das war immer mit riesigem Begründungsaufwand verbunden, und oft genug wurden auch sachlich gerechtfertigte Anträge unter Hinweis auf die »Anstaltssicherheit« abgebügelt.

Das hat sich 2011 geändert. Seitdem dürfen Verteidiger in Nordrhein-Westfalen grundsätzlich ein Notebook mit in den Knast nehmen und es bei der Besprechung mit dem Mandanten nutzen. Rechtsgrundlage für diese Kehrtwende ist ein Erlass des Justizministers Thomas Kutschaty (Az. 4434 IV.172), der das Prozedere überraschend unbürokratisch gestaltet. Vielleicht liegt das daran, dass Kutschaty selbst Rechtsanwalt ist.

Der Anwalt muss beim Betreten des Gefängnisses lediglich ein Formular unterschreiben, in dem er versichert, auf seinem Computer seien »die für das Mandantengespräch erforderlichen Unterlagen eingespeichert«. Außerdem muss er sich einverstanden erklären, dass der Computer in der hauseigenen Anlage »auf Fremdkörper« durchleuchtet wird. Auf eigenes Risiko natürlich.

Was ich wirklich gut finde, ist die pragmatische Lösung beim heikelsten Punkt. Die Justiz kann nämlich nicht mehr verlangen, dass der Computer nicht drahtlos online gehen kann, sei es über WLAN oder UMTS. Der Anwalt muss lediglich zusagen, dass er innerhalb der Anstalt keine Internetverbindung herstellen wird.

FAZIT: Das ist ein gehöriger Vertrauensvorschuss für Anwälte. Ich kann nur hoffen, dass gewisse Verteidiger das Sprechzimmer nicht zum Internetcafé für ihre Mandanten umgestalten …

Gefangener kämpft für Biokost

Untersuchungsgefangenen darf nur aus guten Gründen Bio- oder Reformkost vorenthalten werden. Dies hat das Oberlandesgericht Celle entschieden.

Die Gefängnisleitung hatte den Antrag eines Gefangenen, ihm den Einkauf von Lebensmitteln ohne künstliche Zusatzstoffe zu ermöglichen, abgelehnt. Zur Begründung verwies sie darauf, es gebe die Möglichkeit des Einkaufs. Das Sortiment von fast siebenhundert Artikeln sei sogar mit der Interessenvertretung der Gefangenen abgestimmt. Bio- und Reformkost befinde sich aber nun mal nicht darunter.

Diese Argumentation ließ das Oberlandesgericht Celle nicht gelten. Die Richter wiesen darauf hin, ein Untersuchungsgefangener sei nach den klaren Regelungen im Gesetz »gesund« zu ernähren. Außerdem habe er Anspruch darauf, in angemessenem Umfang eigene Lebensmittel einzukaufen. Hieraus ergebe sich das grundsätzliche Recht des Gefangenen, auch Biolebensmittel zu beziehen.

Ob der Inhaftierte gesundheitlich auf solche Lebensmittel angewiesen ist, spiele keine Rolle. Ebenso wenig die Tatsache, dass das mit der Gefangenenvertretung abgestimmte Sortiment des Gefängnisladens solche Produkte nicht enthalte. Scheitern könne der Wunsch des Gefangenen aber daran, dass die Beschaffung der Lebensmittel unzumutbaren zusätzlichen organisatorischen Aufwand für das Gefängnis mit sich bringe oder womöglich sogar Sicherheitsrisiken berge. Die pauschale Behauptung der Anstaltsleitung, ebendies sei der Fall, ließ das Oberlandesgericht aber nicht gelten.

(Oberlandesgericht Celle, 9.5.2011, Az. 1 Ws 186/11)

Zwei gegen einen

Ein jugendlicher Mandant fühlt sich verschaukelt. Er sitzt eine Jugendstrafe im Gefängnis ab. Seine Schilderung der Ereignisse:

»Ich bekam Besuch von einem Mann und einer Frau. Er sagte, sie seien von der Bewährungshilfe. Mein normaler Bewährungshelfer sei im Urlaub. Ich könne sehr schnell rauskommen, auf Bewährung. Aber vorher seien da noch einige Sachen zu klären. Insbesondere ein altes Ermittlungsverfahren. Da gehe es um ein paar Einbrüche, die nicht geklärt seien. Wenn ich jetzt ein Protokoll unterschreiben und die Sache auf mich nehmen würde, würde ich in drei Monaten Bewährung bekommen. Dann wäre ich raus und alles erledigt. Ich müsse mich aber entscheiden, denn sonst sei die Frist futsch und wegen mir mache er nicht noch mal die lange Fahrt.

Ich habe die Einbrüche zugegeben. Erst als ich das Protokoll unterschrieben habe, merkte ich, dass der Mann

Selbst dann nicht

Aus den Hinweisen auf jedem Vollstreckungsbescheid: *Zahlungsunfähigkeit befreit nicht von der Verpflichtung, eine Schuld zu bezahlen. Ein Einspruch kann selbst dann nicht auf Zahlungsunfähigkeit gestützt werden, wenn diese auf Krankheit, Erwerbslosigkeit oder anderen Notlagen beruht.*

neben seinen Namen ›PHK‹ gesetzt hatte. Das heißt ja wohl ›Polizeihauptkommissar‹. Ich habe ihn angesprochen, und dann hat die Frau gelacht und gesagt, ich hätte wohl was missverstanden. Sie hätten gleich von Anfang an gesagt, sie seien von der Polizei und dass sie mich vernehmen wollten. Da würde wohl meine Fantasie mit mir durchgehen. Dann hat sie sich umgeschaut und gesagt: Zwei gegen einen, und deine Unterschrift haben wir ja auch.«

Ich will das gar nicht werten. Eins ist aber klar: Ich habe den Jungen schon einige Male vertreten. Und jeder Mandant bekommt von mir eingeschärft, dass er von seinem Aussageverweigerungsrecht bei der Polizei Gebrauch machen soll – zumindest, bis er mit mir gesprochen hat.

FAZIT: Wir werden wohl nie erfahren, wie es war. Zwei gegen einen, da ist was dran.

Ab in den Knast

Eine Staatsanwältin beantragt einen Haftbefehl wegen Fluchtgefahr. Es geht um behaupteten Drogenhandel, allerdings eher in geringem Umfang. Meine Mandantin ist nicht vorbestraft, sie hat Job, Wohnung und einen festen Freund. Die Begründung des Antrags ist denkbar kurz:

Bereits die gesetzliche Mindeststrafandrohung von 1 Jahr Freiheitsstrafe begründet nach der Lebenserfahrung einen besonderen Fluchtanreiz.

Die Strafverfolgerin möchte also jeden in Untersuchungshaft nehmen, bloß weil ihm möglicherweise Freiheitsstrafe ab einem Jahr Haft droht. Wenn sie damit durchkäme, hätten wir bald amerikanische Verhältnisse in unseren Haftanstalten.

Und der Staat könnte später noch mehr Geld für vernichtete Existenzen aufwenden, wenn die Leute dann freigesprochen werden, das Verfahren eingestellt oder lediglich eine Bewährungsstrafe verhängt wird. Bewährung ist ja immerhin bis zu zwei Jahren Knast möglich. Um so hoch zu kommen, muss man als Ersttäter schon einiges anstellen. Zum Glück hat schon die Ermittlungsrichterin abgewunken:

Ein Haftgrund ist vorliegend nicht erkennbar. Allein die gesetzliche Mindeststrafandrohung von 1 Jahr kann die Fluchtgefahr nicht begründen. Die Beschuldigte ist bisher strafrechtlich nicht in Erscheinung getreten und hat einen festen Wohnsitz. Auch ist aus der Akte nicht erkennbar, dass sie über keine ausreichenden sozialen Bindungen verfügt.

Immerhin hat die Staatsanwaltschaft keine Beschwerde eingelegt.

Fluffigere Laken

Ich habe einen Mandanten im Gefängnis besucht. Ein Mitarbeiter öffnete mir die Tür zum Besprechungszimmer. Dann legte er noch ein Blatt Papier auf den Tisch. Ich wollte das dankend zurückgeben, weil ich einen Notizblock dabeihatte. »Nein«, winkte der Justizbeamte ab. »Das ist der Fragebogen. Den füllen wir nach dem Besuch gemeinsam aus.«

Das Papier war in der Tat fast selbst erklärend. Nach meinen Personalien und den Angaben zum Mandanten hieß es: *Im Ergebnis haben sich nach Rücksprache mit dem Verteidiger für den Vollzug der Untersuchungshaft folgende Hinweise ergeben.* Im Feld darunter sollte nun alles eingetragen werden, was mir am Mandanten auffiele. »Wenn er von Selbstmord spricht«, lockte mich der Gefängnismitarbeiter. »Oder er mir zum Beispiel erzählt, dass die Zeit schnell vergeht, weil er ständig bekifft ist?«, spann ich den Faden weiter. »Zum Beispiel, Herr Anwalt«, kriegte ich recht trocken zurück. »Halt alles, was die Anstaltsleitung interessiert.« Ich setzte die Diskussion nicht fort. Was hätte meine Erklärung auch groß bewirkt? Den Fragebogen hatte sich die Anstaltsleitung

Tatvorwurf

Sie hielten bei einer Geschwindigkeit von 145 km/h den erforderlichen Abstand von 72,5 m zum vorausfahrenden Fahrzeug nicht ein. Ihr Abstand betrug 24,2 m und damit weniger als $^4/_{10}$ des halben Tachowerts. Machen Sie sich keine Sorgen, wenn Sie das nicht sofort verstehen. Dem Anwalt geht es auch nicht besser.

ausgedacht, also wurde er halt im Besuchsraum ausgelegt.

Praktisch ist es schon eine Frage, ob ich mich als Verteidiger an dem Quiz beteilige. Beziehungsweise das überhaupt darf. Dinge, die mir mein Mandant berichtet, unterliegen erst einmal der Schweigepflicht. Ich kann also nicht so ohne Weiteres hingehen und über Drogenkonsum plaudern, über ungenehmigte Handys oder Playstations, mit denen man auch Porno-DVDs gucken kann. (Sämtliche Beispiele selbstverständlich rein fiktiv.)

FAZIT: Um nicht als Spielverderber dazustehen, werde ich Mandanten künftig nach ihren Wünschen fragen. Gescheite Getränke am Automaten etwa, interessantere Bücher, fluffigere Bettlaken oder ein besserer Einkauf. Das schreibe ich dann in den Fragebogen.

Zeitdruck ist beim Urintest nicht erlaubt

Sieben Tage Radio- und Fernsehverbot sowie Einzelhaft. Mit dieser Sanktion belegte die Justizvollzugsanstalt Charlottenburg einen Gefangenen, weil dieser eine Urinprobe verweigert hatte. Zumindest nahm die Gefängnisleitung das an. Das Kammergericht Berlin hat ihr dann allerdings erklärt, dass nicht jedes ungefüllte Probenglas auf Böswilligkeit beruhen muss. Der Gefangene war am Morgen zur Urinprobe gebeten worden, um ihn auf Drogen zu testen. Das kam für ihn überraschend. Zwar folgte er den Beamten in den vorgesehenen Raum. Er wies aber gleich darauf hin, dass er wohl so schnell nicht würde pinkeln können, weil er das gerade in der Zelle erledigt hatte. Man reichte ihm hierauf 0,6 Liter Wasser, die er auch trank.

Trotzdem kam nichts, und zwar neunzig Minuten lang. Die Mitarbeiter der JVA brachen die Aktion ab und beantragten die Strafe für den Gefangenen. Dieser wehrte sich jedoch. Er leide seit seinem zwölften Lebensjahr unter Harnverhaltung (Paruresis) und könne deshalb mitunter einfach kein Wasser lassen. Das habe psychische wie physische Ursachen. Die Anstaltsärztin erklärte lediglich, nach einem Konsum von 0,6 Litern Wasser hätte der Gefangene auf jeden Fall urinieren können. Das Kammergericht Berlin kritisierte zunächst, dass sich das Gefängnis gar nicht dafür interessiere, ob der Betroffene nicht vielleicht wirklich unter Harnverhaltung leide. Behaupte ein Gefangener eine Erkrankung, müsse dies ernst genommen werden.

Ein Urintest dürfe überdies nicht einfach als verweigert gewertet werden, bloß weil eine bestimmte Zeit vergangen sei. Vielmehr sei es wie bei einer Dopingprobe im Sport. Der Getestete müsse so lange Zeit bekommen, wie er eben brauche. Eine Weigerung liege nur vor, wenn er dies durch Worte oder Gesten deutlich mache. Solange nur der Urinfluss ausbleibe, der Gefangene sich aber weiter willig gebe, müsse auf ihn gewartet werden. Da die Justizmitarbeiter zu ungeduldig ge-

Pfand nur gegen Namen und Adresse

Aus einer E-Mail: *Heute war ich in einem Getränkemarkt und musste für eine Barauszahlung von 19 Euro meine Adresse + Namen angeben. Keine AGB, nichts. Einfach auf die Rückseite des Bons. Es wäre bei jeder Auszahlung von 10 Euro normal. Ich will dafür meine Adresse nicht angeben. Das find ich wirklich sehr bedenklich.*

wesen waren, war die Disziplinarmaßnahme zu Unrecht verhängt worden.

(Kammergericht Berlin, 1.9.2011, Az. 2 Ws 383/11)

Verpasste Chancen

Die Bewährungshelferin war sauer:

Der Proband ist zum wiederholten Mal unentschuldigt nicht zum Gesprächstermin erschienen. Ich bitte zu prüfen, ob die Bewährung widerrufen wird.

Zu allem Überfluss stand mein (neuer) Mandant wenige Tage später auch noch in einer anderen Sache vor Gericht und holte sich weitere fünf Monate Gefängnisstrafe ab. Für das Gericht war es wegen dieser neuen Strafe nun wirklich einfach, seine Bewährung auf eine frühere Freiheitsstrafe zu widerrufen.

Das geht natürlich nicht, ohne dass der Betroffene seine Sicht der Dinge darstellen kann. Das Gericht beraumte also pflichtgemäß einen Anhörungstermin in der Bewährungssache an. Mein Mandant erschien unentschuldigt nicht. Der Beschluss mit dem Bewährungswiderruf wurde ihm ordnungsgemäß zugestellt. Doch die Rechtsmittelfrist verstrich, ohne dass mein Mandant etwas unternahm. Es hätte ja vielleicht schon gereicht, mal seinen damaligen Anwalt anzusprechen.

Ins Gefängnis ging mein Mandant dann im Glauben, er müsse die fünf Monate absitzen. Erst als ihm bei Lektüre seines Vollstreckungsblatts dämmerte, dass zu den fünf Monaten noch die alte Reststrafe von einem Jahr kommen würde, kam ich ins Spiel. Das heißt, nachdem sein bisheriger Anwalt ihm gesagt hatte, da könne man nichts mehr machen und er solle die Zähne zusammenbeißen. Das wiederum konnte sich der Mandant ganz und gar nicht vorstellen. Und ich, für meinen Mandanten offenbar der Harry Potter unter den Strafverteidigern, sollte die Sache nun noch mal unter die Lupe nehmen.

Leider ging die Sache erwartungsgemäß nicht gut aus. Man stößt halt auch als Anwalt öfters mal an die Grenzen.

Von oben wird gemeckert

Für meinen Mandanten ging es darum, ob er nach zwei Dritteln seiner Haftstrafe entlassen würde. Oder ob er weitere viereinhalb Jahre im Knast säße. Das Landgericht war so freundlich, mich als Pflichtverteidiger beizuordnen, weil man auch dort die Sache offensichtlich nicht als Bagatelle ansah. Die Staatsanwaltschaft stimmte meiner Beiordnung zu. Daran mäkelte das Oberlandesgericht Hamm herum:

... merkt der Senat an, dass es angesichts des für ein Vollstreckungsverfahren einfachen Sachverhalts nicht nachvollziehbar ist, weshalb dem Verurteilten vorliegend ein Verteidiger beigeordnet worden ist. Mangels Vorliegen der Voraussetzungen hätte hierzu keine Veranlassung bestanden.

Ja, klar. Wir reden hier über einen Mann, den die langjährige Haft selbst nach Meinung der Gefängnisleitung in eine dauerhafte Depression getrieben hatte. Sein Allgemeinzustand war so schlecht, dass er nicht in der Lage war, den Anstaltsalltag strukturiert zu bewältigen. Er dämmerte tatsächlich mehr so dahin und ließ sich treiben. Schon diese Umstände deuteten darauf hin, dass der Betroffene wohl kaum in der Lage sein würde, seine Interessen in so einem ja nicht ganz unwichtigen Verfahren zu vertreten.

Aber was soll's, aufheben kann das Oberlandesgericht die Beiordnung eines Pflichtverteidigers jedenfalls nicht, zumindest nicht rückwirkend.

✔ **MERKE:** Sollen sie also ruhig meckern, die Herren im zuständigen Strafsenat …

KAPITEL 8

(Klein-)Gedrucktes

Turbulenzgeschehen

Nebenklagevertretung. So etwas wie ein Sündenfall für einen Strafverteidiger. Aber von Zeit zu Zeit empfehlenswert, wie eine Paartherapie. So konnte ich mal aus bequemerer Perspektive erleben, wie verhängnisvoll es sein kann, gegen Augenzeugen zu verteidigen. Noch dazu, wenn es sich um Zeugen mit folgenden Eigenschaften handelt: a) gute Sicht auf die Schlägerei; b) intakte Erinnerung; c) absolut kein Eigeninteresse am Ausgang des Prozesses.

Diese beiden Zeugen sagten aus, sie hätten eindeutig gesehen, wie die drei Angeklagten den Nebenkläger vermöbelten. Wie das Opfer zu Boden ging. Und dort noch etwa anderthalb Minuten lang geschlagen und getreten wurde. Bis es bewusstlos wurde und die Täter sich aus dem Staub machten.

Die Verteidiger wählten folgenden Ansatz: Die Zeugen hatten in winzigen Details unterschiedlich ausgesagt. So hatte zum Beispiel ein Zeuge gesagt, er habe nicht gesehen, ob sich auch eine Frau – die Schwester des Nebenklägers – am Ort des Geschehens befunden habe. Er könne sich jedenfalls nicht an eine Frau erinnern. Andere Zeugen hatten jedoch von der Frau gesprochen. Hieraus schloss der Anwalt eines der Angeklagten, wegen dieses »Widerspruchs« sei der gesamte Ablauf unklar. Keine Frau, keine Schlägerei.

Natürlich sagte er das nicht so banal. Sonst wäre es ja ein Trick aus dem Zauberkasten. Nein, wir schwebten andächtig davon, getragen von der Wucht eines (mir) bis dato unbekannten Wortes.

»Turbulenzgeschehen.«

»Alles«, sagte der Verteidiger, »war doch ein Turbulenzgeschehen.« Er meinte damit: Wo mehrere Menschen sind, geht es rund. Da kommt das Auge des Beobachters gar nicht mit. Für mich fehlte etwa die Behauptung, eine Vielzahl von Untersuchungen habe diese These bestätigt. Am besten welche aus Amerika. Trotzdem lauschten alle andächtig.

»Turbulenzgeschehen.« Das kennt man auch aus den Shows von David Copperfield. Oder Harry-Potter-Filmen. Und vielleicht aus den guten Zeiten vor der Paartherapie. Ein großes Gewusel, letztlich bleibt nur eine Illusion. Und das, was uns das fehlbare Gehirn als Wahrheit verkauft.

FAZIT: Ich habe mir das Wort gemerkt. Muss allerdings mal sehen, ob ich es verwende. Geholfen hat es den Angeklagten nämlich nicht sonderlich. Sie kriegten alle Knast.

Investigativ

Beste Journalistenfrage des Tages: »Sie sind aber keiner der 322 Beschuldigten?«

Strich

»Stellen Sie mal Ihre Parkscheibe richtig ein«, faucht die Politesse mich an. »Habe ich doch.« – »Ne, haben Sie nicht. Jetzt haben wir 14.13 Uhr, dann kommt der Pfeil zwischen die beiden Striche.«

Ich diskutiere in solchen Situationen nicht gern. Aber eigentlich sollte einer Fachkraft § 13 Abs. 2 S. 1 Nr. 2 der Straßenverkehrsordnung vertraut sein. Danach wird der *Zeiger der Scheibe auf den Strich der halben Stunde eingestellt, die dem Zeitpunkt des Anhaltens folgt.*

»Mich brauchen Sie nicht zu belehren«, kontert die Politesse. »Hier an dieser Stelle gilt das aber nicht. Die Höchstparkdauer beträgt sowieso nur 30 Minuten. Wenn Sie da noch auf die nächste halbe Stunde aufrunden, können Sie ja immer länger als 30 Minuten parken. Sogar bis zu 59 Minuten.«

Wo diese Ausnahme denn steht, will ich von ihr wissen. »Für diese Ausnahme brauchen wir kein Gesetz. Das machen wir schon fünf Jahre so. Und meinen Sie, wir haben hier in der City Parkplätze zu verschenken?«

Na gut, ich gebe auf. »Geben Sie mir halt ein Knöllchen, weil ich die Zeit falsch eingestellt habe.« – »Da können Sie sich drauf verlassen.« Während ich gehe, hebt sie schon drohend ihren elektrischen Notizblock. Ich bleibe unbeeindruckt. Wozu hat man Verkehrsrechtsschutz?

Als ich – pünktlich – wiederkomme, klemmt *kein* Knöllchen unterm Scheibenwischer. Die Politesse ist gegenüber noch an der Arbeit. »Wollten Sie mich nicht aufschreiben?« – »Ich habe mit unserem Chef telefoniert.« Das Ergebnis des Gesprächs: »Anscheinend haben wir das nicht richtig gehandhabt.«

Prozessordnung

Hinweis eines Richters am Amtsgericht Herne:

Die Versäumung richterlicher Fristen um weniger als 3 Werktage bleibt ohne Folgen, wenn die Partei darauf verzichtet, ihre Schriftsätze dem Gericht per Fax oder vorab per Fax zuzuleiten.

Die Idee ist ausbaufähig:

Die Versäumung richterlicher Fristen um bis zu 5 Werktagen bleibt ohne Folgen, wenn die Partei ihren Schriftsatz selbst locht, ihn persönlich vorbeibringt und an der richtigen Stelle in die Gerichtsakte einheftet.

Oder:

Die Partei, die am wenigsten schreibt, gewinnt den Prozess. Gefaxte Seiten zählen fünffach.

Große Klappe

Wenn man seinen Vertrag mit dem Fitnessstudio kündigen will, ist es mit der Freundlichkeit oft vorbei.

Ihre Kündigung per Fax ist unwirksam, belehrte das Studio meine Mandantin. *Nach unseren Geschäftsbedingungen muss die Kündigung schriftlich per Einschreiben erfolgen. Ihre Mitgliedschaft hat sich mangels Kündigung also um ein Jahr verlängert. Wir buchen den Beitrag weiter ab. Bitte sorgen Sie für ausreichende Deckung auf Ihrem Konto. Für jede geplatzte Lastschrift berechnen wir 15,00 Euro Bearbeitungsgebühr. Außerdem werden wir Sie an die Schufa melden.*

Große Klappe, nichts dahinter.

1. Die Wirksamkeit einer Kündigung kann in allgemeinen Geschäftsbedingungen wie einem Fitnessvertrag nicht davon abhängig gemacht werden, dass sie per

Einschreiben erfolgt. Nach § 309 Nr. 13 BGB darf höchstens »Schriftform« verlangt werden. Einschreiben oder sogar »persönliche Abgabe gegen Quittung des Geschäftsführers« (was es nicht alles gibt) gehen über die Schriftform hinaus und sind somit verboten.

2. Auch das mit dem Fax ist kein Problem. Schriftform bedeutet zwar grundsätzlich, dass die Kündigung auf Papier erfolgt, und zwar mit eigenhändiger Unterschrift. Das gilt aber nur für die *gesetzlich* angeordnete Schriftform in dieser Strenge.
   Bis zu Studiobesitzern noch nicht herumgesprochen hat sich offensichtlich, dass nach der BGB-Reform zwar die Schriftform vertraglich vereinbart werden kann. Selbst wenn dies der Fall ist – wie im Fitnessvertrag –, kann die Schriftform aber durch »telekommunikative Übermittlung« ersetzt werden (§ 127 Abs. 2 BGB).
   Das heißt: Ein Fax reicht aus, selbst wenn im Vertrag »Schriftform« steht. Eine E-Mail genügt übrigens auch, sogar ohne elektronische Signatur.
3. Die Drohung mit der Schufa soll nur einschüchtern. Denn an die Schufa können nur deren Mitglieder säumige Zahler melden – das Fitnessstudio gehört gar nicht dazu. Außerdem ist die Meldung nur zuläs-

Doppelte Gelegenheit

Gerichtliche Verfügung: *Den Antragsgegnern wird Gelegenheit gegeben, binnen 10 Tagen und binnen drei Wochen ab Zustellung dieses Beschlusses (Eingang bei Gericht) zu dem beigefügten Antrag Stellung zu nehmen.* Das erledige ich sofort. Geht wahrscheinlich ohnehin schneller als die Nachfrage, welche Frist nun gilt.

sig, wenn der Kunde die sogenannte Schufa-Klausel unterschrieben hat. Er muss sich also bei Vertragsschluss mit der Datenübermittlung einverstanden erklärt haben. So eine Klausel hatte meine Mandantin aber nicht unterschrieben.

FAZIT: Mit dieser Klarstellung war die Sache erledigt. Möchte aber nicht wissen, wie viele Kunden aus Angst vor Ärger ein Jahr lang weiterzahlen …

Erhalten Sie später

Aus der Anzeige eines Reiseveranstalters:

Es gelten die AGB, die Sie nach Buchung erhalten.

Bei der Firma kann man eine Pauschalreise ordern, ohne sich bei späterem Ärger mit lästigem Kleingedruckten rumschlagen zu müssen. Allgemeine Geschäftsbedingungen müssen nämlich spätestens bei Vertragsschluss zur Kenntnis genommen werden können. Sonst sind sie nicht wirksam. Nur die Anzeige sollte man aufheben. Sie könnte den Beweis erleichtern.

Blitz

Ein Beispiel dafür, dass es sich lohnt, Tempomessungen nicht als Gottesurteile zu akzeptieren. Meine Mandantin sollte auf der Autobahn 51 km/h zu schnell gefahren sein. Das würde 150 Euro kosten und einen Monat Fahrverbot bringen.

Bei Durchsicht der Akte stellte ich fest, dass die Polizei im Messprotokoll vermerkt hatte: »Teilweiser Blitzausfall.« Beim Amtsgericht beantragte ich Folgendes:

In der Bußgeldsache gegen M. beantrage ich die Einholung eines Sachverständigengutachtens zu der Frage, ob und inwieweit ein teilweiser Blitzausfall des Messgeräts, wie er im Messprotokoll festgehalten ist, die Funktions- und Einsatzfähigkeit des Geräts infrage stellt.

Das Gutachten wird ergeben, dass ein teilweiser Blitzausfall auf eine schwerwiegende Funktionsstörung des Geräts hindeutet, die es erforderlich macht, die Messung abzubrechen und das Gerät reparieren zu lassen.

Nach § 13 Abs. 1 Ziff. 2 Eichordnung erlischt die Gültigkeit der Eichung, wenn ein Eingriff vorgenommen worden ist, der Einfluss auf die messtechnischen Eigenschaften des Geräts haben kann oder seinen Verwendungsbereich erweitert oder beschränkt.

Der Blitzausfall beschränkt die Verwendungsmöglichkeiten des Geräts, weil bei entsprechenden Lichtverhältnissen die Fahrer nicht mehr so gut erkennbar sind wie mit Blitz. Auch kann nicht ausgeschlossen werden, dass der Blitzausfall auf einem »Eingriff« beruht. Ein derartiger Eingriff muss nicht in einem zielgerichteten Handeln liegen; der offensichtliche Defekt kann auch durch einen Stoß oder eine unsachgemäße Behandlung des Geräts entstanden sein. Jedenfalls hätte mit diesem defekten Gerät aber nicht weiter gemessen werden dürfen.

FAZIT: Das Verfahren wurde eingestellt.

Unsere Gesetze

Wie hoch sind die Steuern auf eine Abfindung? Für alle, die es interessiert oder mal interessieren könnte, habe ich den Gesetzestext rausgesucht:

§ 34 Einkommensteuergesetz:
... *Die für die außerordentlichen Einkünfte anzusetzende Einkommensteuer beträgt das Fünffache des Unterschiedsbetrags zwischen der Einkommensteuer für das um diese Einkünfte verminderte zu versteuernde Einkommen (verbleibendes zu versteuerndes Einkommen) und der Einkommensteuer für das verbleibende zu versteuernde Einkommen zuzüglich eines Fünftels dieser Einkünfte. Ist das verbleibende zu versteuernde Einkommen negativ und das zu versteuernde Einkommen positiv, so beträgt die Einkommensteuer das Fünffache der auf ein Fünftel des zu versteuernden Einkommens entfallenden Einkommensteuer.*

FAZIT: Viel Spaß beim Rechnen.

Halten und Parken

Ein Mandant hat seine Eltern frühmorgens zum Bahnhof gebracht. Er wollte sie nur rauslassen, zwei Koffer aus dem Kofferraum nehmen. Wegen gesundheitlicher Probleme der Eltern musste auch direkt dort gehalten werden. Ein Parkwächter wollte partout 1 Euro kassieren – so viel kosten 30 Minuten. Der Mandant weigerte sich. Daraufhin mahnte die Parkfirma das Geld schriftlich an. Und machte gleich noch 14 Euro Bearbeitungsgebühren geltend.

Unsere Mandantschaft

Da unsere Mandantschaft nun in die Situation gesetzt ist, sich anderweitig bewerben zu müssen, wird der Erteilung eines Zeugnisses bis zum … entgegengesehen. Dann möge die Mandantschaft doch bitte einen Entwurf übermitteln, wie das zu erteilende Zeugnis gestaltet sein soll. Dadurch lässt sich vermeiden, einem unerquicklichen Streit entgegenzusehen.

§ 12 Abs. 2 Straßenverkehrsordnung schreibt vor: *Wer sein Fahrzeug verlässt oder länger als drei Minuten hält, der parkt.*

Solange der Fahrer »jederzeit abfahrbereit« ist, hat er sein Auto nicht verlassen. Das ist der Fall, weil der Mandant jederzeit hätte losfahren können. Aussteigen allein ist überdies auch wörtlich nicht unbedingt ein »Verlassen«, weil damit die räumliche Trennung zwischen Fahrer und Auto gemeint ist. Verlassen ist also etwas anderes als Aussteigen.

Grundsätzlich hatte der Mandant also eher nicht geparkt. Eine andere Frage ist, ob eine private Firma für den von ihr bewirtschafteten Grund etwas anderes vorschreiben kann. Und ob das in allgemeinen Geschäftsbedingungen möglich ist. Da auf dem Bahnhofsvorplatz die Straßenverkehrsordnung gilt, wird der Betreiber wahrscheinlich Probleme haben, sich auf eventuelle anderslautende Bedingungen zu berufen. Zumindest würde eine solche Klausel ja von der gesetzlichen Unterscheidung zwischen Halten und Parken gravierend abweichen. Sie wäre »überraschend« und damit unwirksam.

Ich habe für meinen Mandanten erreicht, dass die Firma auf die Forderung verzichtet. (So was geht natürlich nur mit Rechtsschutzversicherung.)

Alaaf und helau

To whom it may concern:

Nicht nur Trunkenheit am Steuer kann Autofahrern zur Karnevalszeit Probleme mit der Polizei bringen. Der ADAC in München warnt die Autofahrer davor, maskiert Auto zu fahren. Sicht und Gehör dürften nicht beeinträchtigt werden. Wer verkleidet hinter dem Lenkrad erwischt wird, müsse mit einem Bußgeld von 10 Euro rechnen. Kommt es aufgrund der Maskerade zu einem Unfall, können die Konsequenzen schwerwiegender ausfallen: Wegen grober Fahrlässigkeit droht dann der Verlust des Kaskoschutzes.

Prozedere

Beim Landgericht K. wollte ich mich erkundigen, ob gegen einen Mandanten eine einstweilige Verfügung erlassen worden sei. Ich sprach mit der Dame in der Geschäftsstelle:

»Wir haben eine Schutzschrift hinterlegt.«

»Ja, die hat folgendes Aktenzeichen …«

»Und liegt dazu ein Antrag auf einstweilige Verfügung vor?«

»Das darf ich Ihnen nicht sagen.«

»Wann dürfen Sie es mir denn sagen?«

»Niedrig«

Diese Nachricht wurde mit der Wichtigkeit »Niedrig« gesendet. So fällt man wenigstens auf, im Posteingang.

»Wenn Sie mir ein Fax schicken, in dem Sie nachfragen, ob eine einstweilige Verfügung beantragt wurde. Dann rufe ich Sie an und sage Bescheid.«

»Aber meine Anschrift und Telefonnummer steht doch schon in der Schutzschrift. In einer weiteren Anfrage steht auch nichts anderes. Da wissen Sie auch nicht sicherer, ob ich der bin, für den ich mich ausgebe.«

»Tut mir leid, das ist bei uns so Vorschrift. Das geht nicht anders.«

»Okay, Fax kommt in fünf Minuten.«

FAZIT: Auf den Rückruf wartete ich vergebens. Wenigstens kriegte ich dann auf meinen erneuten Anruf die gewünschte Auskunft – von einer anderen Mitarbeiterin.

Kriminelle Autofahrer

Bloß weil ein Auto im Zusammenhang mit einer Straftat benutzt worden ist, darf nicht einfach die Fahrerlaubnis entzogen werden. Der Große Senat für Strafsachen des Bundesgerichtshofs hat festgelegt, dass im Einzelfall immer festgestellt werden muss, ob die charakterlichen Mängel des Täters auch tatsächlich die Sicherheit des Straßenverkehrs gefährden.

Der Fahrerlaubnisentzug als »Nebenstrafe« hat mit dieser wichtigen Grundsatzentscheidung hoffentlich ausgedient. Jedenfalls haben es Richter seither schwerer mit der Drohung, dass man ja auch mal über den Führerschein sprechen müsse.

Kein Witz

Aus einem außergerichtlichen Vorschlag für eine Restschuldbefreiung:

Herr M. arbeitet derzeit als Taxifahrer. Die pfändbaren Einkommensanteile betragen 0,00 Euro. Herr M. stellt den Gläubigern freiwillig im Monat einen Betrag von 0,00 Euro zur Verfügung. Nach Ablauf von 6 Jahren nach Inkrafttreten des Planes wird der Schuldner von allen ausstehenden Forderungen freigestellt, die Gläubiger verzichten auf diese Forderungen.

Eine Zumutung? Es kommt noch besser. Der Vorschlag stammt von einer Schuldnerberatung, die aus Steuergeldern finanziert wird …

Kein Adler für jeden

Darf man den Bundesadler einfach so abdrucken? Zum Beispiel in einer Broschüre? Die Antwort ist eigentlich ganz einfach:

§ 124 Ordnungswidrigkeitengesetz:
Benutzen von Wappen oder Dienstflaggen
(1) Ordnungswidrig handelt, wer unbefugt

1. *das Wappen des Bundes oder eines Landes oder den Bundesadler oder den entsprechenden Teil eines Landeswappens oder*
2. *eine Dienstflagge des Bundes oder eines Landes benutzt.*

(2) Den in Absatz 1 genannten Wappen, Wappenteilen und Flaggen stehen solche gleich, die ihnen zum Verwechseln ähnlich sind.
(3) Die Ordnungswidrigkeit kann mit einer Geldbuße geahndet werden.

Mit der gestrigen Post

Sehr geehrter Herr Vetter, mit der gestrigen Post erhielt ich von der Deutschen Bank meine Auszüge, darauf die von Ihnen angekündigte Zahlung des Gegners. Ich bin froh, dass diese leidige Angelegenheit beendet ist, und danke Ihnen für Ihre Bemühungen. Ein Dankesbrief. Und ich dachte, die Gattung sei ausgestorben.

Unbefugt ist alles, was den Anschein einer amtlichen Benutzung entstehen lassen kann.
(Göhler, Ordnungswidrigkeitengesetz, § 124 Rdnr. 7)

FAZIT: Je amtlicher die Publikation also wirkt, desto gefährlicher wird es.

Auch Kriminelle schulden Unterhalt

Auch wer sein Geld mit kriminellen Aktivitäten verdient, sollte korrekt Unterhalt für seine Kinder zahlen. Das Landgericht Berlin verurteilte einen Mann wegen Verletzung der Unterhaltspflicht zu einer Freiheitsstrafe von vier Monaten. Der Vater verdiente als Arbeitnehmer 880 Euro, knapp 600 Euro kamen durch Untreue bzw. Unterschlagung dazu.

Aus dem Urteil:
Denn nach der ständigen Rechtsprechung des BGH sind zur Feststellung des unterhaltsrechtlich relevanten Einkommens grundsätzlich alle Einkünfte heranzuziehen, die dem Unterhaltsschuldner zufließen, gleich welcher Art diese Einkünfte sind und aus welchem An-

lass sie im Einzelnen erzielt werden (vgl. zum Beispiel BGH Urt. v. 7.5.1986, FamRZ 1986, 780, 781). Unter diese Definition fallen auch durch Straftaten erlangte Einkünfte. Für sie gilt nichts anderes. Dies wird damit begründet, dass bei Nichtzahlung von Unterhalt häufig und typischerweise der Unterhaltsbedürftige aus Steuermitteln (Sozialhilfe, Arbeitslosengeld II, Unterhaltsvorschuss) unterhalten werden muss. Der durch die Straftat bereits verursachte Schaden würde daher oft noch in unverständlicher Weise vergrößert, wenn das durch eine Straftat erzielte Einkommen unbeachtlich bliebe.

Nur in einem Punkt machte das Gericht Unterschiede: *Der Unterschied zu legalen Einkünften besteht lediglich darin, dass eine illegale Tätigkeit vom Unterhaltsschuldner jederzeit abgebrochen werden darf, ohne dass ihm dies unterhaltsrechtlich – in Form von fiktiven Einkünften – vorgehalten werden könnte, während beim mutwilligen Abbruch einer legalen Tätigkeit auch bloß erzielbare, aber tatsächlich nicht erzielte Einkünfte die Leistungsfähigkeit und damit ggf. Strafbarkeit des Täters begründen können.*

(Landgericht Berlin, Fundstelle NStZ 2006, 295)

Ohne Robe

»Ziehen Sie die Robe gar nicht erst an.« Als der Richter diesen Satz sagte, war klar: Der Fall würde ein gutes Ende nehmen. Jedenfalls die Staatsanwältin vor Ort zeigte sich aufgeschlossen für meine Argumente. Verfahren eingestellt. Wir konnten nach drei Minuten wieder gehen.

Kontaktschmutz

Aus einem Gutachten für das Amtsgericht:
Ein Reinigungsversuch des unterzeichneten Sachverständigen mit einem für Kunststoffböden üblichen Reinigungsmittel und Schrubber sowie Nachwaschen mit klarem Wasser zeigte beim Abreiben mit einem weißen Baumwolltuch, dass die Oberfläche der beschichteten Treppenstufen durch Kontaktschmutzansammlungen infolge der Frequentierung durch die Mieter oder deren Besucher verschmutzt vorlag, da an der Rückseite des Baumwolltuchs hellgraue bis dunkelgraue Rückstände nach dem Abwischen resultierten.

Musstu nicht gucken

Als er eine Klage einreichen wollte, suchte sich ein Arbeitnehmer die Adresse des Arbeitsgerichts aus der aktuellen Stadt- und Brancheninfo »Gewusst wo«. Die Adresse war falsch, deshalb ging seine Klage erst verspätet ein. Das Arbeitsgericht und auch das Landesarbeitsgericht ließen die Klage aber doch noch zu. Der

Krampfhaft jung

Wenn du Mittfünfzigern, die gerade ihren X5 und eine Wolke Parfum auf die Piste schieben, auf Nachfrage erklärst, dass du im Gegensatz zu ihnen nicht beim Westernhagen-Konzert warst. Dass du auch nicht planst, die Rolling Stones zu sehen. Dann fühlst du dich glatt jünger. Musst ja nicht erwähnen, dass du um Viertel vor elf schon geschlafen hast.

Kläger habe die »ihm zumutbare Sorgfalt« gewahrt, als er sich auf die Eintragung verließ. Aus dem Beschluss des Landesarbeitsgerichts Köln:

Zu Recht hat das Arbeitsgericht schließlich darauf hingewiesen, dass es in einem solchen Fall nicht zur Obliegenheit eines Arbeitnehmers gehört, vor Ort nachzusehen, ob sich das Gericht auch tatsächlich an der im Adressbuch angegebenen Adresse befindet.

(Landesarbeitsgericht Köln, 12.4.2006 – 14 Ta 133/06)

FAZIT: Das ist doch irgendwie beruhigend. Finde ich.

Die Sache mit der Nabelschnur

Die Rechtsfähigkeit des Menschen beginnt mit der Vollendung der Geburt. (§ 1 BGB)

Dazu der BGB-Kommentar Palandt:
Vollendet ist die Geburt mit dem vollen Austritt aus dem Mutterleib; die Lösung der Nabelschnur ist nicht erforderlich. Das Kind muss bei Vollendung der Geburt leben, mag auch gleich danach der Tod eintreten.

Das habe ich nicht aus Spaß nachgeguckt; es hat jemand gefragt.

Bekiffter Beifahrer riskiert Führerschein

Wer bekifft und alkoholisiert aufs Autofahren verzichtet, ist führerscheintechnisch noch längst nicht aus dem Schneider. Auch als Beifahrer kann ihm die Fahrerlaubnis entzogen werden. So hat es der Verwaltungsgerichtshof Mannheim entschieden.

Ein 23-Jähriger war als Beifahrer in eine Verkehrskontrolle geraten. Eine Blutprobe ergab 1,39 Promille Alkohol und den Hinweis auf regelmäßigen Cannabiskonsum. Warum dem Mann eine Blutprobe abgenommen wurde, ergab sich aus dem Beschluss des VGH Mannheim leider nicht. Das Gericht schloss aus der Kombination von Alkohol und Cannabis, der Betroffene sei generell zum Führen von Kraftfahrzeugen ungeeignet:

Grund für die Aufnahme des Parallelkonsums von Cannabis und Alkohol in Nr. 9.2.2 der Anlage 4 zur Fahrerlaubnisverordnung ist die wissenschaftliche Erkenntnis, dass der gleichzeitige Konsum von Cannabis und Alkohol zu einer Potenzierung der Wirkungen beider Stoffe führt (u. a. psychotische Störungen oder Beeinträchtigungen des Herz-Kreislaufs) und solche Cannabiskonsumenten für den Straßenverkehr eine besondere Gefahr darstellen.

Dem Betroffenen bürdete das Gericht die Beweislast dafür auf, dass bei ihm Cannabis und Alkohol ausnahmsweise nicht so dramatische Wirkungen haben. Dazu habe er nichts gesagt. Pech.

Das Argument des Mannes, er habe seine Fahruntüchtigkeit erkannt und bewusst aufs Autofahren verzichtet, ließ der Verwaltungsgerichtshof Mannheim nicht gelten: Die Fähigkeit, zwischen Rauschmittelkonsum und Autofahren zu unterscheiden, spiele keine

Der letzte Satz

Die Anwältin schreibt zweieinhalb Seiten voll. Ein Argument nach dem anderen, warum ihre Beschwerde richtig ist. Ich lese alles und freue mich schon auf die Arbeit, das alles als Mumpitz zu entlarven. Dann der letzte Satz: *Aus rein wirtschaftlichen Erwägungen wird die Beschwerde zurückgenommen.* Wieder mal die alte Regel: Immer erst gucken, was am Ende steht.

Rolle. Hierbei stützte sich das Gericht auf die Anlage 4 zur Fahrerlaubnisverordnung. Danach ist der Fahrer nur geeignet, *wenn Trennung von Konsum und Fahren und kein zusätzlicher Gebrauch von Alkohol oder anderen psychoaktivwirkenden Stoffen, keine Störung der Persönlichkeit, kein Kontrollverlust vorliegen.*

Das kann man auch anders verstehen als das Gericht. Die Rechtsaufassung der Mannheimer Richter führt aber in der Konsequenz dazu, dass praktisch jeder, der mit Cannabis und Alkohol im Blut auffällt, seinen Führerschein riskiert. Selbst dann, wenn das nächste Auto weit entfernt ist und er nicht mal im Traum daran denkt, während der Wirkzeit der Rauschmittel einen Pkw zu steuern.

(Verwaltungsgerichtshof Mannheim, VGH Mannheim, 10.2.2006, Az. 10 S 133-06)

Wirtschaftsleben

Ein Reiseveranstalter begründet, warum er für Reisemängel nichts bezahlen will:

Von einem Urlaub mit uns kann man erwarten, dass man die Leistungen erhält, wie man sie aufgrund der Kategorie und Preisklasse erwarten konnte. ... Wie im allgemeinen Wirtschaftsleben, so stehen auch in der Touristik Preis und Leistung in einem unmittelbaren Zusammenhang. Eine Pauschalreise setzt sich aus vielen Leistungen zusammen, und ein nicht unerheblicher Teil des Reisepreises entfällt allein auf die Beförderung. ... Die aufgrund der Kategorie und Preisklasse zu erwartenden Leistungen wurden erbracht.

Ach so. Bisher dachte ich immer, der Kunde kann das erwarten, was zu dem gebuchten Hotel im Katalog steht.

Zur Anzeige gebracht

Die Bundespolizei hat am Zaun des Düsseldorfer Flughafens einen Jogger gestoppt, weil dieser nur mit einem Lendenschurz bekleidet war. Weil es so schön peinlich ist, hier die komplette Pressemitteilung:

Dass der Bereich der Zaunanlage am Flughafen in Düsseldorf ein beliebtes Ziel für sportlich Aktive ist, ist für die Beamten der Bundespolizei keine ungewöhnliche Erkenntnis. Allerdings hatten es die Polizisten am heutigen Morgen mit einem ungewöhnlichen Jogger zu tun.

Der 52-Jährige ging seiner sportlichen Aktivität – sehr zum Erstaunen der Bundespolizisten – lediglich mit einem Lendenschurz bekleidet nach. Sogar auf Laufschuhe hatte der Mann verzichtet. Überrascht war der Jogger allerdings, als er von der Streife gestoppt wurde.

Nach eigenen Angaben würde er das immer so tun, und bislang habe sich auch noch niemand an seinem Anblick gestört.

Der Mann wurde wegen Erregung öffentlichen Ärgernisses zur Anzeige gebracht und aufgrund sachlicher Zuständigkeit Beamten der Landespolizei übergeben.

Peinlich für die Bundespolizei. Denn die weiß offenbar noch nicht mal, was Erregung öffentlichen Ärgernisses bedeutet. Bisher gehen Gerichte davon aus, dass allenfalls »Nacktjoggen« – also gerade im Hüftbereich unbekleidet – eine »Belästigung der Allgemeinheit« darstellt. Das wäre dann aber nur eine Ordnungswidrigkeit (§ 118 Ordnungswidrigkeitengesetz). Nach der Schilderung ist das aber gerade *nicht* der Fall, weil der Mann an den strategisch wichtigen Stellen *nicht* unbekleidet war.

Die angezeigte »Erregung öffentlichen Ärgernisses« ist eine Straftat (§ 183a Strafgesetzbuch). Sie setzt jedoch voraus, dass jemand »öffentlich sexuelle Handlungen vornimmt« und dadurch Ärgernis erregt.

✔ **MERKE:** Na, so genau muss man es ja nicht nehmen, wenn man Anzeigen schreibt. Den § 344 Strafgesetzbuch (Verfolgung Unschuldiger) kennt ja auch kaum einer.

Wer war das bloß?

Es gibt Leute, die rufen mein Handy an. Lassen es einmal klingeln. Und spekulieren darauf, dass ich zurückrufe. Es soll ja Menschen geben, die mit so einer Ungewissheit nicht leben können. Ich gehöre nicht dazu.

Erfolglos kostet auch

Der Gegner hatte gegen einen Mahnbescheid Widerspruch eingelegt. Davon erfuhren wir aber erst, nachdem wir bereits den Vollstreckungsbescheid beantragt hatten.

»Kann ich jetzt trotzdem die Gebühr für den Vollstreckungsbescheid berechnen?«, fragte eine Mitarbeiterin.

FAZIT: Anwaltsgebühren entstehen, wenn wir die Arbeit machen. Stellt sich die Arbeit später als nutzlos heraus, fällt die Gebühr deswegen nicht weg. Anwälte arbeiten nicht auf Erfolgsbasis, sondern sie erbringen Dienste.

»Nach erneuter Belehrung«

Mit einem Ermittlungsrichter streite ich mich, ob mein Mandant zu einer Vernehmung kommen muss. Er soll »als Zeuge« gehört werden. Interessanterweise war er schon mal Beschuldigter in der Sache. Vermeintliches Diebesgut wurde in seinem Laden gefunden. Nach Angaben Dritter soll er mit dem angeblichen Dieb gut bekannt sein und am Tattag auch mehrfach mit ihm telefoniert haben.

Schon die Polizeibeamten, die meinen Mandanten mit einigen Sätzen zitieren, haben ihm nicht geglaubt. Der Aktenvermerk wimmelt von Sätzen wie »nach erneuter Belehrung« und »Herr M. wurde eindringlich darauf hingewiesen, dass er die Wahrheit sagen muss«.

Es ist unübersehbar, dass sich mein Mandant mit jedem Satz, den er beim Richter »als Zeuge« von sich gäbe, selbst belasten könnte. Das gibt ihm ein Auskunftsverweigerungsrecht nach § 55 Strafprozessordnung:

Jeder Zeuge kann die Auskunft auf solche Fragen verweigern, deren Beantwortung ihm … die Gefahr zuziehen würde, wegen einer Straftat oder einer Ordnungswidrigkeit verfolgt zu werden.

Ich stehe auf dem Standpunkt, dass ein Vernehmungstermin wenig sinnvoll ist, wenn der Zeuge ohnehin nichts sagen muss und schon vorher erklärt, dass er nichts sagen wird. Nun könnte der Richter der Meinung sein, der Zeuge müsse trotzdem erscheinen und ihm das persönlich erklären.

Das wäre dann ein Problem der Verhältnismäßigkeit. Mein Mandant müsste nämlich etliche Hundert Kilometer anreisen.

Aber tatsächlich: Der Richter erwartet, dass mein Mandant aussagt. Er lehnt meinen Terminaufhebungsantrag mit dem Argument ab, mein Mandant habe kein Auskunftsverweigerungsrecht. Denn die Staatsanwaltschaft habe das Verfahren, soweit er in Verdacht geraten war, nach § 170 Strafprozessordnung eingestellt.

Eine Begründung, die man zur Kenntnis nehmen kann. Es fällt aber schwer, sich nicht für dumm verkauft zu

Polizei-Prosa

Aus einer Strafanzeige: … *Im Laufe des Streits sei der BES 01 ausgerastet und habe dem Zeugen K. mehrfach in Gesicht und Nacken geschlagen. Der BES 02 teilte mit, dass der BES 01 dann auch ihn geschlagen habe. Da der BES 02 sich nicht weiter zu helfen wusste und sich zur Wehr setzen wollte, nahm er die Bierflasche und schlug mit dieser gegen den Kopf des BES 01.*

fühlen. Eine Einstellung wegen fehlenden Tatverdachts nach § 170 Strafprozessordnung gehört nämlich nicht zu den Konstellationen, in denen das Auskunftsverweigerungsrecht erlischt. Es erlischt nur, wenn der »Zeuge« selbst wegen des Sachverhalts nicht mehr verfolgt werden kann, zu dem er befragt werden soll. Das ist zum Beispiel der Fall, wenn er rechtskräftig verurteilt wurde oder das Verfahren gegen eine Auflage eingestellt wurde.

Bei einer Einstellung wegen fehlenden Tatverdachts kann die Staatsanwaltschaft nämlich *jederzeit* die Ermittlungen wieder aufnehmen. Zum Beispiel auch aufgrund von Angaben, die der heutige »Zeuge« bei einem Ermittlungsrichter macht.

Ich lege gegen die Ladung und die Ablehnung, den Termin aufzuheben, Beschwerde ein. Zumindest erfahren so andere Richter, mit welch profunden Argumenten eigentlich nachvollziehbare Anliegen abgewürgt werden. Aber ich fürchte, die übergeordneten Richter sind schon abgehärtet. Ist ja nicht das erste Mal …

Sich ungewöhnlich verhaltende Personen

In Deutschland gibt es unzählige Unfallverhütungsvorschriften. So auch für Geldtransporte. In der Dienstanweisung zu § 26 Abs. 4, also einer Vorschrift zur Vorschrift, heißt es:

Umstände, die auf eine erhöhte Gefährdung schließen lassen und gegebenenfalls der Täuschung dienen, können zum Beispiel sein:

Verkehrsunfälle, plötzliche Verkehrskontrollen, neue Fahrbahnblockierungen, Umleitungen, Baustellen und Bauzelte, im Ladebereich abgestellte auffällige Fahrzeuge sowie sich ungewöhnlich verhaltende Personen.

FAZIT: Man kann förmlich spüren, wie der Unfallverhütungsvorschriften-Autor nach diesen zwei Sätzen aufsah und seufzte: »So langweilig ist er gar nicht, mein Job.«

Die Familie K.

Ein beeindruckender Durchsuchungsbeschluss: acht Beschuldigte, alle bis auf eine mit demselben Familiennamen. Im Durchsuchungsbeschluss tauchen nicht mal alle als handelnde Personen auf. Es wird also nicht klar, was ihnen konkret vorgeworfen wird.

Das scheint auch nicht so wichtig zu sein, denn wenn man sonst nichts an Tatsachen hat, so rechtfertigt doch ein Verdachtsmoment die Durchsuchung auch bei den nicht erwähnten Personen offensichtlich:

Sämtliche Beschuldigte mit Ausnahme der Beschuldigten J. sind zudem Mitglieder der Familie K. oder mit Familienmitgliedern verheiratet bzw. liiert.

FAZIT: Die Betroffenen schäumen wie warmer Sekt. Ich kann's ihnen nicht verdenken.

Verwirrte Verfahren

Die Staatsanwaltschaft Ulm hat mich beeindruckt. Positiv. Sie beantragte von sich aus die Wiederaufnahme eines Strafverfahrens gegen meine Mandantin – und zwar zugunsten der Frau. Was zur Folge haben sollte, dass ein rechtskräftiger Strafbefehl aufgehoben und das Ermittlungsverfahren eingestellt würde.

Die Geschichte ist nicht lang. Meine Mandantin stammt aus Afrika. Sie hielt sich illegal in Deutschland auf. Im

Juni 2008 wurde sie in Göppingen erwischt. Wegen illegalen Aufenthalts verhängte das Amtsgericht im Januar 2009 einen Strafbefehl. 1000 Euro, die meine Mandantin bei sich hatte, waren gleich bei der Festnahme einbehalten worden. Die Geldstrafe belief sich dann, welche Überraschung, auf 1000 Euro.

Nun war meine Mandantin aber noch einmal erwischt worden, und zwar im November 2008. Das war in Duisburg. Dort knöpfte man ihr 2500 Euro ab und stellte das Verfahren wegen geringer Schuld ein. Die Einstellung in Duisburg erging einige Tage vor Erlass des Strafbefehls in Ulm.

Ich hatte mir dann erlaubt, darauf hinzuweisen, dass der illegale Aufenthalt ein Dauerdelikt sei. Meiner Mandantin sei nicht nachzuweisen, dass sie zwischen den Kontrollen in Göppingen und Duisburg ausgereist sei. Somit liege nur eine Tat vor. *Eine* Tat bedeute aber, dass der Strafbefehl nicht hätte ergehen dürfen. Denn mit der Verfahrenseinstellung gegen eine Auflage von 2500 Euro darf die betreffende Tat nicht erneut verfolgt werden. Das aber war mit dem Strafbefehl geschehen.

Der Staatsanwalt in Ulm ließ sich die Akte aus Duisburg kommen – und beantragte von sich aus die Wiederaufnahme. Ein fairer Zug. Normalerweise wird nämlich jedes juristische Schlupfloch genutzt, um es nicht zur Wiederaufnahme zugunsten des Verurteilten kommen zu lassen.

Langer Samstag

Das war ein langer Samstag. Aber es heißt ja nicht umsonst selbstständig. Man arbeitet selbst – und ständig …

Jenseits

Ihre Gebühren bezahlt meine Rechtsschutzversicherung.

Häufig ein Irrtum. Das zahlt die Rechtsschutzversicherung grundsätzlich nicht:

Scheidungen. Streitigkeiten um einen Neubau. Widerspruchsverfahren in Sozialrechtsfällen. Abwehr von Schadenersatzansprüchen. Spekulationsgeschäfte. Abwehr von Unterlassungsansprüchen. Verfahren wegen Falschparkens. Streit mit dem Lebenspartner. Vorsätzliche Straftaten. Erbstreitigkeiten. Prozesse gegen die Rechtsschutzversicherung. Verfassungsbeschwerden.

Doch es gibt auch positive Ansätze. Die »versicherte Person« kann sich durch einen Anwalt im Strafprozess vertreten lassen, wenn sie »durch eine rechtswidrige Tat nach den §§ 211 (Mord) oder 212 (Totschlag) StGB betroffen ist«.

»Ohne Nachricht«

Christian N. aus einer Stadt im Ruhrgebiet ist vermutlich ein rechtschaffener Mensch. Trotzdem hätte er fast Besuch von der Polizei bekommen. Der Durchsuchungsbeschluss für seine Wohnung war bereits beantragt.

Auslöser war ein harmloser Einkauf. Herr N. hatte sich einen Motorroller Piaggio Typ C45 gekauft. Nach der Zulassung schlug der Fahndungscomputer der Polizei an. Ein Roller mit gleicher Fahrzeugidentifizierungsnummer (Endziffern 1894) war vor einigen Monaten in einer Nachbarstadt gestohlen worden.

Der zuständige Polizist beantragte eilig einen Durchsuchungsbeschluss. Der zuständige Staatsanwalt winkte ihn durch. Doch zumindest der Richter am Amtsgericht blätterte auch etwas weiter vorn in der Akte. Prompt stol-

> **Mühe gemacht**
>
> Brief eines inhaftierten (Neu-)Mandanten: *Die Beamten hier in der JVA haben sich echt Mühe gemacht, Ihre Kanzlei ausfindig zu machen, da ich hier ja auch nichts habe und Adressen nicht auswendig wusste.*

perte er darüber, dass die Fahrzeugidentifizierungsnummer des gestohlenen Rollers in der Anzeige ursprünglich anders lautete. Nämlich auf die Endziffern 1984.

Durchsuchungsbeschluss verweigert. Die Akte ging zurück an die Staatsanwaltschaft, von dort aus wieder zur Polizei. Dort stellte sich heraus, dass es bei der Eingabe in den Fahndungscomputer zu einem Zahlendreher gekommen war. Statt »1984« war »1894« gespeichert worden.

Das Ermittlungsverfahren gegen Herrn N. wurde eingestellt.

FAZIT: Herr N. hat nie erfahren, dass er fast eine Hausdurchsuchung erlebt hätte. Der Staatsanwalt ordnete nämlich ausdrücklich an, Herr N. solle »ohne Nachricht« bleiben.

»Leichte« Körperverletzung

Mein Mandant ist vermöbelt worden. Unter anderem hat ihm ein Fausthieb die Nase gebrochen. Im Zeugenfragebogen ordnet die Düsseldorfer Polizei das Delikt per Textbaustein folgendermaßen ein:

Vorsätzliche leichte Körperverletzung, § 223 StGB.

Es gibt gefährliche Körperverletzung. Es gibt schwere Körperverletzung. Es gibt auch noch fahrlässige Körperverletzung. Und, wenn man es umschreiben will, dann eben auch noch so etwas wie »einfache« Körperverletzung.

Nur von leichter Körperverletzung, davon ist weder in § 223 noch sonst wo im Strafgesetzbuch die Rede.

»Einfühlungsverhältnis«

Lehnen wir uns zurück und stellen uns folgende Situation vor:

»Sie könnten gut zu uns passen«, sagt der Personalchef am Ende des Vorstellungsgesprächs und schaut die Bewerberin wohlwollend an. »Wären Sie denn zunächst zu einem kurzen, äh, Einfühlungsverhältnis bereit?« Die junge Frau ist entrüstet, steht auf, knallt dem Personalchef die rechte Hand ins Gesicht und verlässt schnellen Schrittes das Büro.

Peng. Gerade hat sie sich um eine Jobchance gebracht. Und das nur, weil sie das Wort »Einfühlungsverhältnis« falsch verstanden hat. Damit beschreiben Juristen einen besonderen Probevertrag zwischen einem potenziellen Arbeitnehmer und einem Arbeitgeber. Für lau soll der Kandidat für ein paar Tage oder Wochen in den Betrieb kommen und sowohl die Arbeit als auch die Kollegen kennenlernen. Auf Neudeutsch könnte man sagen: Er soll mal gucken, wie sich das anfühlt. Im Gesetz sucht man sowohl den Begriff als auch diese Tätigkeit vergebens. »Einfühlungsverhältnis« ist eine reine Erfindung von Arbeitsrechtlern.

Dass es dafür kein Geld gibt, haben mehrere Gerichte schon abgenickt. Dann darf das Unternehmen aber auch keine Arbeitsleistung fordern und Weisungen geben. Tut es das doch, kann nachträglich Lohn gefordert werden. Das Arbeitsgericht Weiden (Bayern) urteilte dazu, dass, wer erprobt wird, zwangsläufig Anweisungen befolgen muss – also Lohnanspruch (Arbeitsgericht Weiden, 7.5.2008, Az. Ca 64/08 C).

Manche Personalchefs sind von solchen Urteilen möglicherweise schon so erschrocken, dass sie freiwillig ein bisschen Geld anbieten.

FAZIT: Stellen wir uns also das eingangs beschriebene Szenario vor mit einem Personalchef, der sagt: »Wie wäre es mit einem Einfühlungsverhältnis – ich zahle Ihnen auch was dafür!«

Schlafzimmer darf nicht stinken

Wenn Schlafzimmermöbel auch mehr als ein Jahr nach dem Kauf noch einen unangenehmen Chemikaliengeruch verströmen, dann kann der Käufer vom Vertrag zurücktreten. Dabei ist es ohne Belang, ob die Gerüche auch gesundheitsschädlich sind.

Das entschied das Landgericht Coburg, bestätigt durch das Oberlandesgericht Bamberg, und verurteilte den Verkäufer zur Rückzahlung des Kaufpreises von rund 6200 Euro. Der Geruch und die damit verbundene nach-

Gezapft

»Du bist doch gezapft worden?«, fragt der Jugendrichter den Angeklagten und blättert in der Akte. Ich bin erst etwas ratlos. Aber der Richter findet schnell die passende Stelle. »0,3 Promille, da kann man schon noch aufrecht gehen.« Der Richter meint, »gezapft werden« sei ein ganz normaler Spruch bei der Polizei. Für mich war er neu.

14 Uhr

Telefonnotiz, 15.14 Uhr: *Die 14-Uhr-Mandantin lässt ausrichten, dass sie »ein paar Minuten« später kommt.*

vollziehbare Sorge der Käuferin, dass dadurch ihre Gesundheit gefährdet werde, verhinderten nach Auffassung der Gerichte einen ungestörten Gebrauch der Schlafzimmereinrichtung.

Denn, so das Gericht, auch ohne besondere Vereinbarung kann ein Käufer solcher Möbel erwarten, dass sie geruchsneutral sind oder Geruchsentwicklungen, die wegen der Lackierung unvermeidbar sind, zumindest alsbald nach dem Aufstellen verschwinden.

(Landgericht Coburg, 13.5.2009, Az. 21 O 28/09; Oberlandesgericht Bamberg, 13.7.2009 und 7.8.2009, Az. 6 U 30/09)

FAZIT (der Pressestelle des Landgerichts Coburg): *In Schlafzimmermöbeln, die einem buchstäblich stinken, muss man nicht in seine Träume sinken.*

Bitte Abs. verständigen!

Die Deutsche Post hat auf einen an mich gerichteten Brief einen Aufkleber gepappt:
Sdg nachadressiert wg. unkorrekter Anschrift
Bitte Abs. verständigen!

Adressiert war der Brief wie folgt:
Golzheimer Str. 128
40476 Düsseldorf

Die Post hat laut Aufkleber folgende Anschrift »ermittelt«:
Golzheimer Str 128
40476 Düsseldorf

FAZIT: Welchen Unterschied doch so ein Punkt machen kann.

Geht das überhaupt?

In der Verhandlung ging es nur um das Strafmaß. Der Bundesgerichtshof hatte auf die Revision hin ein Urteil des Landgerichts aufgehoben, in dem eine Gesamtstrafe gebildet worden war. Gesamtstrafe bedeutet, dass das Gericht nicht nur über den bei ihm angeklagten Fall entscheidet, sondern auch eine frühere Verurteilung – hier sechs Jahre und sechs Monate Gefängnis, ebenfalls eine Gesamtstrafe – einbezieht. Heraus kamen dann zunächst insgesamt neun Jahre.

Mein Mitverteidiger und ich plädierten auf jeweils fünf Jahre, also weniger, als es schon im ersten Urteil gab. Aus guten Gründen, wie wir meinten. Der Vorsitzende war über diesen Antrag jedoch so verblüfft, dass er mich im Plädoyer unterbrach. Ob ich wirklich meine, das Gericht könne die erste Strafe von sechs Jahren und sechs Monaten sogar unterschreiten? Die erste Strafe sei doch rechtskräftig.

Ich legte dar, dass zur Bildung sämtliche Einzelstrafen »aufgelöst« werden müssten, selbstverständlich auch die des ersten Urteils, auch wenn dieses an sich rechtskräftig sei. Denn die Gesamtstrafenbildung ist nun mal einer der wenigen Fälle, in denen sich rechtskräftig verhängte Strafen noch ändern können.

Route

Intern und beiläufig eine Marschroute ausgegeben: *Wir machen nur aussichtslose Fälle, keine völlig aussichtslosen.*

So ganz schien mir das Gericht nicht zu glauben. Doch in der Urteilsverkündung wies der Vorsitzende, wahrscheinlich nach ausgiebigem Blick in die Kommentare, ausdrücklich darauf hin, dass wir Verteidiger »formal« recht hätten. Tatsächlich sei es denkbar, bei der erforderlichen »Auflösung« aller Strafen sogar den Strafrahmen des ersten Urteils zu unterschreiten. Allerdings betonte er, noch von keinem Fall gehört zu haben, in dem das geschehen sei.

Leider schien dem Gericht unsere Angelegenheit auch nicht geeignet für eine Premiere. Es ließ zwar etwas vom Strafmaß nach, aber längst nicht so viel, wie wir Verteidiger und der Angeklagte erhofft hatten.

FAZIT: Abgesehen vom Erlebnis, einen Richter mit einem juristischen Argument wirklich handfest verblüfft zu haben, nahm ich aus der Verhandlung also einen neuen Auftrag mit. Wir gingen erneut in Revision.

Zurückärgern

Ich habe unser mittlerweile doch beliebtes Antwortschreiben an Abmahnkanzleien um einen Passus ergänzt:

Abschließend machen wir für unsere Mandantin bzw. unseren Mandanten unter Hinweis auf § 34 BDSG folgende Auskunftsansprüche geltend:

- *Über welche gespeicherten Daten zur Person unserer Mandantin bzw. unseres Mandanten verfügen Sie und Ihre Auftraggeberin? Woher stammen diese Daten?*
- *An welche Empfänger oder sonstige Stellen wurden bzw. werden diese Daten weitergegeben?*
- *Zu welchem Zweck erfolgt die Speicherung?*

Der Anspruch auf Auskunft nach dem Bundesdatenschutzgesetz ist verpflichtend. Er kann und wird gerichtlich durchgesetzt werden, sofern nicht binnen 10 Tagen hier eine ausreichende Antwort vorliegt.

Ein bisschen zurückärgern sollte schon erlaubt sein.

Das Gesetz ist nicht die Begründung

Die Staatsanwaltschaft beantragt beim Gericht, meinem Mandanten eine DNA-Probe zu entnehmen. Sein genetisches Profil soll in der DNA-Datenbank beim Bundeskriminalamt gespeichert werden.

Nach dem Gesetz muss der Richter so eine Anordnung eingehend begründen:

In der schriftlichen Begründung des Gerichts sind einzelfallbezogen darzulegen
1. *die für die Beurteilung der Erheblichkeit der Straftat bestimmenden Tatsachen,*
2. *die Erkenntnisse, aufgrund derer Grund zu der Annahme besteht, dass gegen den Beschuldigten künftig Strafverfahren zu führen sein werden, sowie*
3. *die Abwägung der jeweils maßgeblichen Umstände.*

Der Antrag der Staatsanwaltschaft erschöpft sich in der Mitteilung, mein Mandant sei wegen einer Straftat erheblicher Bedeutung verurteilt worden. Wegen Ausführung der Tat und seiner Persönlichkeit bestehe Grund zu der Annahme, dass gegen ihn erneut Strafverfahren wegen derartiger Straftaten zu führen seien.

Das ist allerdings keine Begründung, sondern der Gesetzestext.

Es lohnt sich immer, sich gegen solche schlampig formulierten Aufforderungen zu wehren. Oft wird die Sache dann nicht weiterverfolgt. Solide Begründungen machen nämlich mehr Arbeit als Textbausteine. So war es auch in diesem Fall.

Wirtschaftliche Vorabexekution

Herr S. schloss gerade seine kleine Pizzeria auf, als ihm Mitarbeiter des Zolls ein Schreiben im gelben Umschlag überbrachten. Inhalt war ein Gerichtsbeschluss. Man könnte auch sagen, ein wirtschaftliches Todesurteil. Ab sofort war das gesamte Vermögen des Herrn S. beschlagnahmt, alle seine Konten gepfändet. Das Wechselgeld aus der Kasse nahmen die Beamten gleich mit.

»Dinglicher Arrest« nennt sich so etwas, erlassen vom Amtsgericht. Damit sollen Ansprüche des »Justizfiskus« gesichert werden. Herr S. sollte erst wieder Überweisungen machen können, seine Miete, die Stadtwerke oder seine Lieferanten bezahlen, wenn er 53 000 Euro bei der Gerichtskasse hinterlegt hätte. Diese 53 000 Euro hatte er nicht.

Herr S. erfuhr erst nach Einfrieren seiner Konten, was ihm überhaupt zur Last gelegt wurde. Er sollte Sozialabgaben nicht entrichtet haben. Der Zoll konnte

Auf den Hinweis wird hingewiesen

Aus dem Schreiben eines Gerichtsvollziehers: *Bitte beachten Sie den Hinweis unter der nachstehenden Kostenrechnung.* Hinweis unter der Kostenrechnung: *Bitte überweisen Sie sofort!*

zwar nicht belegen, dass Herr S. Mitarbeiter schwarz beschäftigt hatte. Frühere Prüfungen, unter anderem eine Betriebsprüfung auch für Lohnsteuer durch das Finanzamt, waren ohne nennenswerte Beanstandungen geblieben.

Aber es ging eben auch anders – durch Spekulation.

Das sah dann so aus, dass ein Zollbeamter entschied, wie viel Personal für so eine kleine Pizzeria erforderlich sei. Herr S. hatte aber nur etwa die Hälfte dieses angeblich erforderlichen Personals auf der Payroll. Die messerscharfe Schlussfolgerung: 50 Prozent des angeblichen Personals arbeiteten schwarz. Praktischerweise wurden dann auch noch stattliche fiktive Gehälter für dieses fiktive Personal angesetzt. So kam man zu nicht gezahlten Sozialabgaben in erheblicher Höhe – und die Folgen hieraus waren ganz und gar nicht fiktiv.

Der Steuerberater von Herrn S. war fassungslos, als er sah, wie Beamte den Personalbedarf einer kleinen Pizzeria berechnet hatten. Auch ich konnte nur feststellen: Auf so krude Zahlen zu einem »Mindestpersonal« konnte man nur kommen, wenn man die Personaldecken in wasserköpfigen Behörden und das dortige Arbeitstempo auf den Rest der Welt projizierte.

Abgesehen davon hatte man im Eifer auch vergessen (und insbesondere nicht erfragt), dass Herr S. Familienangehörige einsetzte. Das nennt sich Familienhilfe und ist nicht zu beanstanden. Selbst wenn man zum Beispiel die Ehefrau und die erwachsene Tochter, die fleißig halfen, nur als einen Arbeitnehmer ansetzte, sah die offizielle Rechnung schon ganz anders aus …

Herr S. hatte noch mal Glück im Unglück. Am Landgericht, das über die Beschwerde für den Arrest zuständig war, gab man noch etwas auf den Grundsatz der Verhältnismäßigkeit. Der Arrest wurde auf 10 000 Euro reduziert. Diesen Betrag hatte ich nach Rücksprache mit meinem Mandanten selbst vorgeschlagen. Vor allem, um kein Alles-oder-nichts-Spiel mit ungewissem Ausgang spielen zu müssen.

Blubb-blubb

Aus einer Mitteilung des Amtsgerichts Düsseldorf:

Falls Sie die Versagung der Restschuldbefreiung beantragen wollen, muss der Antrag einschließlich der vollständigen Unterlagen zur Glaubhaftmachung der Zulässigkeitsvoraussetzungen dem Gericht fristgerecht vorliegen. Für den Versagungsantrag gelten die gleichen Voraussetzungen, Fristen und Verfahrensregeln wie für einen Antrag während der Wohlverhaltenszeit (§ 300 Abs. 2, §§ 296 bis 298 InsO).

Könnte man nicht zumindest in verständlichem Deutsch ergänzen, wie lange die Frist nun ist? Der Bürger hat ja nicht immer eine Insolvenzordnung zur Hand. Und selbst wenn, wird er die Paragrafen-Monster womöglich nicht verstehen.

Laut Anordnung

Aus einer Vorladung der Polizei:

Laut Anordnung der Staatsanwaltschaft wurde gegen Sie ein Ermittlungsverfahren wegen Unfallflucht eingeleitet. Sie haben versucht, durch die Veränderung der Parkstellung Ihres Fahrzeugs eine Unfallrekonstruktion unmöglich zu machen.

Der Straftatbestand »Unerlaubtes Entfernen vom Unfallort« beginnt mit folgenden Worten:

Ein Unfallbeteiligter, der sich nach einem Unfall im Straßenverkehr vom Unfallort entfernt …

Wer sich nicht vom Unfallort entfernt, begeht also keine Unfallflucht.

FAZIT: Manchmal kann, auch für Polizisten und Staatsanwälte, ein Blick ins Gesetz sinnvoll sein – bevor man Ermittlungsverfahren einleitet.

Neue Umstände

Ein freundlicher Richter verschonte meinen Mandanten von der Untersuchungshaft. Im Beschluss, mit dem der Haftbefehl außer Vollzug gesetzt wurde, stand:

Der Angeschuldigte hat mit dem sofortigen Widerruf dieser Haftverschonung zu rechnen, wenn:
1. …
2. …
3. neue Umstände die Verhaftung erforderlich machen.

Nun ja, wer hätte das gedacht? Allerdings kann ich nicht verhehlen, dass der Hinweis Eindruck macht. Der

Mandant wollte von mir ganz genau wissen, was denn unter »neuen Umständen« zu verstehen sei …

Fax ist Fax – selbst bei der Justiz

Zentralfax, Sachgebietsfax, Geschäftsstellenfax, Verwaltungsabteilungsfax, Arbeitsplatzfax: So manche Justizbehörde sendet zwar von den unterschiedlichsten Faxanschlüssen, will die Antworten aber gern kanalisieren. So heißt es dann auf den Briefbögen und Internetseiten, fristwahrende Sendungen seien nur an bestimmte Faxnummern zulässig.

Dieser Praxis erteilte das Oberlandesgericht Düsseldorf eine Absage. Weil das Zentralfax des Gerichts nicht funktionierte, hatte ein Anwalt, der eine Frist wahren musste, seinen Schriftsatz nachts auf das Fax der Pressestelle geschickt. Auch wenn es sich um einen Anschluss der »Verwaltung« handelte, sahen die Richter keinen Grund für Sonderregeln und stellten fest, das Fax war pünktlich. Aus der Begründung:

Die Verwaltung des Oberlandesgerichts unterhält mehrere Empfangsgeräte für Fernkopien in ihrer Verantwortung. Die Geräte sind regelmäßig nicht einzelnen

Wie jetzt?

Das Amtsgericht Bielefeld: *Werden Waren gegen Nachnahme versandt, so besteht eine vom Versender zu widerlegende tatsächliche Vermutung, dass der Nachnahmebetrag bei Aushändigung der Ware an den Empfänger von diesem bezahlt wurde.*

Lustig

Aus dem Schreiben eines Gegners: … *nachdem ich grinsend Ihren Brief gelesen habe und sich mittlerweile mein Lachanfall wieder gelegt hat, werde ich Ihnen nun Folgendes mitteilen.*

Spruchkörpern zugeordnet, naturgemäß gerade auch das zentrale Empfangsgerät nicht. Was dort auf einem der Geräte eingeht, ist in die Verantwortung der Verwaltung des Oberlandesgerichts gelangt.

Die Eingänge auf den Geräten werden, wenn sie die Rechtsprechung betreffen, nicht anders als Eingänge auf sonstigem Wege, erst von der Verwaltung an die den Spruchkörpern zugeordneten Geschäftsstellen geleitet. Auf diese Verteilung kommt es für die Wahrung einer Frist niemals an.

Bei dieser Sachlage wäre es nicht sachgerecht, aus der Zuordnung eines bestimmten Geräts zu einer bestimmten Verwaltungsaufgabe, hier der des Pressesprechers, die Konsequenz zu ziehen, Eingänge dort als von der allgemeinen Verteilung innerhalb des Gerichts ausgeschlossen zu betrachten und Eingänge, die die Rechtsprechungstätigkeit der Spruchkörper betreffen, wie »Irrläufer« zwischen verschiedenen Behörden zu behandeln.

(Oberlandesgericht Düsseldorf, 13. 7. 2010, Az. I-20 U 206/09)

Das entspricht einem guten alten Grundsatz über den Zugang von Erklärungen, so wie er Jurastudenten in jeder Anfängervorlesung Bürgerliches Recht beigebracht wird. Danach muss die interne Organisation des Empfängers nicht Sorge des Absenders sein. Kommt die

Nachricht rechtzeitig auf einem nach außen kommunizierten Empfangskanal an, ist damit die Frist gewahrt. Es ist Sache des Empfängers, die Nachricht an den richtigen internen Adressaten weiterzuleiten.

Warum sich ausgerechnet die Justiz nicht daran halten sollte, wäre wohl auch eher schwer zu vermitteln.

Zentralisierungshölle

Mein Mandant bekommt einen Brief. Absender ist die Kreispolizeibehörde Mettmann, Adalbert-Bach-Platz 1, 40822 Mettmann. So steht es jedenfalls klein gedruckt über dem Adressfeld. Rechts oben auf dem Briefbogen, unter dem Landeswappen, steht allerdings ein anderer Absender. Nämlich das Kriminalkommissariat Velbert. Das gehört zwar auch zur Kreispolizeibehörde Mettmann, sitzt aber an der Nedderstraße 52 in 42549 Velbert. Wohl deshalb ist diese Anschrift dann als eigentliche Absenderadresse aufgeführt.

Zur Vernehmung vorgeladen wird mein Mandant zwar vom Kriminalkommissariat Velbert. Die Vernehmung findet aber weder in Mettmann noch in Velbert statt, sondern *bei der Kreispolizeibehörde Mettmann, Polizeiwache Ratingen, Düsseldorfer Straße 45, 40878 Ratingen*. So steht es dann weiter unten im eigentlichen Brieftext.

FAZIT: Wäre interessant zu wissen, wie viele der Angeschriebenen, die sich tatsächlich auf eine Vernehmung einlassen wollen, beim ersten Versuch auf der falschen Dienststelle aufschlagen.

KAPITEL 9

Die lieben Kollegen

Immer diese Gesetzesänderungen

Beim Betreten des Gerichtssaals stutzte ich. Klar, wir hatten drei Angeklagte, deshalb nahmen neben mir zwei weitere Verteidiger Platz. Aber was machte der freundlich lächelnde Rechtsanwalt auf der anderen Seite? Er hatte sich und seine Akten neben der Staatsanwältin ausgebreitet.

Der Richter fragte gleich zu Anfang, ob Bedenken bestünden, den Geschädigten als Nebenkläger beizuordnen und die Nebenklage von dem betreffenden Anwalt vertreten zu lassen. Entsprechende Bedenken hatte ich wohl und äußerte sie auch. Immerhin befanden wir uns beim Jugendschöffengericht. Die Angeklagten waren noch keine 18 Jahre alt und damit Jugendliche. Gegen Jugendliche ist die Nebenklage aber nur eingeschränkt zulässig. Bis vor einigen Jahren war sie gar nicht möglich.

»Unzulässig«, lautete also das Wort, mit dem ich meine Bedenken zusammenfasste. Mehr konnte ich erst mal nicht sagen, weil mein Netbook erst hochfuhr und ich noch nicht bei beck-online auf die einschlägigen Paragrafen zugreifen konnte.

Das Lächeln des Anwalts wurde breiter. (Überheblich will ich jetzt mal nicht sagen.) Der Richter verwies aufs

»geänderte Gesetz« und implizierte damit, dass im Alltagsstress bei manchen Anwälten die Fortbildung leide. Er war aber immerhin bereit, mal hineinzuschauen. Musste er ja ohnehin, wenn er einen Beschluss zu erlassen hätte. Je länger die Lektüre dauerte, desto ungläubiger wurde die Miene des Richters. Gleiches galt für das Gesicht des Nebenklägers in spe, der sich, mangels eigener Gesetzessammlung, vom Richter dessen aktuellen Gesetzestext auslieh und ebenfalls fleißig las.

Es ging um gefährliche Körperverletzung. Für Fälle der Körperverletzung lässt § 80 Abs. 3 des Jugendgerichtsgesetzes Nebenklage gegen Jugendliche zu. Aber wie das bei Juristen ist: keine Ausnahme ohne weitere Ausnahme. Es muss sich bei der Körperverletzung um ein Verbrechen handeln. Verbrechen sind Tatbestände, bei denen die Mindeststrafe ein Jahr Gefängnis ist. Gefährliche Körperverletzung gibt es schon ab einem halben Jahr. Sie ist also kein Verbrechen, sondern nur ein Vergehen.

Der Gesetzestext wurde gedreht und gewendet. Heraus kam aber nur eins: Die Nebenklage war keine Formsache, sondern unzulässig. Wenigstens sah der Rechtsanwalt das dann auch ein, packte seine Sachen und ging.

✔ **MERKE:** Die Tür hätte er allerdings nicht knallen müssen.

Branchentypisch

Eine Klage hat wenig Sinn. Die Gegenseite hat weder Geld noch Kohle. Solche Sprachspielchen gelingen natürlich nur, wenn man Mandate aus dem Bereich »feste Brennstoffe« hat.

Unnötig

Ich erkläre für meine Mandantin – eine Firma – schriftlich, dass die Kündigung *zurückgenommen* wird. Eigentlich ist die Sache damit erledigt. Die Anwältin des Arbeitnehmers kann die Klage zurückziehen. Aber warum einfach, wenn wir Papier produzieren können?

Die Anwältin schreibt mir, ich solle *ausdrücklich erklären, dass aus der Kündigung keinerlei Rechtsfolgen hergeleitet werden und dass das Arbeitsverhältnis unverändert über den … hinaus fortbesteht.*

Ja, super: Wenn ich eine Kündigung zurücknehme, wie soll ich dann daraus noch Rechte herleiten? Wenn eine Kündigung zurückgenommen wird, besteht das Arbeitsverhältnis unverändert fort, weil es an einer Kündigung fehlt. Logisch für alle, aber anscheinend nicht für Juristinnen aus Essen.

Schön, ich schicke also noch ein Fax mit der gewünschten Erklärung. Damit der Arbeitsgerichtstermin wirklich aufgehoben wird und ich da nicht hinlaufen muss …

Das kleine b

Grußformel in einem Schreiben der Staatsanwaltschaft:

Hochachtungsvoll
Müller
Amtsanwalt (b)

Das kleine b bedeutet »beauftragt«.

So unterzeichnen Amtsanwälte, die zwar den Vorbereitungsdienst absolviert haben und im Amtsanwaltsdienst arbeiten, aber noch nicht zu Amtsanwälten ernannt sind. Das (b) darf frühestens nach zwölf Monaten gestrichen werden – wenn sich der Amtsanwalt, der keiner ist, im Amtsanwaltsdienst bewährt hat.

Oder so ähnlich.

Größe und Klasse

Ein für mich unerklärlicher Fall: Ein langjähriger Prozess war endlich zu Ende. Weil der Kläger Ausländer ist, musste vorher eine Bürgschaft für die Prozesskosten hinterlegt werden. Über einen ziemlich hohen fünfstelligen Betrag. Diese Bürgschaft wurde den gegnerischen Anwälten, einer großen, renommierten, internationalen Sozietät, ordnungsgemäß zugestellt.

Nach Abschluss des Verfahrens baten wir um Rückgabe der Bürgschaft. Doch leider, leider erreichte uns folgende Nachricht:

Trotz intensivster Suche ist die Bürgschaft in unseren Akten nicht mehr aufzufinden.

Das Problem war nur, dass die Bürgschaft mit der Rückgabe des Originals stand und fiel. Das bedeutete ein kompliziertes Verfahren, um die Urkunde für kraftlos erklären zu lassen.

Wie schön, wenn man auf der monumentalen Kanzlei-Homepage der Kollegen dann was von »zertifiziertem Qualitätsmanagement nach ISO 9000« liest …

Absage

Die Kindermörder von Eschweiler hatten Schwierigkeiten, Verteidiger zu finden. Ein Bonner Anwalt war sogar wieder abgesprungen. Der Express zitierte einen Strafverteidiger aus Eschweiler mit den Worten: *»Hier will das Mandat niemand haben.« Es sei eine zu »ekelhafte Geschichte, für die niemand Verständnis« habe.*

Merkwürdiges Berufsverständnis. Seit wann muss ich als Strafverteidiger »Verständnis« für Taten meiner Mandanten haben? Wenn man schon ablehnt, dann sollte man wenigstens die Wahrheit sagen: dass man sich seinen Ruf nicht ruinieren will. Und keinen Bock auf eingeworfene Scheiben und zerstochene Autoreifen hat.

Bei Verbrechen darf das Gericht nicht ohne Verteidiger verhandeln. Wenn sich kein »Freiwilliger« findet, wählt ihn der Vorsitzende Richter aus und bestellt ihn zum Pflichtverteidiger. Absagen kann der Anwalt dann nur mit gewichtigen Gründen. Die Gründe, die im oben genannten Fall eine Rolle zu spielen schienen, gehören nicht dazu.

… sage ich nichts

Aus einem Vernehmungsprotokoll: *»Sie haben das Recht, die Aussage … zu verweigern. Außerdem haben Sie das Recht, … einen Rechtsanwalt um rechtlichen Rat zu fragen … Haben Sie die Belehrung verstanden?« – »Ja.« – »Möchten Sie eine Aussage machen?« – »Nein, auf Rat meines Rechtsanwalts … sage ich nichts.« – »Möchten Sie sonst noch etwas sagen?« – »Nein.«* So etwas würde ich gern öfter lesen.

Falsche Kunden

Meine Kollegin hat ein Konzert von Bruce Springsteen besucht. In der VIP-Lounge. Mit Backstagepass und Eintritt zur Party danach. Kleines Geschenk von Kunden.

Ich saß im Büro und war grummelig. Kein Wunder. Wären die Karten von *meinen* Mandanten gekommen, wären sie entweder falsch oder geklaut gewesen.

Keine Gnade für Falschparker

Parkt ein Autofahrer auf einem von mehreren öffentlichen Behindertenparkplätzen, kann er auch dann abgeschleppt werden, wenn die anderen Behindertenparkplätze frei sind. Dies hat das Verwaltungsgericht Neustadt entschieden. Ein Rechtsanwalt parkte seinen Pkw vor dem Gebäude des Amtsgerichts Ludwigshafen auf einem der beiden Behindertenparkplätze. Eine Politesse vermisste den Schwerbehindertenausweis. Nachdem sie im Gerichtsgebäude nach dem Fahrer des Wagens geschaut hatte, rief sie den Abschleppdienst.

Der Rechtsanwalt wollte die 145,75 Euro Abschleppkosten nicht zahlen. Er hielt die Maßnahme für unverhältnismäßig. Die Politesse hätte ihn im Gerichtsgebäude ohne Weiteres auffinden können, wenn sie richtig gesucht hätte. Im Übrigen sei der zweite Schwerbehindertenparkplatz nicht belegt gewesen.

Von dieser Argumentation ließ sich das Verwaltungsgericht nicht überzeugen. Nach Auffassung der Richter darf ein unrechtmäßig auf einen Behindertenparkplatz gestelltes Auto sofort abgeschleppt werden. Dem Schutz der Behindertenparkplätze komme mit Rücksicht auf

Praktikum

Eine Schülerin (9. Klasse) fragt, ob wir eine Praktikumsstelle bieten. Der Brief beginnt mit folgender Anrede: *Sehr geerter Herr Rechtsanwald Vetter.*

die Hilfsbedürftigkeit der Betroffenen großes Gewicht zu. Diesem Personenkreis müsse der ihm vorbehaltene Parkraum unbedingt und ungeschmälert zur Verfügung stehen, weil zumutbare Ausweichmöglichkeiten selten bestünden.

Diesem Belang werde allein durch ein zügiges und konsequentes Abschleppen von Falschparkern effektiv Rechnung getragen. Es habe auch völlig gereicht, dass die Politesse im Gericht selbst nach dem Fahrer geschaut habe. Weitere Nachforschungen seien auf keinen Fall erforderlich gewesen.

(Verwaltungsgericht Neustadt, 13.9.2011, Az. 5 K 369/ 11.NW)

Geprüfter Mehrfachstecker

Die »Prüfung ortsveränderlicher Betriebsmittel« ist etwas, um das kein Unternehmen herumkommt. Vermutlich ernähren die dahinterstehenden Vorschriften ein ganzes Heer von Elektrikern, die sich den ganzen Tag Stecker anschauen. Nach den Arbeitsschutzvorschriften muss in Firmen und Behörden nämlich jedes Teil überprüft werden, das einen Stecker hat. Vom Computer über die Bürokaffeemaschine bis zum simplen Mehrfachstecker muss jedes Elektroteil regelmäßig gecheckt werden. Auch für Gerichtssäle gilt natürlich keine Ausnahme.

Dem scharfen Auge eines Rechtsanwalts entging es nicht, dass in einem Gerichtssaal die offiziellen Mehrfachstecker, an denen Verfahrensbeteiligte ihre Notebooks einstöpseln können, nicht korrekt geprüft waren. Jedenfalls vermisste er an dem Mehrfachstecker das offizielle Prüfsiegel, welches die Betriebssicherheit des »ortsveränderlichen Betriebsmittels« dokumentiert.

Offenbar sorgte sich der Anwalt tatsächlich um die Sicherheit im Saal oder wenigstens das Wohlergehen seines Notebooks. Denn er rügte in der Gerichtsverhandlung hochoffiziös, der Justiz-Mehrfachstecker, den zu nutzen man ihn ansinne, entspreche nicht den Vorschriften. Der Kollege hatte auch die passende, extrem beeindruckende Normenkette parat. Die umfasste Paragrafen aus dem Arbeitsschutzgesetz und den berufsgenossenschaftlichen Unfallverhütungsvorschriften.

Maßgeblich ist insbesondere die »BGV A3«. Die Vorschrift definiert *ortsveränderliche elektrische Betriebsmittel* als solche, *die während des Betriebs bewegt werden oder die leicht von einem Platz zum anderen gebracht werden können, während sie an den Versorgungsstromkreis angeschlossen wurden.* Diese Geräte müssen regelmäßig technisch überprüft werden und ein Siegel erhalten.

Gewonnen

In der Besprechung klingelte das Handy meiner Mandantin. Sie ging ran, aber es war wohl nicht der wichtige Anruf, den sie erwartete. »Oh, ich habe bei einem Gewinnspiel gewonnen? Super. Haben Sie was dagegen, wenn ich auf laut stelle? Ich sitze gerade mit meinem Anwalt zusammen.« Tuuut …

Das Gericht reagierte darauf ganz und gar nicht ungehalten. Jedenfalls ließ sich niemand auf der Richterbank etwas anmerken. Vielmehr wurde für die Mittagspause der Haustechniker angefordert. Der überprüfte – ich war wie alle anderen essen – offenbar alle Mehrfachstecker und verzierte sie mit hübschen Aufklebern. Darunter war auch der Stecker, den ich vorsorglich immer in der Notebooktasche habe. Den hatte ich nämlich am Morgen auch an unserem Anwaltstisch eingestöpselt, weil es sonst immer Gerangel um die wenigen offiziellen Steckdosen gibt.

Ich besitze seitdem auch in meinem Arbeitswerkzeug einen Stecker, den ich guten Gewissens mit ins Gericht nehmen kann. Dafür vielen Dank. Allerdings hoffe ich, dass die Aufschrift »Saal 128«, die der Techniker gleich neben dem Prüfsiegel anbrachte, mich nicht eines Tages als Dieb dastehen lässt …

Jeder Zuschrift ihre Abschrift

Post von einem Anwalt aus dem Stuttgarter Raum:

Sehr geehrter Herr Kollege Vetter,
… abschließend bitte ich Sie ebenso nachdrücklich wie dringend, von Faxzusendungen in Zukunft Abstand zu nehmen. Das Fax sollte bekanntermaßen nur in Ausnahmefällen benutzt werden, wenn ein unbestreitbares Eilbedürfnis vorliegt. Es entspricht dem standesgemäßen Umgang, für normale Korrespondenz den Postweg zu wählen. Auch wenn die von Ihnen, sehr verehrter Kollege, ebenfalls praktizierte Unsitte in letzter Zeit immer mehr um sich greift, heißt das noch nicht, dass sie zu dulden wäre.

Vorsorglich weise ich darauf hin, dass Sie bitte jeder Zuschrift eine Abschrift für meine Mandantschaft beifügen mögen.

Überflüssig zu erwähnen, dass der Kollege keine E-Mail-Adresse hat …

Vorzüglich

Biker grüßen sich. Anwälte auch. Aber hier wie dort gibt es Feinheiten:

Mit freundlichen kollegialen Grüßen
Der Standardgruß. Absolut neutral.

Mit kollegialer Empfehlung
Beliebt bei Anwälten, die Fliege tragen und Rotwein mögen.

Mit freundlichem kollegialen Gruß
Kernige Variante der Standardformel. Typ Vorstadteiche, gewinnt seine Mandanten auf dem Schützenfest.

Mit kollegialer Hochachtung
Meint das Gegenteil von dem, was er sagt. Entweder arrogant oder Partner in einer Nobelsozietät. Vermutlich beides.

Hochachtungsvoll!
Man sieht sich immer zweimal im Leben.

Manche Kollegen entblößen ihre Befindlichkeit, indem sie im Lauf der Korrespondenz von den *»freundlichen* *kollegialen Grüßen«* zum schnippischen *»Hochachtungsvoll«* wechseln und ganz am Ende nur noch mit *»Rechtsanwalt«* unterzeichnen. Für mich ist das ein gutes Zeichen, weil es dann in der Sache garantiert zum Besten steht.

Ach ja, und dann gibt es in Düsseldorf noch einen Anwalt, der mir schon seit einigen Jahren nur *Mit freundlichen Grüßen* schreibt, so als wolle er mich damit aus der Anwaltsliste radieren.

Aber das ist eine andere Geschichte …

Geschenkt

Es ist doch schön, wenn man als gut bezahlter Angestellter daran denkt, für den Fall der Kündigung eine Abfindung zu vereinbaren. Weniger schön ist es, wenn der Arbeitgeber diese nicht zahlen will.

Dann braucht man Anwälte, am besten aus einer angesehenen angloamerikanischen Kanzlei, die sich für keine juristische Verrenkung zu schade ist:

Die Klausel ist unwirksam, weil sie gemäß § 518 Abs. 1 S. 1 BGB zu ihrer Gültigkeit der notariellen Beurkundung bedurft hätte. Bei der Abfindungsvereinba-

Gespickt

Sehr geehrter Herr Rechtsanwalt Vetter, wir möchten auf Ihr oben genanntes Schreiben nicht weiter eingehen, da es von so viel Unwahrheiten gespickt ist und wir uns auf dieses Niveau nicht herabsetzen wollen. Den geforderten Betrag haben wir überwiesen. Mir kam es aber nur auf den letzten Satz an …

rung handelt es sich nämlich um ein Schenkungsversprechen …

Dieses Statement veranlasste den Arbeitsrichter zu der launigen Bemerkung, er habe noch keinen Arbeitgeber getroffen, der seinen Mitarbeitern etwas schenkt. Und dass damit ja wohl die meisten Verträge in Chefetagen und Fußballvereinen unwirksam wären. Der Richter: »Dann hätten wir aber einige Golf spielende Millionäre weniger in unserem Land.«

✔ **MERKE:** Auch ein Richter macht sich seine Gedanken über die Gesellschaft.

Zehn Minuten noch

Ich belausche ein Gespräch auf dem Gerichtsflur.

MANDANT: »Ich habe mit der Sache nichts zu tun. Das ist eine Verwechslung.«

ANWÄLTIN: »Ja, aber wenn Sie es zugeben, wird es halb so schlimm. Sie haben doch gehört, was die Richterin sagt.«

MANDANT: »Ich war es aber nicht. Ich kann keine Sache zugeben, für die ich nicht verantwortlich bin.«

ANWÄLTIN: »Können Sie schon. Sollten Sie auch. Weil es dann vorbei ist. Ist doch besser, man kriegt ein paar Monate auf Bewährung. Sonst kommt die Richterin noch auf die Idee und sperrt Sie für ein halbes Jahr weg.«

MANDANT: »Aber ich war es nicht.«

ANWÄLTIN: »Darauf kommt es gar nicht an. Wenn Sie einmal angeklagt sind, glaubt Ihnen diese Richterin sowieso nichts mehr. Das ist halt so. Die sagt sich, wenn es einer bis zu mir schafft, dann hat er Dreck am Stecken.«

MANDANT: »Also gebe ich es zu?«

ANWÄLTIN: »Kommen Sie, dann ist in zehn Minuten alles vorbei.«

Beide gehen zurück in den Saal, wo kurz darauf »Recht« gesprochen wird.

Sparsam

Meine Kollegin trinkt manchmal Tee. Wieso drapiert sie ihre gebrauchten Teebeutel aber auf einem Unterteller neben der Kaffeemaschine? Damit wir die Teebeutel für sie in den Mülleimer werfen? Nein!

»Ich will die noch mal verwenden.«

Ich persönlich finde das hervorragend. Immerhin trinkt sie meinen Tee.

Sprachgerümpel

Aus der Straßenverkehrsordnung: *Ist auf Straßen mit mehreren Fahrstreifen für eine Richtung das durchgehende Befahren eines Fahrstreifens nicht möglich oder endet ein Fahrstreifen, so ist den am Weiterfahren gehinderten Fahrzeugen der Übergang auf den benachbarten Fahrstreifen in der Weise zu ermöglichen, dass sich diese Fahrzeuge unmittelbar vor der Verengung jeweils im Wechsel nach einem auf dem durchgehenden Fahrstreifen fahrenden Fahrzeug einordnen können.*

Gefällig

Ich zitiere zur gefälligen Kenntnisnahme aus dem Schreiben eines Kollegen:

... in vorbezeichneter Angelegenheit vernehmen wir mit Bedauern, dass unser Anschreiben vom ... zum heutigen Zeitpunkt keine Beantwortung erfahren hat. ... Wir möchten allerdings deutlich zum Ausdruck bringen, dass ungeachtet der Tatsache, dass wir bereits Bedenken hinsichtlich des tatsächlichen Ausspruchs der Kündigung hegen, wir unserer Mandantschaft anempfehlen werden, uns unmittelbar mit einem Klageauftrag zu versehen.

Komisch, dabei ist er im persönlichen Umgang sehr nett und direkt.

Bekenntnisse

Manche Anwälte übertreiben es mit dem Formalismus. Da kriege ich um 17.23 Uhr einen Schriftsatz mit 28 Seiten gefaxt, und zwar zweifach. Mit Empfangsbekenntnis, das ich sofort unterschreibe und brav zurückfaxe.

Am nächsten Nachmittag steht eine aufgeregte Mitarbeiterin der anderen Kanzlei bei uns in der Tür. Sie hat nicht nur Anweisung, den Schriftsatz im Original abzugeben (wiederum doppelt), sondern auch ein Empfangsbekenntnis von mir unterschreiben zu lassen.

Ich weise darauf hin, dass ich schon das erste Empfangsbekenntnis zurückgefaxt habe und dass dieses Schreiben wirksam ist (§ 195 Abs. 2 Satz 2 in Verbindung mit § 174 Abs. 4 Satz 2 ZPO).

Kommt an

Aktenvermerk zu einem Mandat, das reinkam, als ich nicht im Büro war: *Auf Nachfrage teilte die Polizei dem Mandanten mit, dass der Führerschein mindestens ein Jahr weg ist. Der Polizeibeamte empfahl ihm, sich an RA Udo Vetter zu wenden; dieser sei mit solchen Fällen vertraut und komme jede Woche mit so etwas bei der Polizei an.*

Die junge Dame verdreht nur die Augen. »Sagen Sie das nicht mir, mein Chef will aber ein Empfangsbekenntnis im Original.« Ist schon klar, soll er seinen Willen haben. Bevor die Mitarbeiterin unverrichteter Dinge zurückkehrt und einen auf den Deckel kriegt, gebe ich halt noch ein Autogramm.

Am nächsten Tag kommt dann der Schriftsatz noch einmal. Mit normaler Post.

Drei Jahre

Besuchsvormittag in der Justizvollzugsanstalt. Ich stehe auf dem Flur vor den Gesprächszellen und warte darauf, dass mein nächster Mandant geholt wird. Da kommt ein Gesicht um die Ecke, das mir bekannt vorkommt.

»Karsten?«

»Udo?«

Wir schütteln uns die Hände. Uni Bochum, juristisches Seminar. Wir haben schon mal in der Cafeteria geplaudert. Und beim Repetitor, waren wir da nicht auch zusammen?

»Wie läuft das Geschäft?«

Er guckt mich verlegen an. »Um genau zu sein, bin ich, äh, nicht direkt beruflich hier.«

Karsten rechnet mit drei Jahren.

FAZIT: Ein schönes Beispiel dafür, dass man die Finger vom Geld seiner Mandanten lassen sollte …

Umgehend

E-Mail von einer Prozessgegnerin:

Sehr geehrter Herr Kollege Vetter,
ich nehme Bezug auf das mit Ihrem Sekretariat geführte Telefonat. Bitte lassen Sie mir umgehend die Antragsschrift per Telefax zukommen. Ich gehe davon aus, dass dies morgen geschieht.

Mit freundlichen kollegialen Grüßen
Rechtsanwältin

Ich habe es direkt veranlasst. Obwohl ich nicht dazu verpflichtet bin. Aber bei dem Ton hätte ich mir eigentlich ernsthaft überlegen sollen, es sein zu lassen …

Nichts vorzuwerfen

Sehr geehrter Herr Kollege,
in o. g. Angelegenheit vertreten wir Herrn D.

Unser Mandant fährt schon seit langer Zeit, etwa fünf Jahre, häufiger die Strecke Düsseldorf–Köln. Ihm ist bekannt, dass er ab Langenfeld ein weiteres Ticket benötigt. Unser Mandant hat sich in der Anfangszeit viele Male an den Schaffner gewandt, um nachzulösen. Jedes

Gegenstandslos

Fax von einer Rechtsschutzversicherung, 11.47 Uhr: *Wir freuen uns, Ihnen Rechtsschutz für die anwaltliche Vertretung in dem gegen unseren Versicherten eingeleiteten Ermittlungsverfahren geben zu können.* Fax von 12.17 Uhr: *Bitte betrachten Sie unser heutiges Schreiben (Rechtsschutzzusage) als gegenstandslos.* Fax von 14.21 Uhr: *Bitte betrachten Sie die von uns erteilte Kostenzusage nicht als gegenstandslos.*

Mal erhielt er die Auskunft, er solle sich doch bitte setzen, der Schaffner komme sowieso durch den Zug und werde das Ticket ausstellen. Er könne im Zug warten, bis der Schaffner durchkomme.

Daran hat sich mein Mandant dann auch gehalten und nachgelöst, wenn der Schaffner durch den Waggon ging. Wenn die Deutsche Regionalbahn Rheinland GmbH über ihre Mitarbeiter solche Erklärungen abgibt, muss sie sich auch daran festhalten lassen. Herrn D. ist demnach nichts vorzuwerfen.

Ein erhöhtes Beförderungsentgelt wird mein Mandant deshalb nicht zahlen.

Mit freundlichen kollegialen Grüßen

Rechtsanwalt

Plädieren ja, parken nein

Am Kölner Justizzentrum gibt es einen Parkplatz für Anwälte. Das ist sehr praktisch. Wenn man Anwalt ist. Ich bin oft in Köln und pflege deshalb traditionell ein gutes Verhältnis zu den knuffigen Herren, die bis zum späten Vormittag Aufsicht führen. Ein kleiner Plausch, aber vor allem ein Trinkgeld hier und da führen jedenfalls dazu, dass sich selbst an betriebsamen Tagen ganz hinten rechts noch eine Lücke findet. Auch wenn der Kollege mit dem verkniffenen Gesicht vorher mit höchstem Bedauern abgewiesen wurde.

Wo Juristen parken, sind Rechtsfragen natürlich nicht weit. So berichtete mir ein Referendar, dass er *nicht* auf den Kölner Anwaltsparkplatz fahren durfte. Und das, obwohl er doch nachweislich als offizieller Vertreter des Rechtsanwalts, bei dem er sich gerade ausbilden ließ, zu einer Verhandlung anreiste. Selbst die Untervollmacht des Anwalts ließ die Parkaufsicht unbeeindruckt.

Das ist schon interessant. Vor Gericht gilt der Referendar als vollwertiger Vertreter des Anwalts, aber für den Anwaltsparkplatz reicht sein Status nicht. Ein Wörtchen hat wohl auch der Kölner Anwaltverein mitzureden. Nach Auskunft des Parkwächters kommt es nämlich gar nicht auf die Frage an, ob Referendar oder nicht. Es dürften ohnehin nur Rechtsanwälte auf den Parkplatz, die Mitglied im Kölner Anwaltverein sind.

FAZIT: Ich bin beruhigt, dass ich offenbar unbesehen als Mitglied des Kölner Anwaltvereins durchgehe. Und das, obwohl ich mein Düsseldorfer Autokennzeichen bei der Anfahrt nicht extra verhülle …

Berufswunsch

Zu meinen Mandanten zähle ich unter anderem einen Violinisten und einen Schweinezerkleinerer. Jetzt wünsche ich mir nur noch einen Oligarchen.

Anwälte, untere Schublade

Manche Kollegen scheuen vor nichts zurück. Wie zum Beispiel jene Anwältin, die in einer familienrechtlichen Angelegenheit ihr Schreiben an meinen Mandanten nicht an seine Privatanschrift sendet. Sondern an seine Dienststelle, eine Behörde.

Auf das Schreiben hat die Anwältin zwar groß »Persönlich/Vertraulich« drucken lassen. Aber genau so, dass man es im Fenster des Briefumschlags nicht sehen konnte.

Versicherungsmäßig abgedeckt

Und dann war da noch der Anwalt, der einen vernünftigen Vergleichsvorschlag des Gerichts mit den Worten beiseitewischte:

»So was müssen wir nicht machen. Bei uns ist das Verfahren versicherungsmäßig voll abgedeckt.«

Offensichtlich ging der Anwalt davon aus, das Gericht müsse die Zeugen hören. Hätte er den Richter gekannt, was nicht der Fall war, weil er von auswärts kam, hätte er gewusst, dass dieser Vorsitzende nicht lange mit Klagen fackelt, wenn der Sachvortrag dünn ist und den Anspruch nicht trägt.

Hätte der Anwalt dem Richter wenigstens vorher zugehört und das Gehörte verarbeitet, hätte er aber immerhin gewusst, dass seine Klage durchaus in diese Kategorie fallen könnte. Also hätte er sich wenigstens seinen doofen Spruch sparen sollen. Denn der war wirklich eine Einladung zum Konter.

Duz-Verbot für Verteidiger

Ein Berliner Rechtsanwalt verteidigte einen befreundeten Rechtsanwalt – und stellte ihm in der Hauptverhandlung zunächst einige Fragen in Du-Form. Das missfiel der Richterin, und sie forderte den Verteidiger auf, den Angeklagten zu siezen, wie es sich vor Gericht gehöre. Der Verteidiger war zunächst sprachlos.

Ich glaube, das wäre mir auch so gegangen, so absonderlich ist die Auffassung der Richterin zu dem, was sich vor Gericht gehört. Dem Verteidiger vorschreiben zu wollen, in welcher Höflichkeitsform er mit seinem Mandanten kommuniziert, geht deutlich über die gängigen Empfindlichkeiten hinaus.

Ein Evergreen ist zum Beispiel das Verlangen, dass kein Prozessbeteiligter eine Kopfbedeckung trägt. Obwohl es mittlerweile glücklicherweise genug Richter gibt, die über so was stehen. (Vielleicht haben sie auch nur vor dem Umstand resigniert, dass in gewissen Zeugenkreisen die Kappe heutzutage quasi am Kopf »angewachsen« ist.) Für das von der Berliner Richterin reklamierte Duz-Verbot zwischen Verteidiger und Mandant gibt es – natürlich – keine gesetzliche Grundlage. Und ebenso wenig einen verbindlichen Brauch, auf den man sich berufen könnte.

FAZIT: Das Ansinnen ist ein ziemlicher Affront. Aber der Kollege hat richtig reagiert und die Unterbrechung der Hauptverhandlung beantragt – sicherlich, um einen Befangenheitsantrag zu stellen.

Telefon-Joker

Anrufnotiz: *Herr P. bittet um RR. Er hat ein Schreiben von Ihnen erhalten. Was hat es damit auf sich?* Wenn es von mir ist, besteht eine gewisse Wahrscheinlichkeit, dass es drinsteht.

Klein und fies

Der Kollege K. aus der Kanzlei T. findet es schick, seine Schriftsätze immer genau eine Woche vor dem Verhandlungstermin zu schicken. Der Hintergrund ist, dass man eine Stellungnahmefrist über den Verhandlungstermin hinaus nur dann verlangen kann, wenn der Schriftsatz weniger als eine Woche vor der Verhandlung ankommt.

Bei einer Woche und mehr ist man auf das Wohlwollen des Gerichts angewiesen. Hierbei gibt es in der Regel keine Probleme. Schließlich ist fast allen Richtern bekannt, dass Anwälte häufig nicht nur drei Mandanten haben und kaum in der Lage sein werden, innerhalb einer Woche alle Informationen zu besorgen und noch einen Schriftsatz zu fertigen.

Schon deswegen verstehe ich nicht, wieso der Kollege dieses nervige Spiel so konsequent treibt. Zumal er dann wie zur Bekräftigung seines kleinen fiesen Plans auch noch stets verlangt, … *das unterschriebene Empfangsbekenntnis an uns zurückzusenden.*

Es wäre dann allerdings auch konsequent, ein vorbereitetes Empfangsbekenntnis beizufügen …

Wie erwartet

Telefonat mit einem Kollegen:

»Wie geht's?«

»Ganz gut, ich habe vorhin eine aussichtslose Sache verloren.«

Ja, dann …

Wiederholt erklärt

Nicht berücksichtigt wurden im Übrigen die Aktenversendungskosten. Eine Erstattungsgrundlage gegen die Staatskasse ist nicht ersichtlich.

Schreibt mir ein Kostenbeamter des Amtsgerichts Velbert und streicht mit leichter Hand 28,56 Euro der Gebühren, die mir als Pflichtverteidiger zustehen. Ich weiß nicht, bei wie vielen Anwälten der Beamte damit durchkommt. Es kann sich dabei eigentlich nur um jene Kollegen handeln, die den Betrag lieber abschreiben. Weil Briefe schreiben (lassen) Geld kostet und auch Arbeitszeit nicht beliebig vermehrbar ist. Auch ich spüre diesen Impuls, protestiere dann aber doch in knappen Worten gegen die Kostenkürzung.

Viel ist da auch nicht zu sagen. Immerhin ist seit Langem klar, dass Pflichtverteidiger selbstverständlich ihre

Drei Tage, unverschämt

Telefonnotiz Montag, 8.32 Uhr: *Frau N. bittet um Rückruf. Sie wartet seit 3 Tagen auf Ihren Anruf.* Zwei Tage waren Samstag und Sonntag. Und der Anruf am Freitag war um 17.52 Uhr.

Aufwendungen ersetzt verlangen können – sofern diese für das Mandat erforderlich sind. Akteneinsicht gehört auch eher zu den Dingen, die offensichtlich als unverzichtbar für eine sinnvolle Verteidigung gelten können. Wenig überraschend sieht das auch das Amtsgericht Velbert so:

Bei der Aktenversendungspauschale handelt es sich um besondere Geschäftskosten, die nicht in den Nr. 7000 ff. des Vergütungsverzeichnisses enthalten und die dem Rechtsanwalt über §§ 670, 675 BGB zu erstatten sind (vgl. Baumgärtel/Hergenröder/Hoouben, RVG 14. Aufl., 2008, Vorbem. 7 VV Rd. 4). Diese Kosten sind einem Pflichtverteidiger grundsätzlich zu erstatten, unabhängig davon, wann er die Beiordnung als Pflichtverteidiger beantragt hat oder wann diese erfolgt ist. Entscheidend ist nur, dass er in dem Verfahren als Pflichtverteidiger beigeordnet worden ist und dass die Aktenversendung mit seiner Tätigkeit als Verteidiger für den Angeklagten in Zusammenhang stand. Von Letzterem ist grundsätzlich auszugehen.

(Amtsgericht Velbert, Az. 23 Ls 35/11)

FAZIT: Tja, nun kennt der Kostenbeamte auch die Rechtsgrundlage, die für ihn nicht ersichtlich ist. Würde mich allerdings wundern, wenn ihm das Gericht dies zum ersten Mal erklären musste. Noch mehr wundern würde mich, wenn der Kostenbeamte nun aufhört, unnötige Kosten für Anwälte und den Steuerzahler zu produzieren. Womöglich versteht er nicht nur das Gesetz, sondern auch seinen Titel nicht.

Klartext

Eine Dame erzählte ziemlich viele unwahre Dinge über einen Mandanten. Obwohl sie wirklich allen Grund gehabt hätte, den Mund zu halten. Im eigenen Interesse. Ihrem Anwalt schilderte ich die Situation am Telefon. Seine Reaktion: »Die scheiß ich zusammen.«

Nicht so zugeknöpft

Werbung von Rechtsanwälten ist oft bieder. Hier mal ein Plakat in der Straßenbahn, dort ein Kuli mit aufgedruckter Kanzleiadresse im Besprechungszimmer. In Köln balgen sich Strafverteidiger um Werbeplätze an den Fahrradständern vorm Justizzentrum. Doch selbst Progressive müssen sich warm anziehen: Ein Dresdner Anwaltsbüro wirbt mit einem Kettensägenmord.

Frank Hannig aus der Kanzlei Hannig Ahrendt & Partner beschäftigt sich vornehmlich mit Gesellschafts- und Vertragsrecht. Trotz oder gar wegen dieser trockenen Materie hatte er persönlich die Idee für das spektakuläre Werbevideo seines Anwaltsbüros: Eine Frau verlässt ein Haus, reibt sich die blutverschmierte Hand über die Stirn und wirft eine blutige Kettensäge weg. »Mit Ihrem Scheidungsanwalt wäre das nicht passiert …«, lautet die Botschaft.

Eine Boulevardzeitung fragte bereits mit routiniertem Entsetzen: *Darf ein Anwalt so für sich werben?* Hannig bejaht das mit dem Hinweis, der Spot solle zeigen, seine Kanzlei sei ein bisschen anders, unkonventionell und nicht so zugeknöpft. Vor zehn Jahren, gibt der Anwalt zu, hätte er sich den Spot nicht getraut.

Keine Reisekosten für Gerichtstouristen

Der fliegende Gerichtsstand ist und bleibt ein Ärgernis. Er ermöglicht es Klägern in vielen Fällen, sich ein genehmes Gericht auszusuchen. Wobei es dann oft zu der paradoxen Situation kommt, dass weder die Prozessparteien noch die Anwälte ihren Sitz am gewählten Gericht haben.

Das Amtsgericht München machte einen kleinen Vorstoß, um der Klägerseite die Lust am fliegenden Gerichtsstand zu nehmen. Und zwar die Hintertür, über die Frage der Reisekosten. Eine englische Firma hatte einen Kieler Anwalt beauftragt, wegen einer Filesharing-Sache in München zu klagen. Da sich die Zuständigkeit des Amtsgerichts München aus dem »fliegenden Gerichtsstand« ergeben hatte, dürfte auch der Beklagte nicht in München gewohnt haben. Der Kieler Anwalt wollte nun seine Reisekosten erstattet erhalten. Doch dem erteilte das Amtsgericht München eine Absage.

Der Kollege Dr. Martin Bahr fasst die Entscheidung so zusammen: *Die Klägerseite hätte mit ihrem Anwalt auch den Gerichtsstand Kiel oder ein Gericht zumindest in der Umgebung auswählen können, ohne dass*

Eingabe

Aufgrund der zielgerichteten, sich hier etablierenden kriminellen Energie und der Funktionalisierung des Rechts sowie der Gerichte und der Strafverfolgungsbehörden wie auch der möglichen Gefahr von Zeugenbeeinflussungen wird um bevorzugte Bearbeitung gebeten. Mit so einem Geschwafel, das übrigens von einem Anwalt stammt, landet man wohl eher ganz unten im Aktenstapel.

dadurch ein Nachteil gedroht hätte. Im Zeichen der Prozessökonomie gilt das Gebot, so kostengünstig wie möglich zu prozessieren.

Dies sei im vorliegenden Fall bei den unverhältnismäßig hohen Reisekosten nicht erkennbar. Es sei nicht notwendig, den Gerichtsstand ausgerechnet am anderen Ende Deutschlands auszuwählen. Ein sachlicher Grund hierfür sei nicht erkennbar, da jeder örtliche Bezug fehle. Immerhin eine kleine Maßnahme, um die willkürliche Wahl des Gerichtsstandes auszubremsen.

(Amtsgericht München, 10.7.2012, Az. 142 C 32827/11)

Gerührt ins Wochenende

Ihr Mandant mag sich insoweit keine Sorgen machen. Ich bin hier nicht beauftragt, Probleme entstehen zu lassen, wo keine bestehen.

Und das aus der Feder einer Fachanwältin für Familienrecht. Es gibt noch Hoffnung für die Welt.

Die Glucke

Nach dem harten Urteil ist oft vor dem Anwaltswechsel. Ist ja auch klar, wenn die Sache aus Sicht des Mandanten in die Hose gegangen ist. Allerdings überrascht es mich immer wieder, auf welch wackeliger Basis Angeklagte mitunter die Leistungen ihres bisherigen Verteidigers beurteilen – sie kennen nämlich oft nicht mal die Ermittlungs- und Gerichtsakte. Kaum einer kauft sich ein Smartphone oder gar ein Auto, ohne vorher ein paar Prospekte oder Tests zu lesen. Aber wenn eine Verurtei-

Fortbildung

Vom … bis zum … bin ich auf einer Fortbildung auf Gran Canaria, ich bitte deshalb um Verlegung des Verhandlungstermins. Ich persönlich glaube dem Kollegen alles. Bis auf ein Wort.

lung im Raum steht, sind Mandanten mitunter überraschend genügsam.

So suchte mich vor Kurzem ein Mann auf, der zwei Jahre Haft kassiert hatte, wenn auch zur Bewährung. Er wollte eine »zweite Meinung« zu der Frage hören, ob eine Berufung aussichtsreich sei. Das ist, wie gesagt, nicht ungewöhnlich. Zum Spiel gehört auch, dass der Betroffene seine bisherigen Anwälte erst mal nicht grundlos verschrecken will, indem er einen weiteren Verteidiger ins Boot nimmt. Deshalb läuft es dann meist auf eine diskrete Beratung hinaus. Die endet bei mir durchaus auch so, dass ich dem Mandanten nahelege, bei seinem bisherigen Verteidiger zu bleiben. Weil der nach meiner Meinung gut gearbeitet hat.

Das mit der Diskretion geht allerdings nur, wenn der Mandant über die Ermittlungsakte verfügt. Ansonsten muss ich die Akte nämlich beim Gericht anfordern. Das betreffende Schreiben sieht dann natürlich auch der bisherige Verteidiger. Manche nehmen das gleich persönlich, was dann meist auf dem Rücken des Mandanten abgeladen wird.

Ich fragte den Mandanten also nach einer Kopie der Ermittlungsakte. »Die kenne ich nicht«, sagte er. »Sollte ich?« Es stellte sich heraus, dass ihm sein Verteidiger bislang zwar in längeren Besprechungen einiges erzählt hatte. Die Gerichtsakte hatte er jedoch nicht aus der

Hand gegeben. Und der Mandant hatte sich nicht zu fragen getraut, ob er eine Kopie kriegen kann.

Daneben bin ich auch schon Anwälten begegnet, die ihren Auftraggebern die Akte offensiv verweigern. Sie dürften die Unterlagen nicht rausgeben, heißt es dann. Die Begründungen sind unterschiedlich. Aber alle stehen sie nicht auf dem Boden der Rechtslage. Die ist nämlich eindeutig, und zwar von der Strafprozessordnung bis hinunter zum Standesrecht.

Ein Verteidiger darf seinem Mandanten alle Unterlagen geben, die er von der Staatsanwaltschaft oder dem Gericht erhalten hat. Der Anwalt hat nicht das Recht, seinem Mandanten irgendwelche Papiere vorzuenthalten, die er in seinem Auftrag erhalten hat. In ganz wenigen Fällen untersagt die Staatsanwaltschaft oder das Gericht die Weitergabe an den Mandanten, zum Beispiel weil möglicherweise Dritte gefährdet werden. Aber das kommt wirklich nur ganz selten vor. Auch hier muss man sich als Anwalt dann fragen, ob so ein Verbot gerechtfertigt ist. Das ist eine Frage des Einzelfalls. Es ist also schon grenzwertig, wenn Anwälte ihren Mandanten die Ermittlungsakte nicht von sich aus anbieten. Wenn der Mandant das dann ablehnt, weil er die Kopierkosten scheut oder Unterlagen nicht zu Hause haben will, ist das natürlich seine Entscheidung.

Was allerdings gar nicht geht, ist die Vorenthaltung der Akte unter fadenscheinigen Gründen. Auch wenn einem als Anwalt vielleicht daran gelegen ist, eventuelle Deutungshoheit durch einen Wissensvorsprung zu erhalten, rechtfertigt das keine Irreführung des Mandanten.

FAZIT: Manch einer hat sich schon eines Mandats beraubt, bloß weil er wie eine Glucke auf den Papieren sitzen blieb.

Ans Gericht geschrieben

Ich habe bei einer Prozessgegnerin angerufen und freundlich gefragt, wann sie 12 815,88 Euro überweisen will. »Gar nicht«, sagte sie. Sie habe schon vor Wochen gegen das Versäumnisurteil Einspruch eingelegt. »Ich habe ans Gericht geschrieben und denen genau erklärt, warum ich Ihrem Mandanten nichts schulde.«

Ich lehnte mich entspannt zurück. Auf meine Nachfrage erklärte sie, sie habe selbst ans Gericht geschrieben. Problem: Am Landgericht, welches das Urteil erlassen hat, herrscht Anwaltszwang. Ein Schreiben, das von einer Beklagten persönlich stammt, darf das Gericht nicht beachten. Der Brief hatte keinerlei rechtliche Wirkung.

Das habe ich der Dame allerdings nicht erklärt.

Schluss

Eine neue Mandantin. Nach über zwanzig – zufriedenen – Jahren möchte sie den Anwalt wechseln. »Es geht einfach nicht mehr«, berichtet sie. »Wenn man eine Besprechung bei ihm hat, schläft er am Schreibtisch ein. Und wenn Sie mit ihm wegen einer Erbschaftssache telefonieren, erzählt er vom Vorsteuerabzug bei Verkehrsunfällen.«

Nach ihren Angaben geht der Kollege bereits deutlich auf die 80 zu.

FAZIT: Kein Kommentar …